_____의
STORY 중학 영단어 학습 진도표

학습플랜을 선택하세요　　☐ 60일 완성 (하루에 1 DAY씩)
　　　　　　　　　　　　　☐ 30일 완성 (하루에 2 DAY씩)
　　　　　　　　　　　　　☐ ___일 완성 (하루에 ___DAY씩)

학습이 끝난 DAY에 O표 하세요.

DAY									
01	02	03	04	05	06	07	08	09	10
11	12	13	14	15	16	17	18	19	20
21	22	23	24	25	26	27	28	29	30
31	32	33	34	35	36	37	38	39	40
41	42	43	44	45	46	47	48	49	50
51	52	53	54	55	56	57	58	59	60

STORY
중학 영단어

미문사

김종욱

학 력
대전고등학교, 홍익대학교 졸업

경 력
현) ㈜ 서울교과서 편집위원, '미문사' 운영
전) 두산동아 초등팀, 사서팀 근무

저 서
"쉽게 익히는 영문법"
"3단계 연상법 영단어"
"국어 어휘 어법 사전"

STORY 중학 영단어

초판 1쇄 발행 2014년 5월 20일

지은이   김종욱
펴낸이   김종욱
펴낸곳   미문사
주소   경기도 부천시 원미구 상동 392, 장말로 71 한아름현대 1510-1604
신고번호   제382-2010-000016
대표전화   (070) 8749-3550
구입문의   (070) 8749-3550
내용/교환문의   (032) 326-5036
팩스번호   (031) 360-6376
전자우편   mimunsa@naver.com
ISBN   978-89-965558-5-8-53740

서 문

요즈음처럼 글로벌화 시대에 가장 중요시되는 것은 무엇일까요? 두말할 것도 없이 영어 구사 능력일 것입니다. 하지만 영어 실력이 향상되는 것은 쉽지 않습니다. 영어가 외국어이기 때문에 단어와 의미를 하나로 묶어서 우리 머리에 새기기 어렵기 때문입니다.
이러한 영단어를 재미있고 쉽게 익혀 오래 기억할 수 있도록 고심하여 만든 책이 STORY 중학 영단어입니다.

STORY 중학 영단어는 3단계 연상법에 따라 영단어를 재밌고 쉽게 익힐 수 있도록 하였습니다. 3단계 연상법이란 발음-연상어-스토리의 3단계를 통해 영단어를 암기하는 기억법입니다. 3단계 연상법 학습은 다음과 같은 과정을 거쳐 익힐 수 있습니다. 먼저 표제어의 발음을 우리말로 나타냅니다. 다음으로 발음에 알맞은 연상어를 떠올립니다. 마지막으로 연상어를 사용하여 재미있게 스토리로 엮어가면 해당 표제어의 뜻을 빠르고 쉽게 익힐 수 있습니다.

본 교재는 '교육부 지정 중학생 어휘' 중에서도 중요 단어들로 구성하였습니다. 중학교 영어 교과서를 분석한 후, 출전 빈도순 및 중요도에 따라 가장 먼저 익혀야 할 '최중요단어 600개'와 다음으로 익혀야 할 '중요단어 600개' 등 총 1,200개 단어로 구성하였습니다. 이 단어를 매일 20개씩 익혀서 총 60일, 즉 2개월에 완성할 수 있도록 구성하였습니다. 역량이 높은 학습자들은 하루에 단어 40개 정도를 익혀서 1개월에 완성할 수 있습니다.
또한 학습한 단어를 10일마다 확인할 수 있는 '실력 쑥쑥! Check-up'과 본문에 수록되지 않은 500개의 수준 높은 단어를 수록하여, 여러분들의 영단어 역량을 한 단계 높일 수 있도록 하였습니다.

STORY 중학 영단어를 통해 여러분이 영단어를 재미있게 익혀 오래 기억하고 궁극적으로는 영어 실력을 한 단계 높일 수 있기를 바랍니다.
이 책이 출간되기까지 노력해 주신 출판팀에 감사를 표하며, 특히 좀 더 나은 교재가 출간되도록 옆에서 지적하고 격려를 아끼지 않은 김영윤 친구에게 특별히 감사드립니다.

2014년 5월
김종욱

목차

Part 1 최중요단어

Part **2**　중요단어

책 활용방법

① 학습계획을 세워보세요.

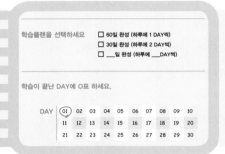

단어를 암기하기 전에 학습 계획부터 세워보아요. 목표와 다짐을 쓰고, 본인에 맞는 학습플랜을 선택해보세요.

② 최중요단어부터 먼저 학습한 뒤에 중요단어를 학습해보세요.

1단계 : 표제어의 발음을 우리말로 읽어보세요.

2단계 : 발음에서 생각나는 연상어를 떠올려보세요.

3단계 : 마지막으로 연상어를 사용하여 만든 스토리 문장으로 단어를 쉽고 재미있게 학습해보세요.

③ 실력 쑥쑥! Check-up 문제를 풀면서 단어를 복습해보세요.

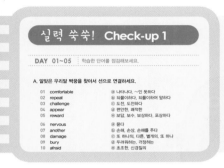

10일마다 테스트 문제가 있으니 잊지 말고 본인의
실력을 점검해보세요.

④ 업그레이딩 영단어를 통해 한 단계 실력 향상에 도전해보세요.

최중요단어와 중요단어를 모두 암기하였다면, 조
금 더 수준 높은 단어 500개를 추가로 학습해보
세요.

최중요단어

□ 01
neighbor
[néibər]

[명] **이웃, 이웃 사람**

🔊 네이버 > 네 입어 > 💬 이웃 간에는 서로 싸우지 말고 설령 옷이 하나만 있어도 '네 입어'하며 사이좋게 지내야 한다. 알았지?

She is my **neighbor** Linda.
그녀는 내 이웃 린다예요.

□ 02
mad
[mæd]

[명] **madness**
정신이상, 미친(어리석은) 행동

[형] **미친, 화난, ~에 열중한**

🔊 매드 > 매도 > 💬 그는 매도 다스릴 수 없을 만큼 심하게 미친 사람이었다.

You are **mad**, **mad**, I tell you!
너 정말 미쳤구나!

□ 03
relative
[rélətiv]

[부] **relatively**
상대적으로, 비교하여

[명] **친척**   [형] **상대적인**

🔊 렐러티브 > 앨 낳지 봐 > 💬 이모가 어제 앨 낳지 봐. 이 아이가 나와 친척이 되네.

I do not have any **relatives**.
나는 친척들이 없다.

□ 04
abroad
[əbrɔ́:d]

[부] **외국에서, 해외로**

🔊 어브로드 > 어? 불러도 > 💬 어? 불러도 대답이 없네 어디갔나? 외국으로?

Have you ever lived **abroad**?
외국에서 살아 본 적 있니?

□ 05
instead
[instéd]

[부] **대신에**

🔊 인스테드 > 인수 테드 > 💬 인수 대신에 테드가 들어왔다.

Let me buy this book **instead**.
그것 대신에 이 책을 살 거예요.

□06

comfortable
[kʌ́mftəbl]

몡 comfort 안락, 편안

혱 편안한, 쾌적한

🔊 컴퍼터블 > 컴퓨터불 > 💬 컴퓨터광인 나는 컴퓨터불이 들어와 야만 편안하다.

This bed is **comfortable**.
이 침대는 편안합니다.

□07

obey
[oubéi]

몡 obedience
복종, 순종, 충실, 권위, 지배

동 복종하다

🔊 오우베이 > 어버이 > 💬 우리들은 어버이께 항상 복종해야 한다.

He always **obeys** his parents.
그는 항상 부모님께 복종한다.

□08

celebrate
[séləbrèit]

몡 celebration
축하, 찬양

동 축하하다, 찬양하다

🔊 셀러브레이트 > 베스트 셀러 브레이트 > 💬 당신의 책이 베스트 셀러가 되었다는군요. 브레이트씨! 축하합니다.

Let's **celebrate** her birthday!
그녀의 생일을 축하합니다!

□09

silly
[síli]

혱 어리석은

🔊 실리 > 실리 > 💬 실리만 따지는 사람은 자기 자신은 약삭빠르 다고 착각할 수 있으나 결국 남의 인정을 받지 못하는 어리석은 사 람이다.

Don't be **silly**.
바보같이 굴지 마.

□10

nervous
[nə́:rvəs]

뵘 nervously
신경질적으로, 초조하게

혱 초조한, 신경질의

🔊 너버스 > 너 봤어! > 💬 내가 아무 말도 하지 않았는데 친구가 갑 자기 "너 다시 봤어! 임마." 하고 신경질적인 반응을 보인다. 참 이 상한 녀석이다.

Tomorrow is the day we take the test. I'm so **nervous**.
내일이 우리 시험일이야. 정말 긴장된다.

최종요단어

DAY 01

STORY 중학 영단어

□11
explain
[ikspléin]

명 **explanation**
설명, 해석, 해명, 변명, 설명
이 되는 말

동 **설명하다**

🔊 익스플레인 › 이 스프레이는 › 💬 이 스프레이는 어떻게 사용하여 모기를 잡는 것인지 설명해 주세요.

How can I **explain**?
내가 어떻게 설명할 수 있겠어요?

□12
impossible
[impásəbl]

형 **불가능한 (↔ possible)**

🔊 임파서블 › 힘빼서 불 › 💬 액션 배우 이병헌이 건달 20명을 해치우다 힘빼서 잔당은 5명 처리가 불가능할 것 같다.

Finishing this homework is **impossible**!
이 숙제를 끝내는 것은 불가능해요!

□13
promise
[prámis]

명 **약속** 동 **약속하다**

🔊 프라미스 › 보라 미스 › 💬 보라, 내가 미스 김과 데이트하기로 당당히 약속했다.

He kept his **promise**. 그는 약속을 지켰다.

□14
smell
[smél]

동 **냄새를 맡다, 냄새가 나다**

🔊 스멜 › 숨 › 💬 문제 하나 내 볼게. 숨을 안 쉬고 냄새를 맡을 수 있을까 없을까? 냄새가 날까 안 날까?

Flowers **smell** good.
꽃에서는 좋은 냄새가 난다.

□15
culture
[kʌ́lt/ər]

명 **문화, 교양**

🔊 컬처 › 가르쳐 › 💬 한국 문화와 교양을 가르쳐 주세요.

He is a man of **culture**.
그는 교양인이다.

□ 16

adventure
[ædvéntʃər]

명 모험, 사건, 위험한 계획

🔊 어드벤처 › 애도 밴 처 › 💬 삼촌은 "애도 밴 처자가 다이어트 하는 것은 모험이다"라며 불만이 많다.

I want to go on an **adventure**!
나는 모험을 떠나고 싶어요!

□ 17

appreciate
[əprí:ʃièit]

명 appreciation
감상, 감사

동 감사하다, 인정하다, 감상하다

🔊 어프리시에이트 › 에! 풀이 스웨터 › 💬 "에! 풀이 스웨터에 많이 붙었네." 영수가 풀을 하나하나 떼어 주자 영희는 감사하다며 오빠로 인정했다. 그 모습을 멀리서 감상하는 엄마가 흐뭇해하셨다.

I **appreciate** you more than I can say.
당신에게는 말로 할 수 없을 만큼 감사하고 있어요.

□ 18

shine
[ʃàin]

동 반짝이다, 빛나다, 비치다

🔊 샤인 › 샤인 › 💬 여성 그룹사운드의 리더인 가수 샤인을 우연히 보게 되었어. 눈은 반짝이고 얼굴은 환히 빛나고 거울에 비친 몸매는 요정처럼 보였어.

The sun is **shining** in the sky.
태양이 하늘 위에서 빛나고 있다.

□ 19

collect
[kəlékt]

명 collection
수집물, 소장품

동 수집하다, 모으다

🔊 컬렉트 › 걸레도 › 💬 내 친구는 수집하는 일에 사족을 못 쓴다. 심지어는 더러운 걸레도 모으는 괴벽이 있다.

The old woman **collects** empty bottles.
그 나이 든 여성이 빈 병들을 모은다.

□ 20

wake
[wéik]

동 깨다, 깨우다 (wake – woke – woken)

🔊 웨이크 › 왜 이리 크게 › 💬 왜 이리 크게 소리 지르며 깨우고 난리야. 아침 잠 다 달아났잖아.

My mother **wakes** me every morning.
어머니는 매일 아침 나를 깨워 주신다.

☐ 01
prefer
[prifə́:r]

동 ~를 더 좋아하다
🔊 프리퍼 > 풀이뻐 > 풀이 이뻐(예뻐) > 💬 아버지는 자식들 중에서 풀이를 송이보다 더 이뻐(예뻐)하시며 더 좋아하신다.

I **prefer** cookies to bread.
나는 빵보다 과자를 더 좋아한다.

☐ 02
forgive
[fərgív]

동 용서하다 (forgive – forgave – forgiven)
🔊 퍼기브 > 포기부터 > 💬 네가 구상하는 것을 포기부터 한다면 나는 너의 모든 잘못을 용서해 주마.

Forgive me for my mistake.
나의 잘못을 용서해 주세요.

☐ 03
whisper
[hwíspər]

동 속삭이다　명 속삭임, 밀담
🔊 휘스퍼 > 위 수퍼　💬 위 수퍼에서 속삭이고 있는 사람들 누구지?

We need to **whisper** in the library.
도서관 안에서는 속삭여야만 한다.

☐ 04
create
[kriéit]

명 creation 창조

동 창조하다, 만들다
🔊 크리에이트 > 글이 예 있다 > 💬 글이 예(여기에) 있다. 그러니 이 글을 가지고 훌륭한 작품을 창조해(만들어) 보아라.

I know how to destroy but I do not know how to **create**.
나는 파괴하는 법은 알지만 창조하는 법은 알지 못한다.

☐ 05
decide
[disàid]

명 decision 결정, 결심

동 결정하다
🔊 디사이드 > 저 사이다 > 💬 이 사이다보다는 저 사이다가 맛이 좋을 것 같다. 저 사이다로 결정하자.

He **decided** to become a teacher.
그는 선생님이 되기로 결정했다.

□06
repeat
[ripíːt]

몡 repetition
반복, 되풀이

툉 되풀이하다, 되풀이하여 말하다

🔊 리피트 > 리피트도록 > 입이 트도록 > 💬 그 집안의 아버지는 형제 간에 우애 있게 지내라고 입이 트도록 되풀이하여 말씀하셨습니다.

Repeat the sentence there more times.
그 문장을 세번 더 되풀이 하세요.

□07
survive
[sərváiv]

툉 살아남다, ~를 벗어나다

🔊 서바이브 > 서 봐, 이브야 > 💬 강도가 이브를 따라오며 말했다. "서 봐, 이브야." 여기서 잠깐. 이브가 강도의 말을 듣고 멈춰서면 살아남을 수 있을까? 위험에서 벗어날 수 있을까?

I can't **survive** without your beautiful love.
당신의 아름다운 사랑 없이는 살아갈 수 없어요.

□08
arrive
[əráiv]

몡 arrival 도착, 도달

툉 도착하다, 도달하다

🔊 어라이브 > 어라? 이브 > 💬 아담과 이브는 데이트를 마치고 헤어졌다. 그런데 이브 어머니로부터 이브를 찾는 전화가 왔다. "어라? 이브가 벌써 도착했을 시간인데." 아담은 걱정이 되었다.

The train **arrived** late, too.
열차도 늦게 도착했다.

□09
experience
[ikspíəriəns]

몡 경험 툉 경험하다

🔊 익스피어리언스 > 익수 피 어리었어 > 💬 익수의 피가 눈에 어리었어. 어제 익수와 철수가 싸웠는데 익수가 맞아 피가 난 걸 보았어. 그 경험이 아직도 내 눈에 삼삼하게 어리고 있어.

I **experience** pleasure whenever I see shiny things.
예쁜 물건들을 볼 때마다 즐거운 기분을 경험한다.

□10
flood
[flʌd]

몡 홍수 툉 흘러 넘치다

🔊 플로드 > 흘러도 > 💬 흘러도 흘러도 다하지 않는 빗물이 바로 홍수야.

Noah's **flood** lasted for weeks.
노아의 홍수는 여러 주 동안 계속되었다.

DAY 02 STORY 중학 영단어

□11
medicine
[médəsin]

명 약, 내복약

🔊 메더신 › 마디슨 › 맛이 쓴 › 💬 맛이 쓴 것이 약이야. '양약은 입에 쓰다'라는 말이 있듯이, 우리 몸에 좋은 음식이 먹기가 거북한 것이 많아. 또 먹기 좋은 햄버거, 치킨 등은 즐기지 않도록 하자. 알겠지?

Sleep is the best **medicine**.
잠이 최고의 약입니다.

□12
reply
[riplài]

동 대답하다

🔊 리플라이 › 이쁠(예쁠) 아이 › 💬 어른의 질문에 대답을 잘하는 어린이가 이쁠(예쁠) 아이이다.

Reply as soon as possible.
가능한 한 빨리 대답하시오.

□13
subject
[sʌbdʒikt]

명 주제, 학과, 피지배자, 신하

🔊 서브직트 › 서브 제트 › 💬 체육과(배구) 교수가 '서브를 마치 제트기처럼 빠르게 넣는 방법'이란 주제의 학과 강의를 하고 있다.

What is the **subject**?
주제가 무엇입니까?

□14
behave
[bihéiv]

동 행동하다

🔊 비헤이브 › 비에 입어 › 💬 '소낙비에 비옷을 입어'에서 비옷을 입는 것이 행동하는 것을 뜻한다.

He **behaved** like a little child.
그는 마치 어린아이처럼 행동했다.

□15
negative
[négətiv]

형 부정적인, 소극적인, 나쁜

🔊 네거티브 › 네가 집어 › 💬 산속에서 연기가 나는 물건을 발견하고 친구에게 집으라고 말했다. 친구는 내 말에 부정적이고 소극적인 태도를 보이며 말했다. "싫어 네가 집어."

The film received **negative** reviews.
그 영화는 부정적인 평을 받았다.

□16
another
[ənʌ́ðər]

형 또 하나의, 다른, 별개의   대 또 하나

🔊 어너더 > 하나 더 > 💬 "하나 더 주세요." "뭐요?" "그릇 위에 얹어 다른 것 하나 더 주세요."

Will you have **another** slice of cake?
케이크 한 조각 더 먹을래?

□17
invent
[invént]

명 invention 발명, 발명품

동 발명하다, 꾸며내다

🔊 인벤트 > 인(人)+벤츠(승용차) > 💬 값비싼 벤츠 자동차를 발명한 것은 바로 인(人)이다.

Bell **invented** the telephone.
벨은 전화기를 발명했다.

□18
consist
[kənsíst]

동 구성하다

🔊 컨시스트 > 에어컨+씻었다 > 💬 '에어컨 씻었다'는 '에어컨'과 '씻었다'로 구성되어 있다.

My breakfast **consisted** of a glass of milk and a slice of bread.
나의 아침 식사는 우유 한 잔과 빵 한 쪽이었다.

□19
beat
[bí:t]

동 때리다, 이기다   명 두드림

🔊 비트 > 팼다 > 💬 적을 팼다. 그리고 때려서 이겼다.

She **beat** me in a race.
그녀가 경주에서 나를 이겼다.

□20
pity
[píti]

명 연민, 동정   동 불쌍히 여기다

🔊 피티 > 피 튀게 > 💬 그녀는 남자 친구가 위험에 처한 자기를 보호하기 위해 피 튀게 싸우는 모습에서 연민과 동정을 느끼고 불쌍히 생각했다.

What a **pity**!
불쌍해라!

최종요단어 DAY 02 STORY 중학 영단어

03

STORY 중학 영단어

☐ 01
hate
[héit]

형 hateful 미운, 가증스러운

동 싫어하다, 미워하다

🔊 헤이트 > 헤이! 트집 > 💬 그는 만나는 사람마다 '헤이!' 하면서 트집을 잡는다. 그래서 다들 그를 싫어한다.

I **hate** bananas.
나는 바나나가 싫어요.

☐ 02
adult
[ədʌ́lt]

명 성인 (= grown-up)   형 성장한, 성숙한

🔊 어덜트 > 애들도 > 💬 애들도 자라면 성인이 되지.

I want to become an **adult** soon.
나는 어서 성인이 되고 싶어요.

☐ 03
blind
[bláind]

형 눈 먼, 안목이 없는

🔊 블라인드 > 불아인데 (不 eye인데) > 💬 불아인데 즉 눈이 보이지 않으므로 눈 먼의 뜻이다.

Blind people are surrounded by darkness.
눈 먼 사람들은 어둠 가운데 있다.

☐ 04
tear
[tíər], [tɛ́ər]

명 눈물   동 눈물짓다

🔊 티어 > 튀어 > 💬 너무 슬퍼서 울었더니 눈물이 튀어 옷에 묻는구나.
The princess shed a **tear**.
공주가 눈물을 한 방울 흘렸다.

동 찢다 (tear – tore – torn)

🔊 테어 > 튀어 > 💬 옷을 찢어 놓고 튀어 버렸네.
He showed off his **torn** jeans.
그는 자신의 찢어진 청바지를 자랑하듯 내보였다.
💡 tear가 '눈물', '눈물짓다'의 뜻일 때는 [tíər]로, '찢다'의 뜻일 때는 [tɛ́ər]로 발음해요.

☐ 05
challenge
[t/ǽlindʒ]

명 도전   동 도전하다

🔊 챌린지 > 제1인지 > 제1인자 > 💬 우리 학교에서 나의 탁구 실력은 항상 2등이다. 열심히 연습해서 꼭 제1인자에 도전하겠다.

The **challenge** was refused.
그 도전은 거절당했다.

□ 06
understand
[ʌ̀ndərstǽnd]

동 이해하다, 알다

🔊 언더스탠드 › 안다 스탠드? › 💬 "안다 스탠드? 모른다 스탠드?"
에서 '알다', '이해하다'의 뜻.

I do not **understand** your difficulty.
나는 당신이 처한 어려움을 이해할 수 없어요.

□ 07
damage
[dǽmidʒ]

명 손해, 손상 동 손해를 주다

🔊 대미지 › 떼미지 › 떼밀지 › 💬 뒤로 떼밀지 말아라. 잘못하면 머
리에 손상을 입을 수 있어.

He **damaged** the window with a rock.
그는 돌로 창문을 깼다.

□ 08
atmosphere
[ǽtməsfìər]

명 대기, 대기권, 공기, 분위기

🔊 에트머스피어 › 에! 또 뭣을 피워? › 💬 "여보시오. 에! 또 뭣을 피
워?" "담배요." "뭐? 대기와 공기 안 좋아져." 하고 소리친다. 갑자
기 분위기가 썰렁해진다.

I like this restaurant's **atmosphere**.
나는 이 식당 분위기가 마음에 든다.

□ 09
vote
[vóut]

동 투표하다 명 투표

🔊 보우트 › 보트 › 💬 대통령 선거가 다가온다. 이미 보트를 타고
해외로 간 사람들은 부재자 투표하자.

You must **vote**.
투표하셔야 합니다.

□ 10
disappoint
[dìsəpóint]

동 실망시키다

🔊 디서포인트 › 뒤에서 보인다 › 💬 여자 친구 속옷이 뒤에서 보니
다 보인다. 그 모습이 나를 몹시 실망시켰다.

I shall not **disappoint** you, master.
실망시키지 않겠습니다. 주인님.

☐ 11
beside
[bisàid]

[전] ~의 곁에, ~의 옆에

🔊 비사이드 > '비'와 '사이'도 > 💬 가수 '비'와 '사이'도 곁에는 늘 친구가 있었다.

The chair was **beside** the bed.
그 의자는 침대 옆에 있었다.

☐ 12
rich
[rít/]

[형] 부유한, 풍부한, 기름진

🔊 리치 > 있지 > 💬 이것도 있지. 저것도 있지. 없는 것은 없지. 이런 사람을 무어라 하지? '부유한' 사람.

He is so **rich** that he owns three houses.
그는 집을 세 개나 소유할 만큼 부유하다.

☐ 13
earth
[ə́:rθ]

[명] 지구, 땅, 흙

🔊 어쓰 > 어서 서 > 💬 지구가 돌아가니 어지러워서 "어서 서"라고 크게 소리친다. 그런데 너 지구 돌아가는 소리 들을 수 있어?

Rock covers the **earth's** surface.
돌이 지구의 표면을 덮는다.

☐ 14
visit
[vízit]

[명] visitor
방문객, 방문자, 손님

[동] 방문하다

🔊 비지트 > 비지땀 > 💬 영수는 할머니 댁을 방문하기 위해 비지땀을 흘리며 언덕길을 오르고 있다.

Bad luck **visits** you when you least expect it.
불운은 당신이 예상치 못하는 순간에 찾아온다.

☐ 15
learn
[lə́:rn]

[명] learner 학습자, 학생

[동] 배우다, 알다

🔊 런 > 부지런 > 💬 아들아. 부지런히 배워서 새로운 것을 알도록 힘써라.

She **learned** English through picture books.
그녀는 그림책으로 영어를 배웠다.

16

bottle
[bátl]

명 병

🔊 바틀 > 바들 > 💬 영수가 감기에 걸려 바들바들 떨자 어머니가 약 한 병을 사다 주셨다.

He purchased a **bottle** of wine.
그는 한 병의 와인을 샀다.

17

certain
[sə́:rtn]

부 certainly
확실히, 틀림없이, 물론이죠

형 어떤, 확실한, 확신하는

🔊 서튼 > 서툰 > 💬 어떤 일이고 서툰 일을 시도하지 말고 확실하고 가능성이 있다고 확신하는 일에 전념하라.

I am **certain** that you will do well on the test.
나는 네가 시험에서 잘할 것을 확신한다.

18

reach
[rí:tʃ]

동 도착하다, 연락하다, 뻗치다

🔊 리치 > 소리치다 > 💬 행방불명된 아이가 도착한다는 연락을 받고 모두들 소리치며 기뻐했다.

I finally **reached** my goal!
나는 마침내 목표에 도달했어!

19

otherwise
[ʌ́ðərwàiz]

부 달리, 그렇지 않으면

🔊 어더와이즈 > 얻어 와야지 > 💬 거지들의 집에서 온 가족이 며칠을 굶었다. 거지왕이 하는 말. "동냥을 얻어 와야지, 그렇지 않으면 달리 살아갈 방법이 없구나."

Do as I told you, **otherwise** you'll lose her.
내가 시킨 대로 해, 그렇지 않으면 너는 그녀를 잃게 되겠지.

20

drop
[dráp]

동 떨어지다, 떨어뜨리다   명 (액체의) 방울, 떨어짐

🔊 드랍 > 드럽 > 더럽다 > 💬 옆 친구의 콧구멍에서 한 방울의 콧물이 떨어지는 것을 보고 참 더럽다고 느꼈다.

The cookie **dropped** to the floor.
쿠키가 바닥에 떨어졌다.

최중요단어

DAY **03**

STORY 중학 영단어

DAY 04

STORY 중학 영단어

□01
hide
[hàid]

명 감추다, 숨다 (hide – hid – hidden)

🔊 하이드 > 하의도 > 💬 상의도 하의도 모두 감추었네.

The little girl **hid** in a box.
그 조그마한 여자아이는 상자 안에 숨었다.

□02
have
[hǽv]

동 가지다, 먹다, 마시다

🔊 해브 > 해부 > 💬 개구리를 해부하려면 칼을 가져야 한다. 해부할 때는 먹거나 마시지 말고 해부에만 열중해야 한다.

I **have** a toy train.
나는 장난감 기차를 갖고 있다.

□03
terrible
[térəbl]

형 끔찍한, 무서운

🔊 테러블 > 때려볼까 > 💬 나와 사이가 좋지 않은 친구가 나에게 끔찍하게도 '어디 한 번 때려볼까'라고 말한다. 정말 무서운 놈이다.

This is **terrible** news!
이것은 끔찍한 소식이에요!

□04
college
[kálidʒ]

명 단과대학

🔊 칼리지 > 코 흘리지 > 💬 미연아, 코 흘리지 마. 너도 이제 대학생이야.

He has a **college** degree.
그는 대학 학위를 가지고 있다.

□05
poem
[póuəm]

명 시, 운문

🔊 포엠 > 포 엄격 > 💬 에드거 앨런 포는 엄격하게 운율을 맞춘 시 〈갈까마귀〉를 운문으로 썼다.

I wrote a **poem** about your lovely eyes.
네 아름다운 눈에 관해 시를 지었어.

□06
clever
[klévər]

閏 cleverly
영리하게, 솜씨좋게

[형] 영리한, 솜씨 좋은

🔊 클레버 > 끌러 봐 > 💬 친구가 보자기에 묶인 물건을 아무리 끌러보려고 노력해도 안 되자 포기하면서 내게 하는 말. "향순아, 영리한(솜씨 좋은) 네가 끌러 봐."

The **clever** child built a tower out of building blocks.
그 영리한 꼬마는 벽돌로 탑을 쌓았다.

□07
different
[dífərənt]

阁 difference
다름, 차이, 차이점

[형] 다른, 상이한 (↔ same)

🔊 디프런트 > 뒤 파랗다 > 💬 앞은 하얀데 뒤는 파랗다. 결국 앞과 뒤가 다르다.

We are not so **different**.
우리는 그렇게 다르지는 않아.

□08
sentence
[séntəns]

[명] 문장

🔊 센텐스 > 샌댔어 > 💬 문장은 가급적 짧게 써야 해. 문장이 길면 내용이 머리 밖으로 샌댔어. 그래서 이해하기 어려워.

I can't understand the **sentence**.
나는 그 문장을 이해할 수 없다.

□09
speech
[spíːtʃ]

[명] 연설, 말

🔊 스피치 > 서서 피치 > 💬 선생님은 단상에 서서 피치를 올리며 연설을 하고 있었다.

Mr. Kims is going to make a **speech**.
킴스 씨께서 연설을 해주시겠습니다.

□10
bury
[béri]

[동] 묻다

🔊 베리 > 버려 > 💬 안 좋은 추억일랑 과거 속에 묻어 버려. 그리고 희망을 갖고 열심히 노력해 봐.

I **buried** my doll in the sand.
나는 인형을 모래 속에 묻었다.

최종요단어

DAY 04

STORY 중학 영단어

11 enough
[inʌf]

형 충분한 부 충분히

🔊 인어프 > 안 아파 > 💬 몸살 날 때는 충분한 휴식을 취하면 안 아프게 돼.

You break my heart, dear. Am I not good **enough** for you?
나의 마음을 아프게 하네요. 그대여. 내가 당신에게 어울릴 만큼 충분하지 않은가요?

---

12 equal
[í:kwəl]

형 대등한, 평등한 동 ~와 같다

🔊 이퀄 > 이궐 > 이 대궐 > 💬 우리 반에서 평등과 관련한 연극을 했다. 나의 대사는 다음 내용이었다. "이 대궐에서 남들과 대등한 대우를 안 해주면 궐 밖으로 나가겠사옵니다."

We are **equal** in might.
우리는 힘에 있어서는 대등하다.

---

13 smoke
[smóuk]

동 담배를 피우다 명 연기

🔊 스모우크 > 수모를 크게 > 💬 옆집 아저씨에게 수모를 크게 당한 아버지가 연거푸 담배를 피우신다. 나는 연기가 너무 싫었다.

Smoking is not allowed in this area.
이 구역에서 흡연은 금지되어 있습니다.

---

14 appear
[əpíər]

명 appearance
출현, 출연

동 나타나다, ~인 듯하다

🔊 어피어 > 어서 피해 > 💬 야간 산행을 갔다. 저 멀리서 움직이는 검은 물체가 나타났다. 불곰인 듯하다. 어서 피해라.

Why do you not **appear** before me, my future girlfriend?
나의 미래의 여자 친구여, 왜 내 앞에 나타나지 않는가?

---

15 enjoy
[indʒói]

형 enjoyable
즐거운, 재미있는

동 즐기다

🔊 인조이 > 안 줘이 > 💬 형이 저 혼자만 즐기려고 장난감을 안 줘이.

I **enjoy** mornings.
나는 아침을 즐긴다.

□ 16
favor
[féivər]

명 호의, 친절, 찬성   동 호의를 가지다

🔊 페이버 › 피해 입어 › 💬 홍수로 큰 피해를 입어서, 도움을 부탁하자 여러 사람들의 '호의'와 '친절'이 이어졌다.

He asked me for a **favor**.
그는 나에게 부탁을 했다.

□ 17
unite
[ju(ː)nàit]

동 결합하다, 합치다

🔊 유나이트 › 유나 있다 › 💬 유나가 장난감을 결합하고 있다.

The students were **united** in their affection for the principal.
학생들은 교장 선생님에 대한 애정 때문에 하나가 되었다.

□ 18
example
[igzǽmpl]

명 샘플, (본)보기, 예

🔊 이그잼플 › 이 샘플 그 샘플 › 💬 이 샘플 보기 그 샘플 보기, 샘플 보기만 자꾸 하는구나.

Do you need an **example**?
예가 하나 필요하니?

□ 19
belong
[bilɔ́ːŋ]

동 속하다, ~에 있다

🔊 빌롱 › 비룡(飛龍) › 💬 비룡(날아오르는 용)은 용에 속한다(용의 한 종류다).

Books **belong** in the bookcase.
책들은 책장에 들어 있다.

□ 20
plane
[pléin]

명 비행기

🔊 플레인 › 8레인 › 💬 8레인에서 수영하는 선수는 비행기를 타고 온 선수이고, 7레인에서 수영하는 선수는 배 타고 온 선수이다.

The **plane** to LA leaves in a minute.
LA로 향하는 비행기가 몇 분 안에 출발해요.

최중요단어

DAY 04

STORY 중학 영단어

□ 01
gift
[gíft]

명 선물, 타고난 재능

🔊 기프트 > 기쁘다 > 💬 공부를 잘하는 아들을 둔 부모가 하는 말 "아! 기쁘다. 아들은 신이 주신 선물이다."

My brother gave me a birthday **gift**.
내 형이 나에게 생일 선물을 주었다.

□ 02
afraid
[əfréid]

형 두려워하는, 걱정하는

🔊 어프레이드 > 엎을래 이것도 > 💬 불량배가 저것을 엎은 후, 여기저기 돌아다니더니 이것도 엎을래 하니까 모두들 두려워하고 걱정하더라.

I am **afraid** of animals.
나는 동물이 두렵다.

□ 03
gather
[gǽðər]

동 모으다, 모이다

🔊 개더 > 두 개 더 > 💬 인형을 두 개 더 모으면 드디어 100개가 된다.

We were all **gathered** around the TV.
우리는 모두 TV 주위에 모여 있었다.

□ 04
fight
[fàit]

동 싸우다, 전투하다

🔊 파이트 > 파이팅 > 💬 '파이팅'은 fight에 ing가 붙어 명사가 된 말로 '싸움', '전투'의 뜻이지. 그럼 fight는 '싸우다', '전투하다'의 뜻이구나.

My cat and my dog always **fight**.
나의 개와 고양이는 항상 싸운다.

□ 05
trip
[tríp]

명 (짧은) 여행

🔊 트립 > 튤립 > 💬 튤립이 길가에 곱게 피어 (짧은) 여행을 하는 나를 반갑게 맞아 주는 듯했다.

Have a nice **trip**.
여행 잘 다녀오세요.

□06
job
[dʒáb]

명 일, 직업

🔊 잡 > 잡일 > 💬 대학을 졸업하고 집일을 하고 있지만 조만간에 정식 직업을 갖게 되겠지.

I have no **job**.
나는 직업이 없다.

□07
carry
[kǽri]

동 나르다, 휴대하다

🔊 캐리 > 캐리 > 💬 산에 가서 도라지를 캐리. 많이 캤으면 자루에 넣어 차로 나르리. 산에서의 갈증을 해소하기 위해 항상 물병을 휴대하리.

Please **carry** this trunk for me.
저를 위해 이 트렁크를 운반해 주십시오.

□08
make
[méik]

동 만들다

🔊 메이크 > 메이크 > 💬 누나가 화장하는 것을 메이크업(makeup)한다고 하지. 누나는 화장을 통해 새 얼굴을 만들어. 그러니까 메이크(make)는 '만들다'의 뜻이군.

It's important to **make** friends.
친구를 만드는 것은 중요한 일이다.

□09
piece
[píːs]

명 한 조각

🔊 피스 > 피스 > 💬 권투 선수가 입에 무는 마우스 피스(mouthpiece)는 '입 안과 이의 손상을 막기 위하여 입에 무는 물건'이야. 피스(piece)는 '한 조각'의 뜻이지.

I picked up **pieces** of broken glass.
나는 부서진 유리 조각을 주웠다.

□10
flat
[flǽt]

형 평평한, 수평의

🔊 플랫 > 플랫폼 > 💬 기차역의 플랫폼은 평평한 모양으로 만들어야 노약자들도 쉽게 이용할 수 있다.

People used to think the earth was **flat**.
사람들은 지구가 평평하다고 생각했었다.

최종요단어

DAY **05**

STORY 중학 영단어

11

climb
[klàim]

명 climber 등산가

동 오르다, 등반하다

🔊 클라임 > 클라잉 > 큰일 나 잉~ > 💬 "저렇게 높은 산을 오르다 떨어지면 큰일 나 잉~"

Climbing a tree is not as easy as it sounds.
나무를 오른다는 것은 말처럼 쉽지 않다.

Tip climb의 'b'는 묵음으로 발음하지 않아요.

12

else
[éls]

부 다른, 그 밖에, 그 외에

🔊 엘스 > 엘리스 > 💬 내 생일날 엘리스와 그 밖에 다른 몇 친구를 집으로 초대했다.

Go somewhere **else** and play. Mother is busy.
어디 다른 곳에 가서 놀아라. 엄마는 바쁘단다.

13

famous
[féiməs]

명 fame 명성, 평판

형 유명한, 명성 있는

🔊 페이머스 > 페이(월급)+머스(많소) > 💬 그는 매우 유명한 과학자이므로 페이가 아주 많습니다.

He became **famous** after death.
그는 사후에 유명해졌다.

14

pay
[péi]

명 payment 지급

동 지급하다   명 월급, 급료

🔊 페이 > 페이지 > 💬 회계 장부 전체 페이지에는 회사가 지급한 급료의 내역이 기록되어 있다.

Pay him back.
그에게 되갚아 줘라.

15

mistake
[mistéik]

명 잘못, 실수   동 잘못 알다, 실수하다

🔊 미스테이크 > 미(米: 쌀)스테이크 > 💬 스테이크는 쇠고기로 만들지. 그런데 잘못하여 실수로 미(米)로 스테이크를 만들었대.

I made a **mistake**.
나는 실수를 했다.

☐ 16

ever
[évər]

㉻ 일찍이, 언젠가, 도대체, 언제라도

🔊 에버 > 애 버렸네 > 💬 네가 일찍이 학교에 온 날이 도대체 언젠가? 매일 지각만 하니 원! 애 버렸네.

Did you **ever** play a trick on your teacher?
너는 선생님에게 한 번이라도 장난을 친 적이 있니?

☐ 17

reward
[riwɔ́:rd]

㉺ 보답, 보수　㉲ 보상하다, 포상하다

🔊 리워드 > 이 워드 > 💬 날 도와주었으니 이 워드프로세스 교재를 보상으로 주겠소.

When I proposed to my girlfriend, I was **rewarded** with a kiss.
내가 여자 친구에게 프러포즈를 했을 때 그녀는 나에게 키스하는 것으로 포상했다.

☐ 18

case
[kéis]

㉺ 상자, 경우, 사건

🔊 케이스 > 케이스 > 💬 선물 케이스는 선물 상자의 뜻이지. 시계 선물을 상자에 넣어서 주는 경우와 그냥 시계만 주는 경우 느낌과 주는 사람에 대한 감정이 다르지.

I gave her a pencil **case**.
나는 그녀에게 필통을 주었다.

☐ 19

dead
[déd]

㉺death 죽음, 사망

㉻ 죽은, 죽어 있는

🔊 대드 > 대도 > 💬 5만 볼트나 되는 고압 전류에 손을 대도 괜찮을까? 그렇게 하면 죽은 목숨이 될걸.

My cat is **dead**.
나의 고양이는 죽었다.

☐ 20

rule
[rú:l]

㉺ruler 통치자, 지배자

㉺ 규칙, 법규, 습관

🔊 룰 > 룰룰랄라 > 💬 영희는 심심할 때마다 '룰룰랄라' 소리를 규칙적으로 소리내는 습관이 있다.

This is the **rule** so you have to follow it.
그것이 규칙이니 당신은 따라야 한다.

최종요단어

DAY **05**

STORY 중학 영단어

□ 01

insist
[insíst]

몡 insistence 주장. 고집

통 주장하다

🔊 인시스트 > 안 씻었다 > 💬 몸을 씻었는데 엄마가 냄새가 난다고 하신다. 이미 씻었다고 했지만 엄마는 안 씻었다고 주장하신다.

He **insisted** that I go to sleep early.
그는 내가 일찍 자야만 한다고 주장했다.

□ 02

occur
[əkə́:r]

몡 occurrence 발생

통 일이 일어나다, 문득 생각나다

🔊 어커 > 아까 > 💬 아까 무슨 일이 일어났는데 잊어 먹었다가 조금 전에 문득 생각났다.

It really **occurred**.
그것이 실제로 일어났습니다.

□ 03

project
[prɑ́dʒekt]

몡 계획   통 계획하다

🔊 프라젝트 > 부러 졌다 > 일부러 졌다 > 💬 나와 형이 경쟁에 참가했는데 동생의 계획을 밀어주기 위하여 내가 일부러 졌다.

This **project** is impossible.
이 계획은 불가능하다.

□ 04

hunt
[hʌnt]

몡 사냥   통 사냥하다, 추적하다

🔊 헌트 > 훤트 > 훤히 트인 > 💬 동이 훤히 트인 아침에, 우리는 잠에서 깨어 꿩 사냥을 나갔다.

The **hunt** ended in failure.
그 사냥은 실패로 끝났다.

□ 05

introduce
[intrədjú:s]

통 소개하다, 도입하다

🔊 인트러듀스 > 인제 틀어 주소 > 💬 강당에 사람이 다 모이면 회장님을 소개하는 기록영화를 틀어 주기로 했다. 조금 지나자 한 사람이 외쳤다. "인제 틀어 주소. 다 모였어요."

I **introduced** my boyfriend to my parents.
나는 내 남자 친구를 부모님께 소개했다.

□06
ache
[éik]

동 아프다 명 아픔

🔊 에이크 > 어이쿠 > 💬 민정이네 집을 지나치는데 사나운 개가 쫓아온다. 살살 엎드려 도망가는데 물리고 말았다. '어이쿠' 너무 아프다.

I had a stomach **ache** after I ate the cookies you baked!
당신이 구워 준 쿠키를 먹고 나서 배가 아팠어요!

□07
stay
[stéi]

동 머무르다, 묵다

🔊 스테이 > 스테이 > 💬 외국에 갈 때 호텔이 아닌 일반 가정에서 숙박하는 일이 많아지고 있다. 가정에서 머무는 것을 홈스테이(homestay)라고 하는데 최근 들어 일반화된 말이다.

I **stayed** in Busan for several weeks.
나는 부산에 몇 주간 머물렀다.

□08
protect
[prətékt]

명 protection 보호

동 보호하다, 지키다

🔊 프러텍트 > 풀었대도 > 💬 국민을 보호하기 위해 범죄자에게 전자발찌를 채우는데 범죄자가 몰래 풀었대도(풀었다고 해도) 감시는 계속된다.

Protect this city.
이 도시를 지켜라.

□09
language
[læŋgwidʒ]

명 언어, 말, 국어

🔊 랭귀지 > 냉기지 > 남기지 > 💬 사람은 늙어 죽어도 언어(말)는 반드시 남기지. '인생은 짧고 예술은 길다'라는 말과 비슷한 내용이네.

He speaks many **languages**.
그는 여러 언어를 구사한다.

□10
fair
[fέər]

형 공평한, 공명정대한, 아름다운

🔊 패어 > 패어 > 💬 장마로 도로마다 심하게 패어 있다. 서로 먼저 보수해 달라고 아우성이지만 이럴수록 공평한 일 처리가 아름다운 것이다.

The result is not **fair**.
그 결과는 공정하지 않다.

11 experiment
[ikspérəmənt]

명 실험

🔊 익스페러먼트 > 익수 페리 멘토 > 💬 학교에서는 김익수 선생님을 방과후 영어 강사 페리 씨의 멘토로 삼는 실험을 하고 있다.

I am too tired to design another **experiment**.
나는 다른 실험을 새로 짜는 것이 너무나 귀찮다.

---

12 remember
[rimémbər]

rememberance
기억, 추억

동 기억하다 (↔ forget), 생각해 내다

🔊 리멤버 > 이 멤버 > 💬 우리는 의리로 뭉친 멤버이다. 항상 서로 돕고 살아야 한다. 어려운 일이 있을 때는 이 멤버를 기억하고 도움을 요청하도록 해라.

Do you **remember** me?
나 기억하니?

---

13 provide
[prəváid]

동 제공하다, 공급하다

🔊 프러바이드 > 프로 바이어도 > 💬 능력이 매우 뛰어난 프로 바이어(buyer)도 우리 회사 제품을 고객에게 제공하여 널리 공급하려고 애쓰고 있다. 그만큼 우리 회사 제품은 뛰어나다.

The book **provided** me with an answer.
그 책은 나에게 해답을 제공해 주었다.

---

14 shout
[ʃàut]

동 외치다, 큰 소리로 말하다

🔊 샤우트 > 싸웠다 > 💬 아이들이 피를 흘리며 싸웠다. "이때 어떻게 해야지?" "어른들에게 큰소리로 외치면서 말려 달라고 소리쳐야지요."

Do not **shout** in the restaurant.
레스토랑 안에서는 큰 소리로 말하지 마라.

---

15 appeal
[əpí:l]

동 애원하다, 간청하다, 항소하다   명 애원

🔊 어필 > 업힐 > 💬 그는 다리가 아픈 여자 친구가 불쌍해서 자기 등에 업힐 것을 간청(애원)했다.

I **appealed** to him for help.
나는 그에게 도와달라고 애원했다.

16
discuss
[diskʌs]

📖 discussion 토론, 토의

동 토론(토의)하다, 의논하다

🔊 디스커스 > 뒤섞어서 > 💬 우수 집단과 다른 집단을 따로 분리하니 우수 집단은 잘 토론하는데 다른 집단은 꿀벙어리다. 그래서 두 집단을 뒤섞어서 의논하게 하였다.

Let's **discuss** plans to make your little brother study harder.
네 동생을 더 열심히 공부시키기 위한 계획에 대해 의논해 보자.

17
broadcast
[brɔ́:dkæ̀st]

동 방송하다 명 방송

🔊 브로드캐스트 > 브로드캐스트 > 💬 브로드(broad)는 '넓은'의 뜻. 캐스트(cast)는 '던지다'의 뜻. 넓은 지역에 전파를 던지는 것이므로 'broadcast'는 '방송하다'의 뜻이다.

The baseball game will be **broadcast** live this evening.
그 야구 게임은 오늘 저녁 생방송된다.

18
journey
[dʒɔ́:rni]

명 여행 동 여행하다

🔊 저니 > 다쳐서 저니 > 💬 다쳐서 몸을 저니 어떻게 여행할 수 있겠어?

Life is a **journey**.
인생은 여행과 같다.

19
major
[méidʒər]

동 전공하다 형 중대한

🔊 메이저 > 매이죠 > 💬 "저는 올해 졸업반으로 의학을 전공하느라 항상 일에 매이죠. 한가한 틈이 없어요." "맞아요, 지금이 가장 중대한 시기지요."

I **major** in English literature.
나는 영문학을 전공하고 있다.

20
navy
[néivi]

명 해군

🔊 네이비 > 네 입이 > 💬 네 입이 심심하여 해군(오징어)이 생각난다고? 나는 육군(땅콩)이 먹고 싶은데.

She served in the **navy** for 10 years.
그녀는 해군에서 10년 동안 근무했다.

최종요단어

DAY 06

STORY 중학 영단어

□ 01
obtain
[əbtéin]

동 얻다

🔊 업테인 › 없데이 › 💬 새로 얻은 각시가 시장에 물건을 사러 가고 없데이.

I **obtained** knowledge through study.
나는 학업을 통해 지식을 얻었다.

□ 02
quite
[kwàit]

부 아주, 완전히, 굉장히

🔊 콰이트 › 콰이트 › 💬 "원진아, 콰이트의 스펠링을 말해 보아라." " 예. 선생님, q-u-i-t-e입니다. 아주 어렵네요." "그래. 이 단어를 외기가 어려우니 이번에 완전히 기억해 두거라."

I **quite** like spaghetti.
나는 스파게티를 아주 좋아한다.

□ 03
travel
[trǽvəl]

동 여행하다, 달리다　명 여행

🔊 트래벌 › 들에, 벌판에 › 💬 형과 나는 여행하면서 들에, 벌판에, 신나게 달리고 놀았다.

명 traveler 여행자, 나그네

I left my **travel** bag in the airport.
나는 내 여행 가방을 공항에 두고 왔다.

□ 04
import
[impɔ́:rt]

명 수입(품) (↔ export)　동 수입하다

🔊 임포트 › 임자 있는 커피 포트 › 💬 저 임자 있는 커피포트는 영국에서 수입한 것이다.

He went into the **import** business.
그는 수입 무역 사업에 뛰어들었다.

□ 05
search
[sé:rt∫]

동 찾다

🔊 서치 › 3치 › 💬 선생님, 3치(10센티)도 안 되는 물건을 물속에 빠트렸는데 찾으려고 하니 쉽지 않습니다.

There are people who **search** in vain for a perfect friend.
완벽한 친구를 찾기 위해 헛되이 노력하는 사람들이 있다.

arrest
[ərést]

[동] 체포하다 [명] 체포

🔊 어레스트 > 오래 섰다 > 오래 서 있다 > 💬 범인이 한곳에 오래 서 있다가는 체포되기 마련이다.

The police officer **arrested** him.
경찰은 그를 체포하였다.

□06

normal
[nɔ́:rməl]

[형] 보통의, 정상의

🔊 노멀 > 놈을 > 💬 이놈을 이겨야 우승한다. 이놈은 보통의 놈이 아니니 정상의 방법으로는 이길 수 없다. 변칙을 써라.

Be calm. You are **normal**.
진정해. 너는 정상이야.

□07

prove
[prú:v]

[동] 증명하다

🔊 프루브 > 풀어 봐 > 💬 삼각형의 넓이 문제를 풀어 봐. 그리고 삼각형은 사각형 넓이의 2분의 1임을 증명해 봐.

If you're sure, **prove** it.
확실하다면 증명해 봐.

□08

surprise
[sərpràiz]

[동] 놀라게 하다 [명] 놀람

🔊 서프라이즈 > 슬픈 나이죠 > 💬 30살도 안 된 삼촌이 "슬플 나이죠" 하여 모두를 깜짝 놀라게 했다.

I am **surprised** at the news.
나는 그 소식에 놀랐다.

□09

charge
[tʃá:rdʒ]

[명] 요금, 책임 [동] 청구하다, 책임을 지우다

🔊 차지 > 차지 > 💬 형은 모든 것을 혼자 차지한 나쁜 사람이다. 각종 요금은 내지 않고 자기가 할 일은 책임을 지지 않는다. 그러나 받을 돈은 재빨리 청구한다.

He is in **charge** of my class.
그가 우리반을 책임지고 있다(담임이다).

□10

□ 11

feel
[fi:l]

동 느끼다, ~라고 생각하다

🔊 필 > 필 > 💬 날이 포근해지자 머지않아 꽃이 필 것임을 온몸으로 느낀다.

I **feel** warm and comfortable.
따뜻하고 편안한 기분을 느끼고 있어요.

□ 12

worry
[wə́:ri]

동 걱정하다, 괴롭히다

🔊 워리 > 워리(개 이름) > 💬 워리를 만나자 물까 봐 걱정을 많이 하였다. 아닌게 아니라 나를 보고 멍멍 짖으면서 끈질기게 괴롭혔다.

My mother **worries** about me.
내 어머니는 나에 대해서 걱정한다.

□ 13

complain
[kəmpléin]

명 complaint 불평, 불만

동 불평하다, 고발하다

🔊 컴플레인 > 커플 애인 > 💬 남들은 커플로서 혹은 애인으로서 여자를 잘도 사귄다. 나는 정말 못생겨서 그렇게 하지 못하는 자신에게 늘 불평한다.

The neighbors **complained** about the loud music.
이웃들이 큰 음악 소리 때문에 불평하였다.

□ 14

attach
[ətǽt/]

동 붙이다, 바르다, 첨부하다

🔊 어태치 > 어땠지? > 💬 "어제 어깨 다친 곳에 파스 붙인(바른) 것 어땠지?" "예. 첨부한 설명서대로 붙이고 잤더니 다 나았어요."

The form is **attached** to this email.
그 문서 양식은 이 이메일에 첨부되어 있습니다.

□ 15

seldom
[séldəm]

부 좀처럼 ~ 않다

🔊 셀덤 > 샐러드 덤 > 💬 롯데백화점 앞에서 샐러드를 덤으로 받았다. 하지만 샐러드를 덤으로 주는 사람이 자주 있던가? 아니다. 좀처럼 그렇지 않다.

I **seldom** go to school on time.
나는 좀처럼 제 시간에 학교에 가지 않는다.

important
[impɔ́ːrtənt]

형 중요한, 소중한

🔊 임포턴트 > 임 포탄도 > 💬 부대장이 말했다. "임 일병! 식량뿐만 아니라 포탄도 중요하니 잘 간수해."

This is an **important** matter.
이것은 중요한 사안이에요.

prepare
[pripɛ́ər]

명 preparation 준비

동 준비하다

🔊 프리페어 > 뿌리 빼어야 > 💬 나쁜 습관은 미리 뿌리를 빼어야 미래를 준비하는 데 뒷걱정이 없다.

I **prepared** pancakes.
나는 팬케이크를 준비했다.

suffer
[sʌ́fər]

동 고통받다, 괴로워하다

🔊 서퍼 > 서글퍼 > 💬 가난해서 고통 받는 내가 너무 서글퍼.

She **suffered** in silence.
그녀는 침묵한 채 고통스러워했다.

positive
[pázətiv]

형 긍정적인, 적극적인, 확실한

🔊 파저티브 > 파졌지 봐 💬 저 사람 옷의 가슴 부분이 V자로 파졌지 봐. 옷차림으로 보아 세상을 긍정적이고 적극적인 자세로 바라보는 것 같아.

Think **positive** thoughts!
긍정적인 생각을 해라

realize
[ríːəlàiz]

명 realization 이해

동 깨닫다, 실현하다

🔊 리얼라이즈 > 우리 얼라 있죠 > 💬 형이 데리고 온 여자분이 "우리 얼라 있죠." 하자, 형은 비로소 부모된 것을 깨달았다.

Realize your dream.
너의 꿈을 실현해라.

최종요단어

DAY 07 STORY 중학 영단어

DAY 08

STORY 중학 영단어

□01
bother
[báðər]

동 괴롭히다, 신경 쓰다   명 귀찮은 일

🔊 바더 > 보다 못해 > 💬 힘센 친구가 다른 친구를 자주 괴롭히자 선생님께서는 여간 신경써지는 것이 아니었다. 결국 보다 못해 힘센 친구의 부모를 불러 괴롭히지 못하도록 충고를 했다.

Stop **bothering** me!
나를 괴롭히지 말아요!

□02
refer
[rifə́:r]

명 reference   참조, 언급

동 언급하다, 참조하다

🔊 리퍼 > 슬리퍼 > 💬 선생님께서 실내에서는 슬리퍼를 신으라고 언급하셨다.

She **referred** to a recent song.
그녀는 최근의 음악에 대해 언급하였다.

□03
depend
[dipénd]

명 dependance   의지

동 ~에 의존하다, ~에 달려 있다

🔊 디펜드 > 뒤 팬다 > 💬 누가 뒤에서 너를 팬다. 큰 나무 뒤에 의존해서 숨어라.

You are a miserable person if you have no friends to **depend** on. 의지할 친구조차 없다면 너는 불행한 사람이다.

□04
destroy
[distrɔ́i]

명 destruction   파괴

동 파괴하다

🔊 디스트로이 > 디스+트로이 > 💬 디스(this) 트로이(트로이목마 바이러스)를 파괴시켜서 컴퓨터의 감염을 막자.

The bomb **destroyed** the building.
폭탄은 그 건물을 파괴했다.

□05
float
[flóut]

동 떠오르다, 떠다니다, 떠내려가다

🔊 플로우트 > 흘러왔다 > 💬 강에서 떠올라서 이리저리 떠다니던 물체가 어느덧 바다까지 흘러왔다.

The wooden board **floated**.
그 나무판자가 (물 위에) 떠올랐다.

38

06
explore
[iksplɔ́ːr]

형 exploration
탐구, 탐험

동 탐구하다, 탐험하다

익스플로 › 이 수풀로 › 이 수풀로 왜 들어가니? 탐험하러 간다."

Let's **explore** this cave!
이 동굴을 탐험해 봅시다!

07
careful
[kɛ́ərfəl]

형 care 걱정, 주의

형 주의 깊은, 조심하는

케어펄 › 케어 풀을 › 풀을 캐어라 › 그 풀은 그냥 풀이 아니라 산삼이니 주의 깊은 마음으로 찾아서 캐어야 할 것입니다.

Be **careful** with my glasses.
내 안경 조심해라.

08
medical
[médikəl]

형 의학의, 의료의

메디컬 › 메디컬 센터 › 큰 병원 앞을 지나다 메디컬 센터 (medical center)라는 간판을 본 적이 있을 거야. 여기서의 메디컬 (medical)은 '의학의'라는 뜻이지.

Medical mistakes are often dangerous.
의료 사고는 종종 위험합니다.

09
follow
[fálou]

동 따라오다, 따라가다, 뒤따라가다

팔로우 › 팔로 우측으로 › 팔로 우측으로 빙빙 돌려 뒤따라오라는 신호를 보냈다.

I command. You **follow**.
내가 명령할 테니. 너는 따라와라.

10
replace
[ripléis]

동 ~을 대신하다, 제자리에 놓다, 교체하다

리플레이스 › 이불에 있어요! › "선생님 이불 위에 과자 있어요 학생들을 대신하여 제가 먹을게요." "원래 있던 제자리에 놓아라. 그건 교체하여 청소한 학생 몫이다."

Replace this old curtain.
이 낡은 커튼 좀 교체해.

treat
[tríːt]

명 treatment 대우. 취급

동 대우하다, 다루다, 간주하다

🔊 트리트 > 둘이다 > 💬 오늘부터 형이 공부를 가르쳐 줄 학생은 한 명이 아니라 둘이다. 이들을 잘 대우해서 가르쳐 주고 소중하게 다루어 미래의 아인슈타인으로 만들고 싶다고 한다.

He **treats** me like dirt. 그는 나를 마치 먼지와 같이 대우했다.

---

feed
[fíːd]

동 먹을 것을 주다, 먹다, 기르다

🔊 피드 > 피도 > 💬 피도 마르지 않은 어린 너희들에게 먹을 것을 구해 먹이고 어렵게 길렀다. 그러니 부모님 은혜를 잊지 마라.

The fammer **feeds** the horse carrots.
그 농부는 말에게 당근을 먹인다.

---

remind
[rimàind]

동 ~을 생각나게 하다, 떠올리다

🔊 리마인드 > 리마인드 > 💬 리(re)는 '다시'의 뜻. 마인드(mind)는 '마음, 기억'의 뜻이다. 여기에서 '생각나게 하다', '떠올리다'의 뜻이 나왔다.

He **reminded** me of my father.
그는 나의 아버지를 생각나게 했다.

---

problem
[prábləm]

명 문제

🔊 프라블럼 > 풀어 볼 놈 > 💬 문제에 전혀 관심이 없는 놈보다 문제를 풀어 볼 놈이 실력이 향상된다.

What is your **problem**?
너의 문제가 뭐니?

---

win
[wín]

동 이기다, 승리하다, 사로잡다

🔊 원 > 원원 > 💬 "누이 좋고 매부 좋고'라는 말 알아?" "그래. '도랑 치고 가재 잡고'라는 말도 같은 뜻이야." "서로 좋게 된다는 말로 영어로는 원원(win-win)한다고 하지." "그러니까 원(win)은 '승리하다'의 뜻임을 알 수 있겠네."

He **won** the contest. 그는 경연대회에서 이겼다.

□ 16

museum
[mjuːzíːəm]

[명] **박물관, 미술관**

[🔊] 뮤지엄 > 무지 엄하여 > [💬] 박물관이나 미술관을 관람할 때에는 무지 엄하여 떠들거나 사진 촬영을 하지 못하게 한다.

The **museum** displayed famous pictures.
그 박물관에서는 유명한 그림들을 전시했다.

□ 17

borrow
[bárou]

[동] **빌리다, 차용하다**

[🔊] 바로우 > 보루 > [💬] 아저씨는 담배 한 보루를 친구에게서 빌렸다.

Friends do not **borrow** money from each other.
친구들은 서로에게 돈을 빌리지 않는다.

□ 18

care
[kéər]

[명] **돌보아 줌, 조심** [동] **좋아하다, 관심을 가지다**

[🔊] 케어 > 캐어 > [💬] 손자는 산삼을 캐어 병든 할머니를 돌보아 주기 위해 산속으로 들어갔다. 조심하여 골짜기로 가는데 독사가 나타나 기겁을 하고 도망쳤다.

Please take **care** of my pet snake for the weekend.
주말 동안 나의 애완 뱀을 돌보아 주세요.

□ 19

complete
[kəmplíːt]

[동] **완성하다, 끝내다** [형] **전부의, 완전한**

[🔊] 컴플릿 > 컴풀렸다 > [💬] 컴퓨터 나사가 풀렸다(고장났다). 그래서 숙제를 끝내지 못했다.

[부] **completely**
완전히, 완벽하게

He will never **complete** his report.
아마 그는 결코 그의 보고서를 완성하지 못할 것이다.

□ 20

insect
[ínsekt]

[명] **곤충**

[🔊] 인섹트 > 인색도 > [💬] 우리 집은 매우 가난해. 하루는 어머니께 고기가 먹고 싶다고 말씀드렸더니, 글쎄 잠자리나 메뚜기와 같은 곤충을 잡아 먹으라고 하지 않겠어? 우리 어머니는 참 인색도 하시지.

Birds live off **insects**.
새들은 곤충을 먹고 산다.

□01
conduct
[kándʌkt]

[명] 행위, 행동 [동] 안내하다

🔊 칸덕 > 권덕(덕을 권함) > 💬 서로 덕을 권하는 행위는 바람직하다.

Observe the proper code of **conduct**.
올바른 행동 방침에 따르시오.

□02
waste
[wéist]

[동] 낭비하다, 버리다, 소모시키다

🔊 웨이스트 > 외 있었다 > 오이 있었다 > 💬 "원진아. 여기 오이 있었다. 그런데 어디 갔는지 안 보이네." "아버지. 제가 좋아하지 않아서 버렸어요." "왜 너는 함부로 버려서 낭비하느냐?"

Do not **waste** food. 음식을 버리지 마시오.

□03
earn
[ə́:rn]

[동] 벌다, 얻다

🔊 언 > 언제 > 💬 이모는 너무 가난합니다. 언제 돈을 벌어서 단칸방이라도 얻을 수 있을까요.

I **earn** about $3,000 a month.
나는 한달에 3,000 달러 정도 번다.

□04
choice
[tʃɔ́is]

[동] choose
고르다. 선택하다

[명] 선택, 고르기

🔊 초이스 > 초 있소? > 💬 양초 가게에 들어간 친구가 주인에게 "초 있소?" 하고 물었다. 있다고 하자 마음에 드는 것을 선택하였다.

That was a **choice** that I could not avoid.
그것은 내가 피할 수 없는 선택이었다.

□05
describe
[diskráib]

[명] description
기술, 묘사

[동] 묘사하다

🔊 디스크라이브 > 디스크 라이브쇼 > 💬 컴퓨터 디스크에 저장한 라이브쇼가 '소녀시대'의 공연 장면을 묘사하고 있다.

It is impossible to **describe** the joys of heaven.
천국의 즐거움을 묘사하는 것은 불가능하다.

fix
[fíks]

□06

동 고정시키다, 정하다, 수리하다

🔊 픽스 > 픽 쓰 > 픽 쓰러지다 > 💬 책꽂이가 자꾸 픽 쓰러지니 고정시켜야 되겠다.

He **fixed** the picture on the wall.
그는 그림을 벽에 고정시켰다.

---

harm
[háːrm]

□07

명 해, 손해 동 해치다

🔊 함 > 함 > 💬 신부의 집에 함을 들고 가는 사람들은 절대로 손해를 보고 함을 전하려고 하지 않는다.

형 **harmful**
해가 되는, 위험한

If everyone keeps quiet, no one will come to **harm**.
만일 모두가 조용히 해준다면, 아무도 해를 입지 않을 것입니다.

---

symbol
[símbəl]

□08

명 상징, 심벌

🔊 심벌 > 심벌 > 💬 '하트의 심벌'이 무슨 뜻일까? 하트는 심장이니 '심장의 심벌' 즉 '심장의 상징'이 무엇이냐는 말이구나. 그러므로 심벌은 '상징'이란 뜻임을 미루어 알 수 있어.

The heart is a **symbol** of love.
하트는 사랑의 상징이다.

---

affair
[əféər]

□09

명 일, 사건, 업무

🔊 어패어 > 어서 패어 > 💬 한 청년이 장작을 패다가 쉬고 있다. 주인이 "어서 패어 일을 하라고!" 하고 재촉한다.

It's not my **affair**.
그건 나의 일이 아냐.

---

source
[sɔ́ːrs]

□10

명 출처, 근원, 원천

🔊 소스 > 소스 > 💬 "서양 요리의 소스는 맛을 돋우기 위하여 넣어 먹는 걸쭉한 액체로 참 맛있다더라." "그래? 그 내용의 출처(근원)가 어디냐?"

What was the **source** of the matter?
그 문제의 근원은 무엇이었습니까?

□ 11

pollution

[pəlú:ʃən]

동 pollute
더럽히다, 오염시키다

명 오염

🔊 펄루션 > 뻘 누우셨 > 💬 오염된 뻘에 누우셨네요.

Pollution is a serious problem.
오염은 심각한 문제다.

□ 12

need

[ní:d]

동 필요로 하다   명 필요

🔊 니드 > 니도 > 너도 > 💬 아들아, 공부하느라 많이 힘들지? 가만히 있지만 말고 너도 어렵거나 필요한 것이 있으면 꺼리지 말고 내게 말해 보렴. 네 친구도 부모한테 필요한 것을 요청했어.

Cars **need** gasoline to run.
자동차가 달리기 위해서는 휘발유가 필요하다.

□ 13

respect

[rispékt]

명 존경   동 존경하다

🔊 리스펙트 > 리수백도 > 💬 리수백(Ree Su Baik)도 내가 존경하는 사람이다.

Americans believe you should earn your **respect**.
미국인들은 존경이란 얻어내야 하는 것으로 생각한다.

□ 14

wish

[wíʃ]

동 바라다, 빌다, 기도(기원)하다, ~하고 싶다

🔊 위시 > 위씨! > 💬 위씨! 당신의 소원 이루기 바랍니다.

I **wish** you good luck.
너의 행운을 빈다.

□ 15

advertise

[ǽdvərtàiz]

명 advertisement 광고

동 광고하다, 선전하다

🔊 에드버타이즈 > 애도 봐 타이즈 > 💬 "이 로봇은 애도 봐."라고 영화배우 타이즈가 광고하고 다닌다.

He asked me to **advertise** for a new worker.
그는 나에게 새 직원을 구하는 광고를 내라고 요청했다.

□16
effort
[éfərt]

명 노력

🔊 에퍼트 > 애보다 > 💬 애 보는 일이 얼마나 힘들고 노력을 요하는 일인지 너는 아니?

Make the **effort**!
노력을 좀 해라!

□17
tax
[tǽks]

명 세금

🔊 택스 > 택시 > 💬 택시 타고 세금 내러 갔다.

You need to pay **tax**.
당신은 세금을 내야 한다.

□18
pretend
[priténd]

명 pretence 가식

동 ~인 체하다

🔊 프리텐드 > 불일 텐데 > 💬 손에 집은 것이 뜨거운 불(덩이)일 텐데 친구 앞에서 뜨겁지 않은 체한다. 만용을 부리는 것은 바람직하지 않다.

He **pretended** to go to sleep.
그는 잠든 체했다.

□19
match
[mǽtʃ]

동 ~에 어울리다   명 어울림, 성냥

🔊 매치 > 매치 > 💬 흔히 "어떤 것이 다른 것과 매치가 잘 된다"라는 말을 쓰잖아. "이 넥타이는 저 양복과 매치가 잘 돼"처럼 쓰는데 이때의 매치는 어울리다의 뜻이야.

The color of your overcoat **matches** your eyes.
네 코트의 색깔이 네 눈과 어울리는 것 같아.

□20
memory
[méməri]

명 기억, 기억력, 추억, 용량

🔊 메머리 > 메모리 > 💬 "USB 메모리가 1기가밖에 안 되어 저장을 많이 할 수 없어." "메모리가 바로 기억하거나 저장할 수 있는 용량을 뜻하지."

My **memory** is bad.
나의 기억력은 좋지 않다.

DAY 10

STORY 중학 영단어

☐ 01
increase
[inkrí:s]

동 증가하다

🔊 인크리스 > 잉+끄리+수 > 💬 우리 동네 저수지의 잉어와 끄리(잉엇과의 민물고기) 수가 매년 증가하고 있다.

Chocolate **increases** happiness.
초콜릿은 행복감을 증가시킨다.

☐ 02
population
[pàpjuléi/ən]

명 인구

🔊 파퓰레이션 > 밥 풀 애 있어 > 💬 그 마을에는 인구가 많다 보니, 밥을 지을 애도 있고 다 된 밥을 풀 애도 있어.

Population control is sometimes inevitable.
때때로 인구 통제는 불가피하다.

☐ 03
mystery
[místəri]

명 신비, 불가사의

🔊 미스터리 > 미스들이 > 💬 미스(여자)들이 항상 신비한 동물이야. 여자들의 심리는 불가사의한 존재란 말이야.

It's a **mystery** to me.
이건 내게는 불가사의한 일이야.

☐ 04
amount
[əmàunt]

명 총액, 총계, 양

🔊 어마운트 > 엄마 운다 > 💬 이사하려는 집에 치러야 할 잔금 총액이 너무 많아 걱정이라며 엄마가 운다(우신다).

There is a fair **amount** of jelly beans in this bag.
가방 안에는 꽤 많은 양의 젤리 빈이 들어 있다.

☐ 05
lazy
[léizi]

형 게으른, 태만한

🔊 레이지 > 애 있지? > 💬 "옆에 애 있지?" "응." "그럴 때는 게으른 모습을 보여 주면 안 돼. 왜냐하면 그대로 배우는 것이 아이들이니까."

명 laziness
게으름, 나태함

I was too **lazy** to finish my homework.
나는 숙제를 다 마치기엔 너무 게을렀다.

□06

instrument
[ínstrəmənt]

명 도구, 악기

🔊 인스트러먼트 › 인수더러 멘토 › 💬 악기 다루는 일은 인수더러 멘토를 맡겨라.

Drums are **instruments**.
북은 악기이다.

□07

habit
[hǽbit]

명 습관, 버릇

🔊 해비트 › 해 비틀어 › 💬 그는 해만 보면 몸을 해쪽으로 비틀어 버리는 이상한 습관이 있다.

I am in the **habit** of rising early.
나는 일찍 일어나는 습관이 있다.

□08

cure
[kjúər]

동 병을 치료하다 명 치료

🔊 큐어 › 키워 › 💬 병을 치료하라고 그렇게 이야기해도 들은 척 않더니 도리어 키워 버렸구나.

It is the doctor's job to **cure** sick people.
아픈 사람들을 치료하는 것이 의사가 할 일이다.

□09

mind
[màind]

명 마음, 정신 동 걱정하다, 꺼리다, 싫어하다

🔊 마인드 › 마인데 › 악마인데 › 💬 "내가 꿈에 본 것이 악마인데 마음이 얼마나 꺼려지겠니?" "걱정하지 마라, 너는 마음이 착하니 나쁜 일은 없을 거야."

If you could read my **mind**, you would know how happy I am.
만일 네가 내 마음을 읽을 수 있다면, 내가 얼마나 행복한지 알 수 있을 거야.

□10

view
[vjú:]

명 바라봄, 경치, 의견, 목적 동 바라보다

🔊 뷰 › 비유 › 보이어유 › 보여유 › 💬 충청도 사람이 관광할 목적으로 서울에 왔다. 남산타워에 올라가 시내 경치를 바라보다가 의견을 말했다. "참말 잘 보여유. 인천 바다도 보여유."

Some hotel rooms have a better **view** than others.
어떤 호텔 방은 다른 방보다 경치가 좋다.

최종요단어

DAY 10

STORY 중학 영단어

11

treasure
[tréʒər]

명 보물

🔊 트레저 › 틀어쥐어 › 💬 보물을 우연히 발견했다고 하자. 그것을 놓칠 사람이 어디 있겠는가? 보물을 손에 틀어쥐어 잘 보관할 것이다.

The **treasure** chest was full of gold and silver.
그 보물 상자는 금과 은으로 가득 차 있었다.

12

wealth
[wélθ]

명 재산, 부

🔊 웰쓰 › 욀 수만 있다면 › 💬 독학으로 성공한 큰형은 이렇게 말씀하신다. "그날 배운 영단어를 매일 10개씩만 욀 수만 있다면 실력을 쌓을 수 있고, 훌륭한 사람이 되어 재산을 크게 모으고 부를 쌓을 수 있단다."

Wealth does not bring happiness.
부가 행복을 가져다주는 것은 아니다.

13

baggage
[bǽgidʒ]

명 수하물, 짐

🔊 배기지 › 배기지 › 💬 수하물이 어찌나 무겁던지 무게를 배기지 못하여 결국 타이어가 펑크났다.

The weight of this **baggage** is 10kg.
그 수하물의 무게는 10kg입니다.

14

native
[néitiv]

형 고향의, 선천적인, 원어민의

🔊 네이티브 › 네 이 티 봐 › 💬 "네 이 티셔츠 봐. 좋아 보인다." "아, 이 옷 말이야? 선천적인 낭만가인 고향의 아저씨가 보내 준 옷이야." 아저씨는 조상 대대로 그 지역에 사는 원주민이지.

You speak just like a **native** speaker!
너 완전 원어민처럼 말하는구나!

15

situation
[sit/uéi/ən]

명 위치, 상황

🔊 시추에이션 › 시계추에 있어 › 💬 시계추에 먼지가 있어. 여기에서 시계추는 '위치'를, '먼지가 있어'는 '상황'을 뜻해.

I cannot understand the **situation**.
나는 이 상황을 이해할 수가 없다.

16

difficult
[dífikʌlt]

형 어려운

🔊 디피컬트 > 깊이 칼 두 > 💬 "몸 깊이 칼을 두고 다니는 사람을 보면 대하기가 쉬워?" "아니 어려워."

This problem is **difficult**.
이 문제는 어렵다.

17

proud
[pràud]

형 자랑으로 여기는, 거만한

🔊 프라우드 > 부러워들 > 💬 딸이 변호사인 것을 자랑스럽게 여기는 친구를 부러워들했다.

부 **proudly** 자랑스럽게

I'm so **proud** of you.
나는 네가 자랑스럽다.

18

result
[rizʌ́lt]

명 결과, 성과   동 결과로 일어나다

🔊 리절트 > 이것이 절도 > 💬 도둑 세계에서 주고 받는 대화 내용이다. "두목님. 이것이 절도한 결과물입니다. 보십시오. 볼펜과 지우개 그리고 노트는 세 권이나 됩니다." "그래? 성과 좋았구먼."

What is the **result**?
결과가 어때?

19

control
[kəntróul]

명 통제, 지배   동 통제하다, 지배하다

🔊 컨트로울 > 권투를 > 💬 권투를 하는 언니가 감량을 위해 몇 끼를 굶는 등 자기 통제를 잘 하더니 챔피언이 되어 전 세계를 지배하였다.

He lost **control** of the bike.
그는 자전거의 조종에 실패하였다.

20

vacation
[veikéiʃən]

명 휴가

🔊 베이케이션 > 밖에션 > 밖에서 시원 > 💬 밖에서 시원하게 놀 수 있는 때는 오직 휴가 때뿐입니다.

I want to go to Japan for my summer **vacation**.
나는 여름휴가로 일본에 가고 싶다.

실력 쑥쑥! Check-up 1

A. 알맞은 우리말 짝꿍을 찾아서 선으로 연결하세요.

01 comfortable   ⓐ 나타나다, ~인 듯하다
02 repeat   ⓑ 되풀이하다, 되풀이하여 말하다
03 challenge   ⓒ 도전, 도전하다
04 appear   ⓓ 편안한, 쾌적한
05 reward   ⓔ 보답, 보수, 보상하다, 포상하다

06 nervous   ⓐ 묻다
07 another   ⓑ 손해, 손상, 손해를 주다
08 damage   ⓒ 또 하나의, 다른, 별개의, 또 하나
09 bury   ⓓ 두려워하는, 걱정하는
10 afraid   ⓔ 초조한, 신경질의

B. 알맞은 영단어 짝꿍을 찾아서 선으로 연결하세요.

11 문화, 교양   ⓐ speech
12 대답하다   ⓑ culture
13 싫어하다, 미워하다   ⓒ rule
14 연설, 말   ⓓ hate
15 규칙, 법규, 습관   ⓔ reply

C. 스토리를 보고 빈칸에 들어갈 영단어를 적어보세요.

예시) enjoy : 형이 저 혼자만 즐기려고 장난감을 안줘이.

16 _____ : 어? 불러도 대답이 없네. 어디 갔나? 외국으로?
17 _____ : 이 사이다보다는 저 사이다가 맛이 좋을 것 같다. 저 사이다로 결정하자.
18 _____ : "여보시오. 에! 또 뭣을 피워?" "담배요." "뭐? 대기와 공기 안 좋아져." 하고 소리친다. 갑자기 분위기가 썰렁해진다.
19 _____ : 나와 사이가 좋지 않은 친구가 나에게 끔찍하게도 '어디 한 번 때려볼까'라고 말한다. 정말 무서운 놈이다.
20 _____ : 그는 매우 유명한 과학자이브로 페이가 아주 많습니다.

50

A. 알맞은 우리말 짝꿍을 찾아서 선으로 연결하세요.

01	insist		ⓐ 붙이다, 바르다, 첨부하다
02	attach		ⓑ 주장하다
03	insect		ⓒ 어려운
04	advertise		ⓓ 곤충
05	difficult		ⓔ 광고하다, 선전하다

06	introduce		ⓐ 괴롭히다, 신경쓰다, 귀찮은 일
07	surprise		ⓑ 노력
08	bother		ⓒ 놀라게하다, 놀람
09	effort		ⓓ 인구
10	population		ⓔ 소개하다, 도입하다

B. 알맞은 영단어 짝꿍을 찾아서 선으로 연결하세요.

11	외치다, 큰 소리로 말하다		ⓐ suffer
12	고통받다, 괴로워하다		ⓑ shout
13	파괴하다		ⓒ respect
14	존경, 존경하다		ⓓ result
15	결과, 성과, 결과로 일어나다		ⓔ destroy

C. 스토리를 보고 빈칸에 들어갈 영단어를 적어보세요.

예시) together : 인형을 두 개 더 모으면 드디어 100개가 된다.

16	: 그는 다리가 아픈 여자 친구가 불쌍해서 자기 등에 업힐 것을 간청(애원)했다.
17	: 삼각형의 넓이 문제를 풀어 봐. 그리고 삼각형은 사각형 넓이의 2분의 1임을 증명해 봐.
18	: 박물관이나 미술관을 관람할 때에는 무지 엄하여 떠들거나 사진 촬영을 하지 못하게 한다.
19	: 이모는 너무 가난합니다. 언제 돈을 벌어서 단칸방이라도 얻을 수 있을까요.
20	: 우리 동네 저수지의 잉어와 끄리(잉엇과의 민물고기) 수가 매년 증가하고 있다.

☐ 01
steal
[stíːl]

동 훔치다 (steal – stole – stolen)

🔊 스틸 > 스틸 > 💬 steel과 steal은 모두 발음이 스틸이야. e(이)가 두 개 있는 것이 '강철'의 뜻, e 하나를 훔쳐 a로 바꾸어 놓으면 '훔치다'의 뜻이야.

Stealing is a serious crime. 훔치는 것은 심각한 범죄이다.

☐ 02
custom
[kʌ́stəm]

명 풍습, 습관

🔊 커스텀 > 고스톱 > 💬 우리나라에는 언제부터인가 고스톱을 치는 풍습이 생겼다.

In different countries there are different **custom**. 지방이 다르면, 풍습 역시 다르다.

☐ 03
benefit
[bénəfit]

명 이익 동 이익을 얻다

🔊 베너핏 > 뵈니 빛 > 💬 "어머니, 열심히 노력한 결과, 많은 이익이 생겼어요." "그래 아들아 이제 뵈니 환한 빛이?"

I **benefited** from other people's mistake. 나는 다른 사람들의 불행으로부터 이득을 얻었다.

☐ 04
select
[silékt]

명 selection 선발, 선택

동 고르다, 뽑다 형 고른, 발췌한

🔊 실렉트 > 실낱도 > 💬 가능성은 실낱도(만큼도) 없는 집단에서 어떻게 과학자를 골라 뽑으라는 말인지.

To begin the game, **select** the number of players. 게임을 시작하려면, 참가자의 수를 고르세요.

☐ 05
temperature
[témpərətʃər]

명 온도, 체온

🔊 템퍼러처 > 템포 늦춰 > 💬 행군을 하는데 지휘관이 말했다. "한여름이라 온도가 높으니 행군 템포를 늦춰."

Look at your **temperature**! You should go see a doctor! 너 체온 좀 봐! 의사에게 가야겠어!

□06
however
[hauévər]

부 아무리 ~ 해도　접 그러나, 그렇지만

🔊 하우에버 > '하오 해 봐' > 💬 당신이 '하오 해 봐'라고 아무리 해도 나는 절대로 못해요.

However hard you try, you will not arrive at the station at 10 o'clock.
네가 아무리 열심히 해 봐도 10시에 역에 도착하지 못할 것이다.

□07
traffic
[trǽfik]

명 교통, 왕래

🔊 트래픽 > 트럭 레미콘 픽업 > 💬 트럭과 레미콘과 픽업은 모두 화물을 싣고 도로를 왕래하는 차들로서 교통안전을 위해 힘써야 한다.

I was held up because of the **traffic**.
나는 차가 막히는 바람에 늦었다.

□08
furniture
[fə́:rnitʃər]

명 가구

🔊 퍼니처 > 퍼떡(빨리)+니(네)+처(아내) > 💬 "퍼떡 니 처에게 새 가구 하나 마련해 주렴."

Move the **furniture** for me, will you?
나를 위해서 이 가구를 옮겨 주겠니?

□09
limit
[límit]

명 제한, 한계　동 제한하다, 한정하다

🔊 리미트 > 네 밑에 > 💬 너와 같이 등산을 해도 나는 항상 네 밑에 따라가게 되는구나. 내가 갈 수 있는 거리는 제한되어 있어. 내 체력도 한계에 다다랐어.

📖 limitation　한정, 제한

There is no **limit** to the love of God.
신의 사랑에는 한계란 없다.

□10
material
[mətíəriəl]

명 재료, 도구

🔊 머티어리얼 > 메추리알 > 💬 어머니는 메추리알을 재료로 맛있는 요리를 만드셨다.

Cement is an important building **material**.
시멘트는 중요한 건축 재료이다.

최종요단어

DAY 11

STORY 중학 영단어

public
[pʌ́blik]

명 대중, 일반 사람들, 공중　형 공공의, 공중의

🔊 퍼블릭 > 헤! 불익 > 헤! 불이익 > 💬 공원에서 쓰레기를 함부로 버리다니, 헤! 대중(공중)들에게 불이익을 주는 행동이야 원, 쯧쯧.

The speech was addressed to the **public**.
연설은 대중들에게 전달되었다.

---

opinion
[əpínjən]

명 의견, 견해, 여론

🔊 어피니언 > 앞이니 원! > 💬 호랑이 선생님 앞이니 원! 시험이 끝났으니 집에 일찍 보내 달라는 의견을 내세우지 못하고 친구들의 여론만 들을 뿐이다.

What is your **opinion**?
너의 의견은 무엇이니?

---

region
[ríːdʒən]

명 지역, 지방

🔊 리전 > 이전 > 💬 일부 정부 기관이 서울 지역에서 충남 세종시 지역(지방)으로 이전하였다.

He was born in this **region**.
그는 이 지방에서 태어났다.

---

library
[láibrèri]

명 도서관, 서재

🔊 라이브레리 > 나 이불 널으리 > 💬 "나 이불 널으리, 도서관…" "아니, 서영아! 이불을 어디에다 널겠다는 거지? 너 정신 나갔구나." "아니, 도서관이 아니고 도서관 앞 공터에."

The student worked part-time in a **library**.
그 학생은 도서관에서 시간제 근무로 일했다.

---

tradition
[trədíʃən]

명 전통, 전설

🔊 트러디션 > 틀어지신(삐치신) > 💬 전통적으로 우리 조상들은 남과 다투다가 크게 틀어지신 일이 많다고 한다. 그 이후로 후손들도 남과 다툴 경우 잘 틀어진다는 전설이 있다.

It's a **tradition** in her family.
그것은 그녀 가족의 전통이다.

16
religion
[rilídʒən]

명 종교, 종파

🔊 릴리전 > 12전도사 > 💬 12명의 전도사가 교회에서 종교 의식을 갖고 있다.

I do not follow any **religion**.
나는 어떤 종교도 믿지 않는다.

17
accept
[æksépt]

명 acceptance
수락, 용인

동 받아들이다

🔊 액셉트 > 아쉽다 > 💬 내가 2등에 머물렀다는 사실이 아쉽다. 그렇지만 받아들일 수밖에.

He did not **accept** my love.
그는 나의 사랑을 받아들이지 않았다.

18
disappear
[dìsəpíər]

명 disappearance
사라짐, 소멸, 소실, 실종

동 사라지다

🔊 디서피어 > 뒤서 피어 > 💬 움막 뒤서 피어나는 연기가 곧 사라졌다.

The young woman **disappeared** one night.
그 어린 여성은 밤에 사라졌다.

19
ignore
[ignɔ́:r]

명 ignorance 무지, 무식

동 무시하다

🔊 이그노어 > 이거 놓아 > 💬 친구가 멱살을 잡고 무시하기에 "이거 놓아" 하고 소리쳤다.

He **ignored** my complaints.
그는 나의 불평을 무시했다.

20
ladder
[lǽdər]

명 사다리, 단계, 사회적 지위

🔊 레더 > 네다리 > 💬 접이식 사다리는 세 다리가 아니고 네 다리야.

He climbed up the **ladder**.
그는 사다리를 기어올랐다.

☐ 01
merchant
[mə́:rtʃənt]

명 상인

🔊 머천트 > 멎었다 > 💬 경기 침체가 장기화되다 보니 외부 상인의 발길이 멎었다.

The **merchant** sold many useful items.
그 상인은 많은 쓸모 있는 물건들을 판매했다.

☐ 02
century
[séntʃəri]

명 세기, 100년

🔊 센처리 > 쓴 추리 > 쓴 추리 소설 > 💬 그가 쓴 추리 소설이 100년이 지나 세기가 바뀐 지금도 즐겨 읽혀지고 있다.

The 21st **century** will be different from all previous **centuries**.
21세기는 지금까지의 어떤 다른 세기와도 다를 것이다.

☐ 03
spend
[spénd]

동 쓰다, 소비하다, 보내다, 지내다

🔊 스펜드 > 습엔도 > 10엔도 > 💬 일본인에게 본받을 점은 그들은 단, 10엔도 정말로 아껴서 쓰고 소비한다. 이들은 지금보다는 향후 잘 지내는 것을 더 생각한다.

I didn't **spend** much time with my friend this year.
올해는 친구와 시간을 많이 보내지 못했다.

☐ 04
general
[dʒénərəl]

명 육군 대장   형 일반적인

🔊 제너럴 > 제너(사람 이름)+를 > 💬 제너는 부모님의 대화를 엿들었다. "여보, 내가 제너를 육군 대장으로 꼭 만들어 놓을 거요." "일반적인 의견은 그것이 어렵다는 겁니다."

The **general** ordered his soldiers to defend the harbor.
그 육군 대장은 그의 병사들에게 그 항만을 보호하도록 명령했다.

☐ 05
return
[ritə́:rn]

동 돌아오다, 돌려주다

🔊 리턴 > 있던 > 💬 늙으면 있던 자리로 돌아오게 마련이다.

I will **return** in three months.
나는 세 달 안으로 돌아올 거야.

□06
advice
[ædvàis]

⑤ advise
충고하다, 조언하다

명 충고, 조언

🔊 애드바이스 › 얻어 봐. 있어 › 💬 형이 책을 빌려 오라고 해서 옆집 친구에게 물어보니 없다고 말했다. 형은 "다시 가서 정중한 태도로 얻어 봐. 있어." 하고 충고의 말을 했다.

There is no one to give me **advice**.
나에게는 충고를 해 줄 사람이 없어요.

□07
danger
[déindʒər]

형 dangerous 위험한

명 위험

🔊 데인저 › 데인 저곳 › 💬 불에 데인 저곳은 매우 위험하니 빨리 치료하세요.

His life was in **danger**.
그의 생명이 위험에 처해 있었다.

□08
grade
[gréid]

명 성적, 학년 동 채점하다

🔊 그레이드 › 업그레이드 › 💬 성적이나 등급을 올리는 것을 업그레이드하다라고 말하지.

What **grade** are you in?
너는 몇 학년이니?

□09
meal
[míːl]

명 식사, 끼니

🔊 밀 › 밀 › 💬 보리가 아닌 밀로 한끼 식사를 했다.

It is not healthy to miss a **meal**.
식사를 거르는 것은 건강에 좋지 않다.

□10
elementary
[èləméntəri]

형 초보의, 초급의

🔊 엘러멘터리 › 얼러맨 똘이 › 얽어맨 똘이 › 💬 책가방을 어깨에 얽어맨 똘이, 초급의 모습이 우습다. 이제 막 알에서 깨어 나온 병아리 모습 그대로다.

He is an **elementary** school student.
그는 초등학교 학생이다.

최종요단어

DAY
12

STORY 중학 영단어

11
contest
[kántest]

⟨명⟩ 대회, 경쟁   ⟨동⟩ 이의를 제기하다

🔊 칸테스트 ▸ 팝콘 테스트 ▸ 💬 누가 팝콘을 잘 먹는지 테스트하는 대회에서 모두들 경쟁을 벌이면서 서로 많이 먹으려고 한다.

The winners of beauty **contests** attract a lot of attention.
미인대회 우승자는 많은 관심을 끌게 된다.

12
ride
[ràid]

⟨동⟩ 타다, 타고 가다, 태우다

🔊 라이드 ▸ 나이도 ▸ 💬 나이도 어린 녀석이 가마를 타고 신부를 태우러 간다.

Did you **ride** a horse on your visit to Jeju island?
제주도 방문했을 때 말 타 봤니?

13
principal
[prínsəpəl]

⟨형⟩ 중요한   ⟨명⟩ 교장

🔊 프린서펄 ▸ 뿌린 곳에서 풀 ▸ 💬 좋은 씨앗을 뿌린 곳에서 좋은 풀이 자라난다는 것이 교장 선생님의 중요한 사상이야.

Rice is the **principal** crop of this area.
쌀은 이 지방의 중요한 작물이다.

14
liberty
[líbərti]

⟨명⟩ 자유

🔊 리버티 ▸ 입어 티셔츠? ▸ 💬 "나 입어 티셔츠?" "그건 왜 묻지. 입고 안 입고는 너의 자유야."

The statue of **liberty** is very large.
자유의 여신상은 매우 크다.

15
female
[fí:meil]

⟨명⟩ 여성   ⟨형⟩ 여성의

🔊 피메일 ▸ 피 매일 ▸ 💬 "피를 매일 흘리는 사람은?" "몰라." "그럼 한 달에 한 번씩 흘리는 사람은?" "여성."

I am a young **female**.
나는 어린 여자입니다.

□16
refuse
[rifjúːz]

명 refusal 거절, 거부

동 거절하다

🔊 리퓨즈 > 이(예)뻐져 > 💬 얼마 전에 미팅한 파트너의 얼굴이 영 말이 아니었다. 그런데 오늘 그녀의 모습은 매우 이(예)뻐져 있었다. 재미팅을 거절한 것이 아쉬웠다.

I **refused** his offer.
나는 그의 제안을 거절했다.

□17
several
[sévərəl]

형 몇 개의, 여럿의, 몇 사람의

🔊 세버럴 > 세배를 > 💬 우리들 여럿이서 몇 개의 과일을 사서 선생님 댁에 세배를 갔다.

Several students are staying at the library to study.
학생들 몇 명이 공부하러 도서관에 남아 있다.

□18
voice
[vɔ́is]

명 소리, 목소리   동 말로 나타내다

🔊 보이스 > 보이스 > Boys > 💬 젊고 패기 있는 Boys(소년들)의 목소리는 노인에 비해 맑다.

You have the **voice** of an angel.
당신은 천사의 목소리를 가졌군요.

□19
trouble
[trʌ́bl]

명 근심, 어려움, 문제점

🔊 트러블 > 틀어 볼 > 💬 수도꼭지가 꽉 잠겨 틀어 볼 수 없었다. 비듬을 달고 학교에 가야 하는지 근심과 걱정이 태산같았다.

The **trouble** with you is that you don't know what's wrong with you.
너의 문제는 너의 무엇이 잘못되었는지조차 모르는 것이지.

□20
compose
[kəmpóuz]

명 composer 작곡가

동 작곡하다, 구성하다, 작문하다

🔊 컴포우즈 > 겁보 우즈 > 💬 삼촌은 '겁보 우즈'라는 노래를 작곡하여 히트를 쳤다. 이 노래는 장음계로 구성하였다.

I **composed** a love poem.
나는 사랑에 대한 시를 하나 썼다.

최종요단어

DAY 12

STORY 중학 영단어

DAY 13

STORY 중학 영단어

□ 01
character
[kǽriktər]

명 성격, 인격, 특징, 등장인물, 문자

🔊 캐릭터 > 캐릭 더 > 💬 캐릭은 나보다 더 성격 좋은 인물이다.

Javert is the coolest **character** in the novel *Les Miserables*.
자베르는 소설 〈레 미제라블〉에서 가장 매력적 인물이다.

□ 02
encourage
[inkə́:ridʒ]

동 용기를 북돋다, 격려하다

🔊 인커리지 > 안그러지? > 💬 아들이 아버지 컴퓨터를 몰래 하다가 망가뜨려 울고 있었다. 아버지는 용기를 북돋워주는 말을 했다. "오! 우리 아들 다시는 안그러지?"

I **encouraged** my students to read science novels.
나는 내 학생들에게 공상 과학 소설을 읽도록 독려했다.

□ 03
assist
[əsíst]

동 도와주다

🔊 어시스트 > 어시스트 > 💬 축구에서 다른 선수가 골을 넣을 수 있도록 도와주는 것을 어시스트라고 하지.

명 assistance 도움, 원조

Let me **assist** you!
내가 당신을 도와줄게요!

□ 04
consider
[kənsídər]

동 고려하다, 숙고하다, ~라고 생각하다

🔊 컨시더 > 콩씨 더 > 💬 올해는 볍씨보다는 콩씨를 더 심는 것을 고려해 보려고 한다.

명 consideration 사려, 숙고

I will **consider** it.
그것을 고려하도록 하지요.

□ 05
exchange
[ikst/ĕindʒ]

동 바꾸다, 교환하다 명 교환

🔊 익스체인지 > 익수 체인지 > 💬 익수와 다른 사람이 체인지하였다(바꾸었다).

We **exchanged** letters.
우리는 편지를 교환했다.

---

root
[rúːt]

[명] 뿌리, 근원

[🔊] 루트 > 로또 > [💬] 로또로 행운을 잡으려는 생각은 아예 뿌리를 뽑아라.

I like **root** vegetables.
나는 뿌리채소를 좋아한다.

---

pardon
[páːrdn]

[동] 용서하다 [명] 용서

[🔊] 파든 > 돈을 파 > [💬] "내가 땅에 묻어 둔 돈을 네가 파?" "죄송해요. 용서해 주세요." "뭐라고? 죄송하다고?"

He asked for a **pardon**.
그는 용서를 구했다.

---

position
[pəzíʃən]

[명] 위치, 직책

[🔊] 퍼지션 > 포지션 > [💬] 축구, 야구, 농구 따위에서 선수의 위치를 포지션이라 해. 야구 박병호의 포지션은 1루수, 축구 박지성의 포지션은 미드필더야. 이와 같이 각자가 맡은 위치나 직책을 포지션이라고 해.

What is your **position** on this team?
이 팀에서 너의 직책은 뭐니?

---

type
[tàip]

[명] 유형, 전형, 활자 [동] 분류하다, 타이프하다, 입력하다

[🔊] 타입 > 타입 > [💬] '너는 어떤 타입을 좋아하느냐'에서 타입은 '유형', '종류'의 뜻이고, '나는 타이프 한다(type)'에서 타이프는 활자를 '입력하다'의 뜻이다.

What is your blood **type**?
당신의 혈액형은 무엇입니까?

---

connect
[kənékt]

[명] connection 연결

[동] 연결하다, 관계시키다

[🔊] 컨넥트 > 건넸다 > [💬] 떨어져 있는 두 지점 사이를 다리로 연결하여 건넸다.

The internet **connection** is down.
인터넷 연결이 끊어졌습니다.

11

harvest
[háːrvist]

명 수확 동 거두어들이다

🔊 하비스트 > 해! 비슷해 > 💬 해! 너무 비슷해. 작년 수확량과 올해 수확량이 계속 풍년이네.

It is **harvest** time. 이제는 수확할 때이다.

12

dictionary
[díkʃənèri]

명 사전

🔊 딕셔네리 > 직선 허리 > 💬 직선 허리의 뜻을 사전에서 찾아보거라.

Sometimes, long words can be found in the **dictionary**.
가끔, 사전에 긴 단어가 발견된다.

13

base
[béis]

명 기초, 근거 동 기초를 두다

🔊 베이스 > 베이스 > 💬 테너, 바리톤, 베이스 들어 봤지? 베이스는 남성의 가장 낮은 음역을 말하는데, 셋 중 베이스가 가장 기초(기본)가 되고 그것을 바탕으로 테너나 바리톤이 조화를 이루잖아.

Your comments are **base**.
네 의견은 근거가 있다.

14

foreign
[fɔ́ːrən]

명 foreigner 외국인

형 외국의, 해외의

🔊 포린 > 퍼런 > 💬 어디의 여행에서 눈이 퍼런 사람들을 볼 수 있을까? 국내의 여행인가 아니면 외국의 여행인가?

You must be careful when tasting **foreign** food.
외국 음식을 맛볼 때는 조심해야 한다.

Tip▶ foreign의 'g'는 묵음으로 발음하지 않아요.

15

dirty
[dɔ́ːrti]

형 더러운 동 더럽히다

🔊 더티 > 더러운 티셔츠 > 💬 동생은 깨끗하지 못하고 더러운 티셔츠를 입었다.

My shoes are **dirty**.
내 신발은 더럽다.

16
shake
[ʃĕik]

동 떨다, 흔들다, 악수하다 (shake – shook – shaken)

🔊 셰이크 > 새웠고 > 💬 그는 산에서 밤을 새웠고 추위에 떨고 있었다. 지나가는 사람에게 입을 것을 요청하려고 손을 흔들었다. 사람들이 도와주자 악수를 하며 고마워하였다.

Shake your body and enjoy the music!
몸을 흔들며 음악을 즐겨 보세요!

17
society
[səsàiəti]

명 사회, 집단, 단체, 교제

🔊 서사이어티 > 속삭이었지 > 💬 미영이는 사교적이어서 어느 사회나 집단에도 잘 어울리며 그들의 마음을 사로잡고 친근하게 속삭이었지.

Society cannot function without laws.
사회는 법률 없이는 기능할 수 없다.

18
favorite
[féivərit]

형 가장 좋아하는

🔊 페이버리트 > 패버렸다 > 💬 내가 가장 좋아하는 사람이 말을 안 들어 패버렸다. 그랬더니 가슴이 매우 아프구나.

My **favorite** color is blue.
내가 가장 좋아하는 색은 푸른색이다.

19
magazine
[mӕgəzíːn]

명 잡지

🔊 매거진 > 매 가진 > 💬 매 가진 아버지와 속 썩이는 아들의 기사가 잡지에 실렸다.

Elle is a fashion **magazine** for women.
〈엘르〉는 여성을 위한 패션 잡지이다.

20
relax
[rilӕks]

동 (긴장을) 풀다, 늦추다

🔊 릴렉스 > 일 냈어 > 💬 "정희야. 내가 시험 합격이라는 엄청난 일을 해 냈어." "그래 참 잘했구나. 고생했으니 이제 푹 쉬면서 긴장을 풀어라."

Relax your muscles when you do stretch.
스트레칭을 할 때에는 근육을 좀 풀어라.

최종요단어

DAY 13

STORY 중학 영단어

DAY 14

STORY 중학 영단어

□ 01
notice
[nóutis]

[명] 주의, 통지, 벽보 [동] 목격하다

🔊 노우티스 > 노티셔츠 > 💬 노티셔츠로 학교에 갔다가 선생님께 주의를 받았다.

It attracted our **notice**.
그것이 우리의 주의를 끌었다.

□ 02
improve
[imprú:v]

[명] improvement
향상, 개선

[동] 개선하(되)다, 향상시키다

🔊 임프루브 > 안 풀어 봐 > 💬 형이 개발한 수학 문제를 한 문제도 안 풀어 봐서 형이 나태한 자세를 개선하겠다며 벌을 주었다.

His test scores **improved**.
그의 시험 성적이 향상되었다.

□ 03
ceremony
[sérəmòuni]

[명] 의식

🔊 세러모우니 > 세례 뭐니? > 💬 교회에 처음 따라간 친구가 세례 받는 의식을 보고, "세례가 뭐니?"하고 물었다.

The wedding **ceremony** was held in hotel.
결혼식은 호텔에서 열렸다.

□ 04
difference
[dífərəns]

[명] different 다른

[명] 차이점

🔊 디퍼런스 > 뒤 퍼럴소 > 💬 똑같은 장면을 보고 한 사람은 "뒤는 퍼럴소."라고 말하고, 다른 사람은 "앞은 노랗소."라고 말한다. 이 두 사람은 심리적으로 차이점이 있다.

What is the **difference** between her opinion and yours?
그녀의 의견과 당신의 의견의 차이는 무엇인가요?

□ 05
literature
[lítərət∫ər]

[명] 문학

🔊 리터러추어 > 리터러추오 > 💬 나는 리터러추오 문학을 연구했다. 리터러추오는 리투아니아, 터키, 러시아, 추바슈, 오스트리아 등 5개국이다.

The harry potter series deserves to be called **literature**.
해리포터 시리즈는 문학으로 불릴 가치가 있다.

□ 06
neither
[níːðər]

부 ~도 …도 아니다

🔊 니더 > 니더(입니다의 경상도 방언) > 💬 과일을 먹은 것은 저도 승재도 아닙니다.

He is **neither** handsome nor kind.
그는 잘생기지도 않았고 친절하지도 않다.

□ 07
president
[prézədənt]

명 대통령, 의장

🔊 프레저던트 > 풀에 쓰러지던데 > 💬 대통령배 씨름대회에서 김아름이 초반에 힘을 써서 그런지 지쳐서 그만 제풀에 쓰러지던데.

He is the **president** of the United States.
그는 미국의 대통령이다.

□ 08
skill
[skíl]

명 기술, 기량, 역량

🔊 스킬 > 스키를 > 💬 스키를 익숙하게 타는 데는 기술이 많이 필요하다.

He went to Canada to improve his language **skills**.
그는 언어 능력을 향상시키기 위해 캐나다로 떠났다.

□ 09
advantage
[ædvǽntidʒ]

명 이익, 강점, 장점

🔊 애드밴티지 > 어디 뺀 티지 > 💬 "어디서 뺀 티(티셔츠)지?" "응, 티셔츠 공장을 운영하는 삼촌이 이익이 많이 남았다고 주신 거야." 삼촌은 남에게 베푸는 것이 장점이야.

Handsome people have an **advantage** over ugly people.
잘생긴 사람들은 못생긴 사람들에 비해 강점을 가진다.

□ 10
popular
[pápjulər]

형 인기 있는, 대중적인

🔊 파퓰러 > 밥풀(밥알)+넣어 > 💬 면회 갈 때마다 창문 틈으로 밥풀을 넣어 주어서 그는 죄수들 사이에 인기가 높은 사람이다. 왜 도시락이 아닌 밥풀이냐 하면 창틀이 좁아 들어갈 수 없기 때문이지.

This girl group is **popular**. 이 걸그룹은 인기가 많다.

최종요단어

DAY 14

STORY 중학 영단어

☐ 11
address
[ədrés]

명 주소, 연설   동 주소를 쓰다, 연설하다

🔊 어드레스 > 어디랬어? > 💬 북한에서 온 동포의 주소가 어디랬어?

Give me your **address**.
당신의 주소를 알려 주세요.

☐ 12
practice
[prǽktis]

명 연습, 실행   동 연습하다, 실행하다

🔊 프랙티스 > 불에 데었어 > 💬 나는 서커스 단원이야. 불을 피워 놓고 뛰어넘는 묘기를 오래 연습했지. 연습할 때는 잘 되었는데 막상 관중들 앞에서 실행할 때 긴장을 했는지 뛰어넘다가 불에 데었어.

I have to **practice** more.
나는 더 연습해야겠어.

☐ 13
junior
[dʒúːnjər]

명 연소자, 중급자, 후배, 청소년   형 고등학교 2학년의

🔊 주니어 > 준이야 > 💬 준이야, 너야말로 착실한 나의 후배야.

He is a high school **junior**.
그는 고등학교 2학년이다.

☐ 14
trick
[trík]

명 속임수, 묘기   동 속이다

🔊 트릭 > 트리+ㄱ > 💬 트리(나무) 위에서 ㄱ자 모양의 묘기를 하는 것은 속임수에 불과했다.

Let me show you a magic **trick**.
마술 묘기 하나 보여 드리지요.

☐ 15
decrease
[dikríːs]

명 감소   동 감소하다

🔊 디크리스 > 쥐꼬리소 > 💬 소가 쥐꼬리만 하게 변했으니 얼마나 감소한 것이냐.

My weight **decreased**. Yay!
내 몸무게가 줄었다. 오예!

□ 16

sweet
[swíːt]

형 단, 달콤한, 아름다운

🔊 스위트 > 스웨터 > 💬 형의 스웨터 주머니 속에 달콤한 사탕이 들어 있다. 나는 그것이 형수 몫인 것을 알고 있다.

The cookie is very **sweet** and delicious.
그 쿠키는 정말 달콤하고 맛있네요.

□ 17

area
[ɛ́əriə]

명 지역, 구역, 범위

🔊 에어리어 > 애가 어리어 > 💬 우리 애가 어리어 청소년 금지 구역에는 출입할 수 없단다.

There is heavy traffic in this **area**.
이 지역은 교통이 혼잡하다.

□ 18

error
[érər]

명 실수, 잘못, 오류

🔊 애러 > 애로 > 💬 실수로 잘못을 자주 저지르는 사람은 살아가는 데 애로가 많아.

Errors in the program drive my friend crazy.
프로그램에서의 오류는 내 친구를 미치게 만든다.

□ 19

stage
[stéidʒ]

명 무대, 단계, 시기

🔊 스테이지 > 서태지 > 💬 서태지의 무대 공연을 보고 나는 "이 시기의 진정한 스타지." 하는 느낌을 받았어.

My dream is to sing a song on a **stage** before hundreds of people.
나의 꿈은 무대 위에서 수많은 사람들 앞에서 노래를 부르는 것이다.

□ 20

theater
[θíːətər]

명 극장

🔊 씨어터 > 쉬었다 보자 > 💬 극장에서 영화를 보고 쉬었다 한 번 더 보았다.

I have two tickets for the **theater**.
나는 극장표를 두 장 가지고 있다.

최종요단어

DAY **14**

STORY 중학 영단어

DAY 15

STORY 중학 영단어

□01
forest
[fɔ́ːrist]

몡 숲

🔊 포리스트 > 풀이 섰다 > 💬 수많은 풀이 서 있다. 그곳이 어디일까? 숲이다.

The **forest** is full of beautiful flowers.
숲은 아름다운 꽃들로 가득하다.

□02
climate
[klàimit]

몡 기후, 풍토

🔊 클라이밋 > 클라(큰일 나)+이미 > 💬 "이곳은 제트 기류가 이동하는 기후 풍토가 있어 행글라이더로 비행하면 클라(큰일 나) 이미 여러 명이 사고를 당했어."

The **climate** of California is pleasant.
캘리포니아의 기후는 사람을 즐겁게 한다.

□03
nation
[néiʃən]

몡 national
국가의, 전국적인

몡 나라, 국가, 국민

🔊 네이션 > 카네이션 > 💬 5월 둘째 일요일, 어머니에게 붉은 카네이션을 달아 주고 어머니의 은혜에 감사하는 마음을 가졌다. 이런 유래가 있었던 나라(국가)는 미국이다.

He is the pride of our **nation**.
그는 우리 나라의 자랑거리이다.

□04
settle
[sétl]

통 자리잡다, 정착하다, 해결하다

🔊 세틀 > 새들 > 💬 새들(철새)이 한 마리 두 마리 집 근처 억새밭에 자리잡기 시작하더니 몇 달 사이에 완전히 정착하여 살게 되었다. 새들의 먹이 문제가 해결되어야 여기서 계속 살 것이다.

Everything is pretty much **settled**.
모든 것이 어느 정도 정착이 되었다.

□05
forward
[fɔ́ːrwərd]

튀 앞쪽에, 앞으로   통 전달하다

🔊 포워드 > 퍼 와도 > 💬 집에서 쌀을 몰래 퍼 와도 집 앞으로 당당하게 걸어 나와라. 집 뒤로 은밀하게 나오면 도둑으로 오인될 수가 있다.

The baby walked **forward**.
아기가 앞으로 걸어갔다.

68

□06
valley
[væli]

명 골짜기, 계곡

🔊 밸리 > 빨리 > 💬 우리는 계곡으로 놀러갔다. 그런데 갑작스런 폭우로 계곡에 물이 불자 계곡에서 빨리 나오라는 안내 방송이 나왔다.

I took a picture of that beautiful **valley**.
나는 이 아름다운 계곡의 모습을 사진에 담았다.

□07
battle
[bǽtl]

명 전투 동 싸우다

🔊 배틀 > 비틀거리다 > 💬 두 나라는 힘이 다해 비틀거릴 때까지 계속 전투를 벌이며 싸웠다.

The **Battle** of Britain is the most famous **battle** of World War II.
영국 전투는 2차 세계대전 중 가장 유명한 전투였다.

□08
divide
[diváid]

동 division 분할, 분배

동 나누다, 쪼개다

🔊 디바이드 > 저 바위도 > 💬 저 바위도 손으로 쳐서 둘로 나눌 수 있는 장사가 여기 있습니다.

The knife **divided** the cake in half.
그 칼로 케이크를 절반으로 나누었다.

□09
pressure
[préʃər]

명 압박, 압력, 기압

🔊 프레셔 > 부러져 > 💬 나무 판지를 힘껏 아래로 압박(누름)했더니 부러졌다.

I feel **pressure** because of the exam.
시험 때문에 압박감을 느낀다.

□10
tool
[túːl]

명 도구

🔊 툴 > 툴툴 > 💬 학교에 과제로 갖고 가야 할 도구를 잃어버렸다고 툴툴대는 동생.

The computer is a valuable **tool**.
컴퓨터는 귀중한 도구이다.

11

supply
[səplái]

명 공급, 지급 동 공급하다, 주다

🔊 서플라이 > 서글플 아이 > 💬 추위에 굶주려 서글플 보육원 아이들에게 따뜻한 옷가지를 공급해 주었다.

Cows **supply** us with milk and cheese.
소는 우유와 치즈를 공급해 준다.

12

discover
[diskʌ́vər]

명 discovery 발견

동 발견하다, 알게 되다

🔊 디스커버 > 디스(이것) 커버(덮개) > 💬 수학여행을 가서 보물찾기를 하고 있다. 디스(이것)는 커버(덮개)에 덮여 있다. 발견하는 사람에게 그것을 주겠다.

I **discovered** that there were ants inside the rose.
나는 개미들이 장미꽃 안에 들어있는 것을 발견했다.

13

export
[ikspɔ́ːrt]

명 수출, 수출품 동 수출하다

🔊 익스포트 > 엑스포트 > 💬 엑스(ex)는 '밖으로'의 뜻. 포트(port)는 '항구'의 뜻. 항구 밖으로 물건을 파는 것이니 '수출(하다)'의 뜻.

North Korea **exports** bicycles.
북한은 자전거를 수출한다.

14

fault
[fɔ́ːlt]

명 결점, 잘못 동 책망하다

🔊 폴트 > 펄떡 > 💬 잘못과 결점을 지적해 주자 펄떡 뛰며 책망하는 친구가 있다.

It's not your **fault**.
그것은 너의 잘못이 아냐.

15

garage
[gərɑ́ːdʒ]

명 차고

🔊 거라즈 > 걸레 줘 > 💬 "너 무엇을 찾고 있지?" "차고에서 청소를 하려고 하는데 걸레 좀 줘."

We parked our car in the **garage**.
우리는 차고에 차를 주차했다.

□16 object
[ábdʒikt]

명 objection 반대

명 물체, 물건, 목적　동 반대하다

🔊 압직트 > 아직도 > 💬 검은 물체(도둑)가 문 앞을 서성거렸다. 물건을 훔쳐갈 목적으로 엿보고 있는데 주인은 아직도 깊은 잠에 빠져 있다.

He saw a strange **object** in the sky.
그는 하늘에서 이상한 물체를 보았다.

□17 approach
[əpróutʃ/]

동 다가가(오)다, 접근하다　명 접근, 접근법

🔊 어프로우치 > 앞으로지 > 💬 누군가에게 다가가려면 '앞으로지' ' 뒤로'가는 것은 아니지.

I **approached** the pretty girl.
나는 그 예쁜 여자아이에게 다가갔다.

□18 surface
[sə́:rfis]

명 표면, 외양

🔊 서피스 > 숲에서 > 💬 숲에서 표면(외양)이 거대한 반달곰 비슷한 검은 물체가 나타났다 사라졌다.

Sunlight shines on the **surface** of the lake.
햇빛이 호수 표면을 비춘다.

□19 community
[kəmjú:nəti]

명 지역사회, 일반사회, 공동체

🔊 커뮤너티 > 검이나 티 > 💬 이 지역사회(공동체)에서는 검(칼)이나 티(티셔츠)를 제일 갖고 싶어한다.

It is great to be a member of a **community**.
공동체에 소속되는 것은 멋진 일이다.

□20 accident
[æksədənt]

형 accidental 우연한, 돌발적인

명 사고, 실수, 우연한 일

🔊 액서던트 > 애썼던데 > 💬 경수는 어려운 가정에서 태어나 집안을 일으키려고 무던히 애썼던데, 어제 우연한 일로 사고를 당했다지 뭐야. 그 착한 경수가 말이야. 하늘도 무심한 일일세.

I stepped on his foot by **accident**.
나는 실수로 그의 발을 밟았다.

STORY 중학 영단어

□ 01

ahead
[əhéd]

부 앞으로, 앞에

🔊 어헤드 › 어! 헤드 › 💬 어! 강아지 새끼의 헤드(머리)는 어미 배 속의 앞으로(앞에) 향하고 있네.

The end of the tunnel is just **ahead**.
터널의 끝이 바로 우리 앞에 있다.

□ 02

excellent
[éksələnt]

명 excellence
뛰어남, 탁월함

형 뛰어난, 우수한

🔊 액설런트 › 악 쓸란다 › 💬 뛰어나고 우수한 인재가 있다면 악 쓸 란다. 왜냐고? 놓치지 않고 잡으려고.

It really is **excellent**.
그것은 정말 뛰어나.

□ 03

upset
[ʌpsét]

동 뒤엎다, 망쳐 버리다, 당황하게 하다

🔊 업셋 › 엎으셋! › 엎으세! › 💬 친구 생일 파티를 하고 있는데 건 달들이 와서, "엎으세!" 하면서 케이크를 뒤엎어 생일 파티를 망쳐 버렸다. 나는 매우 당황하였다.

I am almost never **upset**. 나는 거의 당황하지 않는다.

□ 04

offer
[ɔ́:fər]

동 제공하다, 제안하다

🔊 오퍼 › 오빠 › 💬 오빠를 좋게 본 하숙집 주인이 장학금은 물론 숙식까지 제공하겠다고 제안했다.

He **offered** me a lot of money.
그는 나에게 많은 양의 돈을 제안했다.

□ 05

physical
[fízikəl]

형 신체의, 물리적인

🔊 피지컬 › 칼을 펴져 › 💬 칼을 펴지마요. 또 신체에 가까이 대며 물리적인 힘을 쓰면 절대 안 돼요.

The next class is **physical** education.
다음 시간은 체육 시간이다.

---

precious
[préʃəs]

형 귀중한　명 보물

🔊 프레셔스 > 뿌리셨어 > 💬 아버지는 몇 년 동안 길러 온 귀중한 인삼을 동네 사람들에게 모두 뿌리셨어(나누어 주셨어). 인심도 좋으신 우리 아버지.

You are my **precious** friend. 너는 나의 귀중한 친구야.

empty
[émpti]

형 텅 빈　동 비우다

🔊 엠프티 > 암팠지 > 안팠지 > 💬 집에 들어오니 마당이 푹 패어 있었고 땅속에 묻어 놓은 상자가 텅 비어 있었다. 주인이 하인에게 묻자 하인은 "내가 안 팠지요."라고 변명을 했다.

Is the cup half **empty** or half full?
이 컵이 반쯤 비었을까 아니면 반쯤 찼을까?

similar
[símələr]

형 비슷한, 같은 모양의

🔊 시멀러 > 쉬 밀려 > 💬 요즘은 한 제품이 비슷한 제품에 쉬(쉽게) 밀려. 그러니 상품은 경쟁력 있게 만들어야 해.

This looks pretty **similar** to the previous one.
이것은 이전의 것과 매우 비슷해 보인다.

delicious
[dilíʃəs]

형 맛있는

🔊 딜리셔스 > 젤리 셨어 > 💬 젤리가 오래 되어서 셨어(시었어). 그래도 신 음식은 너무 맛있어.

There is nothing more **delicious** than chicken soup.
닭고기 수프만큼 맛있는 것은 없다.

reduce
[ridʒúːs]

동 감소하다, 줄이다

🔊 리듀스 > 우리+듀스(경기의 마지막에서 동점이 됨) > 💬 우리는 반 대항 탁구 대회에서 결승전에 올랐는데 여러 번 듀스를 거듭하다 보니 체력이 감소하여 오가는 공의 횟수를 줄였다.

🔘 reduction 축소, 삭감

My wage was **reduced**.
내 월급이 줄었다.

최중요단어

DAY 16

STORY 중학 영단어

crazy
[kréizi]

형 미친, 제정신이 아닌

🔊 크레이지 > 그래 이 지랄 > 💬 야. 너 그래 이 지랄을 하는 걸 보니 미쳤구나.

There are many **crazy** people inside the hospital.
그 병원 안에는 제정신이 아닌 사람들이 많다.

□ 12
flight
[flàit]

명 비행, 비행기 여행, 항공편

🔊 플라이트 > 펄라이트 > 💬 펄펄 날며 비행하는 라이트 형제.

The **flight** of the eagle is a wonderful sight.
독수리의 비행은 멋진 모습이다.

□ 13
grave
[gréiv]

형 중대한, 위독한   명 무덤

🔊 그레이브 > 그래, 크리스마스 이브 > 💬 그래, 크리스마스 이브 날에 중대한 일이 일어났단다. 병이 위독하여 할머니가 돌아가셨어. 나는 무덤 앞에서 한없이 울었단다.

He looked **grave** and concerned.
그는 매우 심각하고 걱정스러워 보인다.

□ 14
satisfy
[sǽtisfài]

명 satisfaction
흡족, 만족

동 만족시키다

🔊 세티스파이 > 세터 스파이크 > 💬 배구 경기에서 세터 한유미 선수가 스파이크로 점수를 올려 응원단을 만족시켰다.

I am not **satisfied** with the outcome.
나는 그 결과에 만족스럽지 않다.

□ 15
senior
[síːnjər]

형 연상의, 최상급의   명 연장자, 선배

🔊 시니어 > 신이여! > 💬 신이여! 우리 불쌍한 연장자인 상급생들을 보살펴 주시옵소서.

Seniors get a discount when they ride the bus.
나이 든 사람들은 버스를 탈 때 할인받는다.

rise
[ràiz]

동 뜨다, 일어나다, 오르다 (rise – rose – risen)

🔊 라이즈 > 나 잊으리 > 💬 헤어진 애인에게 하는 말. "해가 뜨면 잠자리에서 일어나 동산에 올라 자나깨나 당신 생각을 했지만 싫어 졌어요. 이젠 나 잊으리."

The sun **rises** in the East.
태양은 동쪽에서 뜬다.

□ 17
valuable
[væljuəbl]

형 valuation 평가, 가치

형 귀중한

🔊 밸류어블 > 별 유업을 > 💬 할아버지가 돌아가시면서 별 유업을 다 남겨 놓으셨네. 도자기, 옛 그림, 서화 등 모두 귀중한 것이야.

Please leave **valuable** items at the counter.
귀중한 물품은 카운터에 보관하세요.

□ 18
anxious
[ǽŋk/əs]

형 anxiety 불안, 염려

형 걱정하는, 열망하는

🔊 앵크셨스 > 안기셨소? > 💬 소설가 지망생인 누나의 글을 엿보 았다. "사귀기를 열망하는 이성 친구에게 안기셨소? 공부는 안 하고 참. 걱정하는 바입니다."

They are **anxious** about the future.
그들은 미래를 걱정한다.

□ 19
regular
[régjulər]

형 규칙적인, 정규의

🔊 레귤러 > 레몬 귤 넣어 > 💬 믹서에 간 레몬과 귤을 우유에 넣어 규칙적인 식사를 하는 것이 나의 건강 비결이야.

Regular exercise is important for health.
규칙적인 운동은 건강에 중요하다.

□ 20
straight
[stréit]

부 똑바로   형 똑바른, 정직한

🔊 스트레이트 > 스트레 있다 > 숫돌에 돈 있다 > 💬 정직한 사람은 숫 돌 위에 돈이 있다 해도 기웃거리지 않고 똑바른 길을 간다.

Go **straight** and turn left.
똑바로 걸어가다 왼쪽으로 도세요.

DAY 17

STORY 중학 영단어

□ 01

international
[ìntərnǽʃənl]

형 국제적인

🔊 인터내셔널 > 인터넷을 > 💬 인터넷을 널리 보급한 관계로 우리는 해외를 직접 가보지 않고도 다양한 정보를 획득하여 국제적인 감각을 익힐 수가 있다.

He is a teacher at an **international** school.
그는 국제학교의 선생님이다.

□ 02

burden
[bə́:rdn]

명 짐, 부담   동 부담시키다

🔊 버든 > 뻗은 > 💬 짐을 지고 가다가 무거워서 뻗은 사람이 누워 있구나. 얼마나 부담이 되었으면 저렇게 되었을까?

My mother's love for me is a great **burden**.
어머니의 나에 대한 사랑은 나에게 큰 부담이다.

□ 03

stupid
[stʃú:pid]

형 어리석은, 바보 같은 (= foolish)

🔊 스튜피드 > 스튜디어스 피도 > 💬 비행기 안에서 스튜디어스가 의자에 걸려 넘어져 피도 나고 멍도 들었다. 의자를 탓하는 그녀의 행동은 얼마나 어리석은 행동인가.

That is the most **stupid** question I've ever heard.
내가 들은 것 중에 가장 어리석은 질문이군요.

□ 04

private
[pràivət]

형 개인의, 사적인

🔊 프라이벗 > 프라이 비틀어 > 💬 계란 프라이를 비틀어 먹든 펴서 먹든 그것은 개인의 사적인 일로 비판의 대상이 아니다.

This is my **private** property.
이것은 내 개인의 재산이오.

□ 05

frighten
[fràitn]

명 fright 놀람, 두려움

동 놀라게 하다

🔊 프라이튼 > 보라. 2톤 > 💬 김돌석 차력사를 보라. 2톤이나 되는 돌을 한 손으로 들어올려 관중들을 깜짝 놀라게 했다.

Many girls are **frightened** by rats.
많은 소녀들은 쥐를 보면 놀란다.

76

□06
serious
[síəriəs]

형 진지한, 심각한, 중대한

🔊 시어리어스 › 시월이 왔어 › 💬 시월이 왔어. 이제 수능이 한 달 남았네. 지금부터 진지한 자세로 공부해야지.

The problem is **serious**.
그 문제는 심각하다.

□07
shy
[/ài]

형 부끄러워하는, 수줍은

🔊 샤이 › 사이 › 💬 그녀는 나와 처음 만난 사이로 수줍은 듯 며칠 동안 말이 없었다.

My brother is so **shy**.
나의 남동생은 너무 수줍음을 많이 탄다.

□08
smart
[smá:rt]

형 영리한, 똑똑한, 산뜻한

🔊 스마트 › 숨었다 › 💬 숨바꼭질 놀이를 하였다. 영리한 고은이가 술래를 하고 산뜻한 옷을 입은 상옥이가 숨었다.

You are a very **smart** student.
너는 정말 똑똑한 학생이다.

□09
beg
[bég]

동 구걸하다, 간청하다

🔊 백 › 백수건달 › 💬 공부는 안 하고 신나게 놀며 학창시절을 보낸 아저씨는 백수건달이 되어 남의 도움이나 간청하는(구걸하는) 한심한 인간이 되었다.

It is you who should **beg** for mercy!
자비를 간청해야 할 것은 바로 너다!

□10
boring
[bó:riŋ]

형 지겨운, 따분한

🔊 보링 › 볼링 › 💬 친구들과 볼링장에 갔다. 친구들은 볼링을 잘하는데 나는 전혀 할 줄을 모른다. 끝날 때까지 기다리느라 지겹고 따분한 시간을 보냈다.

Let's finish this **boring** work tonight!
이 지겨운 일을 오늘밤에 끝내 버리자!

receive
[risíːv]

명 reception
리셉션, 환영(축하) 연회

동 받다, 맞아들이다, 환영하다

🔊 리시브 > 리시브 > 💬 배구에서 스파이크, 리시브 이런 말을 들어보았지. 스파이크는 강하게 때리는 것이지. 리시브는 상대의 볼을 받는 것이야. 여기에 더하여 '맞아들이다', '환영하다'의 뜻도 있어.

Have you **received** my present?
내 선물 받았니?

imagine
[imǽdʒin]

명 imagination
상상력, 상상

동 상상하다, 생각하다, 추측하다

🔊 이매진 > 이미 매진 > 💬 형이 주연한 연극 예매표가 이미 매진되었을 거라고 상상하니 생각만 해도 가슴이 뿌듯하다.

I **imagine** that you are likely to pass this exam.
나는 네가 이 시험을 통과할 것으로 추측해(생각해).

huge
[hjúːdʒ]

형 거대한, 매우 큰

🔊 휴즈 > 휴즈 > 💬 전기 합선으로 휴즈가 나가면서 거대한 폭발음이 났다.

The **huge** man was proud of his muscles.
그 (몸집이) 매우 큰 남자는 그의 근육을 자랑스러워했다.

tough
[tʌf]

형 거친, 난폭한, 강인한, 질긴

🔊 터프 > 터프 > 💬 "만화 영화에서 '터프가이(tough guy)'를 보았지?" "주인공은 매우 난폭하고 거칠더구먼." "터프(tough)는 '거친'의 뜻이고 가이(guy)는 '녀석'의 뜻이야."

He tried to act **tough**.
그는 강인한 척하려고 했다.

calm
[káːm]

형 평온한, 고요한, 조용한, 침착한

🔊 캄 > 캄캄 > 💬 시끌벅적한 대낮보다 캄캄한 밤이 평온한 느낌이 든다. 그래서 나그네는 밤의 산길을 침착하게 걸었다.

Korea is the land of the morning **calm**.
한국은 고요한 아침의 나라이다.

16 expensive
[ikspénsiv]

[형] 비싼 (↔ cheap)

🔊 익스펜시브 > 있어 펜 10원 > 💬 "10원짜리 펜이 있어. 그런데 너무 비싼 것 아닌가?" "에이, 이 사람아! 그렇지 않아. 세상 물정을 모르는구먼."

This bag is **expensive**.
이 가방은 비싸다.

---

17 modern
[mádərn]

[형] 현대의, 근대의, 최신식의

🔊 마던 > 몰던 > 💬 내가 몰던 자동차는 현대 자동차의 최신식 소나타였어.

Modern computers are very fast.
현대의 컴퓨터는 매우 빠르다.

---

18 brave
[bréiv]

[형] 용감한, 대담한

🔊 브레이브 > 불에 이블 > 💬 야! 대단하다. 불에 이블(입을) 맞추는 사람이니 얼마나 용감한 사람이냐.

People who are not **brave** run away instead of fighting.
용감하지 않은 사람은 맞서 싸우는 대신 도망친다.

---

19 punish
[pʌ́niʃ]

[동] 벌 주다, 처벌하다

🔊 퍼니시 > 퍼내시유 > 💬 반장이 하는 말 "오늘 지각한 사람은 지하에 고인 물을 다 퍼내시유. 선생님이 벌 주라고 지시하셨구먼유."

You have to be **punished**!
너는 처벌받아야 해!

---

20 extra
[ékstrə]

[형] 여분의, 임시의 [부] 여분으로, 덤으로

🔊 엑스트러 > 엑스트라 > 💬 흔히 엑스트라로 출연하는 사람들은 '임시의', '여분의' 사람들로 대우받는다.

I have an **extra** cell phone battery handy wherever I go.
나는 어디를 가든 항상 여분의 휴대전화 건전지를 가지고 다닌다.

DAY 18

STORY 중학 영단어

□ 01
conversation
[kánvərséiʃən]

통 conversate
토론에 참여하다

명 대화, 회화

🔊 칸버세이션 > 큰 벗 셋이서 > 💬 키가 큰 벗 셋이서 진지하게 대화를 나누고 있다.

Shy people are afraid of starting **conversations**.
수줍음 타는 사람들은 대화를 시작하는 것을 두려워한다.

□ 02
environment
[inváiərənmənt]

명 환경, 자연 환경

🔊 인바이어런먼트 > 인도 바이어랑 뭔 트집 > 💬 "인도의 바이어랑 얼굴을 붉히며 뭔 트집을 잡으세요?" "예. 지구의 환경 문제를 논의하고 있어요."

Don't you care about the **environment**?
너는 환경에 대해서 신경 쓰지 않니?

□ 03
familiar
[fəmíljər]

명 familiarity
익숙함, 낯익음

형 익숙한, 친숙한, 잘 아는

🔊 퍼밀려 > 파 말려 > 💬 어머니는 파를 말려 두었다가 요리하는데 익숙하시다. 그리고 친숙한(잘 아는) 손님이 오면 푸짐하게 대접하신다.

I was in a **familiar** area.
나는 익숙한 지역에 있었다.

□ 04
expect
[ikspékt]

명 expectation
예상, 기대

동 기대하다, 예상하다

🔊 익스펙트 > 잌 스펙도 > 💬 면접관은 지원자의 이력서를 보고 "잌 스펙도 기대할 만하네."라고 말했다.

I **expect** you to return by 7.
나는 네가 7시까지 돌아올 것을 기대한다.

□ 05
pour
[pɔ́:r]

동 붓다, 쏟다, 따르다

🔊 포 > 퍼 > 퍼부어 > 💬 비가 양동이로 쏟아 붓듯이 마구 퍼부어 내리고 있다.

Would you please **pour** some coffee?
커피 좀 따라주시겠어요?

□ 06

impress
[imprés]

图 감동을 주다

🔊 임프레스 > 임에게 뿌렸어 > 💬 다시 만난 임에게 꽃을 뿌렸어.
그래서 감동을 주었어.

The boy tried hard to **impress** the girl.
그 소년은 소녀를 감동시키려고 매우 애썼다.

□ 07

suppose
[səpóuz]

图 상상하다, 생각하다, 가정하다

🔊 서포우즈 > 서서 포즈 > 💬 용상이는 여자 친구와 나란히 서서 포
즈를 취하고 사진 찍는 모습을 상상하니 생각만 해도 좋았다.

I **suppose** that's right.
나는 그것이 맞다고 생각해.

□ 08

bow
[bàu]

图 절하다, 인사하다

🔊 바우 > 바위 > 💬 어느 지역에서는 토착 신앙의 하나로서 바위를
섬기고 절하며 오고가면서 바위에게 인사하는 풍습이 있다고 한다.

He **bowed** to his mother.
그는 어머니께 절했다.

□ 09

polite
[pəláit]

형 공손한, 예의 바른

🔊 펄라이트 > 뻘뻘+나 있다 > 💬 예절 시간에 공손한 자세로 절하
는 방법을 배우느라 힘이 드는지 학생들은 땀을 뻘뻘 흘리더니 온
몸에 땀띠가 나 있다.

My girlfriend is **polite**.
내 여자 친구는 예의 바르다.

□ 10

attract
[ətrǽkt]

图 (주의 · 흥미를) 끌다

🔊 어트랙트 > 어? 트랙터 > 💬 어? 트랙터를 입으로 끄는 장사가 있
네. 사람들의 주의를 끌 만하네.

Men are **attracted** by pretty girls.
남자들은 예쁜 여자 아이들에게 끌린다.

□ 11
sail
[séil]

⑲ 돛　⑧ 항해하다

🔊 세일 > 새 일자리 > 💬 국내 경기가 좋지 않아 배를 타고 해외에 새 일자리를 찾으러 간다. 배에 돛을 달았다. 그리고 항해를 시작했다.

They **sail** for Busan next week.
그들은 다음 주에 부산으로 항해한다.

□ 12
function
[fʌ́ŋkʃən]

⑲ 기능　⑧ 작동하다

🔊 펑크션 > 방귀 시원 > 💬 방귀는 기분을 시원하게 해 주는 기능을 한다.

The machine ceased to **function**.
기계는 작동하는 것을 그쳤다.

□ 13
pray
[préi]

⑧ 빌다, 기도하다

🔊 프레이 > 보래이('봐라'의 경상도말) > 💬 동생아, 보래이 어머니는 너 잘되라고 밤을 새워 빌고 기도하시는데 너는 게임만 하고 있으니 반성 좀 하거라.

I **prayed** for a good grade.
나는 시험 성적이 잘 나오게 해 달라고 기도했다.

□ 14
contact
[kɑ́ntækt]

⑲ 접촉, 연락　⑧ 접촉하다, 연락하다

🔊 칸택트 > 콘택트(철자 기준) > 💬 "너 콘택트렌즈(contact lens) 아니?" "응. 눈에 접촉하여 끼는 렌즈잖아." "옳거니. 그래서 콘택트(contact)는 '접촉'의 뜻이야."

Please **contact** me through my cell phone.
내 휴대전화로 연락해 주세요.

□ 15
express
[iksprés]

⑲ expression 표현

⑧ 표현하다　⑲ 급행열차, 속달편

🔊 익스프레스 > 익수가 풀에서 > 💬 익수가 풀밭에서 지나가는 '급행열차'를 시로 표현하고 있다.

He **expressed** his feelings.
그는 자신의 기분을 표현했다.

roll
☐ 16
[róul]

동 구르다, 굴리다

🔊 로울 > 노을 > 💬 노을이 지는 언덕에서 나도 몸을 구르고 친구의 몸도 강제로 굴리던 시절이 생각난다

A ball is **rolling** down a hill.
공이 언덕 아래로 굴러가고 있다.

fortune
☐ 17
[fɔ́ːrtʃən]

형 fortunate
운좋은, 다행한

명 운, 행운, 재산, 부

🔊 포천 > 포천 > 💬 나는 경기도 포천에서 운 좋게도 재산 많은 반려자를 만났다.

Fortune and luck go hand in hand.
부와 행운은 함께 따라다닌다.

slip
☐ 18
[slíp]

동 미끄러지다, 몰래 나오다   명 미끄러짐

🔊 슬립 > 슬립 > 💬 슬립이란 '여성의 양장용 속옷'이야. 호기심 많은 바퀴벌레가 슬립 속을 구경하고 몰래 빠져 나오다가 미끄러졌대.

I **slipped** on the ice.
나는 얼음 위에 미끄러졌다.

eager
☐ 19
[íːɡər]

형 갈망하는, 열성적인

🔊 이거 > 이거 > 💬 3살배기 조카가 장난감을 가리키며 "이거 갖고 싶어. 이거 갖고 싶어." 하며 갈망하는 모습이 귀엽다. 크면 매사에 열성적인 사람이 될 것 같다.

I am **eager** to start a new semester.
나는 새 학기가 빨리 시작되기를 갈망한다.

weapon
☐ 20
[wépən]

명 무기, 공격

🔊 웨펀 > 왜 펀치 > 💬 사이가 안 좋은 두 친구가 있었다. 힘센 친구는 펀치를 무기로 삼아 상대편을 공격하곤 했다. 맞은 친구가 대들었다. "왜 펀치를 무기 삼아 나를 공격하는 거야."

Police officers usually carry **weapons**.
경찰관들은 보통 무기를 가지고 다닌다.

최중요단어

DAY

18

STORY 중학 영단어

STORY 중학 영단어

□ 01
communicate
[kəmjú:nəkèit]

🅔 communication
통신, 전달

🅓 통신하다, 의사소통하다, 전달하다

🔊 커뮤너케이트 > 캐무니 케이트 (철자기준) > 💬 어제 공부했냐고 동생 케이트에게 꼬치꼬치 캐무니 케이트는 들은 척도 안하고 컴퓨터 통신하고 있다. 이를 바로 아버지께 전달해야겠다.

Bees **communicate** by dancing in patterns.
벌들은 춤추는 패턴으로 의사소통한다.

□ 02
deserve
[dizə́:rv]

🅓 ~할 만하다, 받을 가치가 있다

🔊 디저브 > 대접을 > 💬 너는 열심히 노력했으니 대접을 받을 만하다(가치가 있다).

He **deserved** what he got.
그는 그가 얻은 것을 가질 만한 자격이 있다.

□ 03
silent
[sàilənt]

🅕 침묵의, 조용한

🔊 사일런트 > 쌓일란다(쌓이련다) > 💬 조용한 밤에 쌓일련다. – 눈이 –

Students kept **silent** during the exam.
학생들은 시험 중에 침묵을 지켰다.

□ 04
advance
[ædvǽns]

🅓 전진하다, 진보하다, 발전하다   🅔 전진, 진보, 발전

🔊 어드밴스 > 어디 밴츠 > 💬 "어디에 신형 밴츠가 있습니까?" "예 저쪽에서 전진하는 차입니다. 이 신형차는 매년 기술이 진보하고, 발전해 왔는데, 저 차는 가장 혁신적인 제품입니다."

They made an **advance** into the valley.
그들은 계곡을 향해 전진했다.

□ 05
review
[rivjú:]

🅔 복습, 재검토   🅓 복습하다, 재검토하다

🔊 리뷰 > 이브 > 💬 시험에 대비하여 크리스마스 이브날도 열심히 복습하고 검토하였다.

Can you **review** this paper?
이 보고서 재검토해 줄래?

□06
admit
[ædmít]

명 admitance 입장, 들어감

동 허가(허락)하다, 인정하다, 자백하다

🔊 어드밋 > 어둠이 > 😎 자전거가 없어져서 의심되는 사람을 추궁하였다. "어둠이 깔려 있을 때였는데, 누구도 자전거 가져가라고 허락하지는 않았지만 슬쩍 했다"고 인정(자백)하는 사람이 있었다.

I **admit** that I cannot speak English well.
나는 영어를 잘 말하지 못한다는 것을 인정한다.

□07
rough
[rʌf]

형 거친, 울퉁불퉁한, 대강의

🔊 러프 > 높이 > 😎 산이 높아 거칠고 울퉁불퉁하다.

The surface is very **rough**.
표면이 아주 거칠다.

□08
breath
[bréθ]

동 breathe 숨을 쉬다, 호흡하다

명 호흡, 숨결

🔊 브레쓰 > 보랬어 > 😎 "형, 지금 할아버지가 편찮아 입원하셨어. 아버지가 할아버지 호흡 상태를 세심히 보랬어."

My mother's **breath** is warm.
나의 어머니의 숨결은 따뜻하다.

□09
succeed
[səksíːd]

명 sucess 성공, 성과

동 성공하다, 계승하다

🔊 석시드 > 썩은 씨도 > 😎 김영훈 박사는 썩은 씨도 싹을 틔우는 데 성공하는 기술을 가졌다. 그는 자기의 기술을 계승할 사람을 찾고 있다고 한다.

I **succeeded** this time.
나는 이번에는 성공했다.

□10
weight
[wéit]

명 무게, 중량 동 싣다, 무겁게 하다

🔊 웨이트 > 왜 이 트럭 > 😎 왜 짐을 많이 실은 이 트럭에다 또 물건을 올려놓는 거야. 무게를 견디지 못하고 펑크 나겠다.

I want to lose **weight**.
나는 몸무게를 줄이고 싶다.

11
defeat
[difíːt]

동 패배시키다

🔊 디피트 > 뒤 팼다 > 💬 적 뒤로 살살 다가가 힘껏 뒤를 팼다. 그리고 패배시켰다.

Nothing can **defeat** me!
어떤 것도 나를 패배시킬 수 없어!

12
escape
[iskéip]

동 달아나다 명 탈출

🔊 이스케이프 > 있을게 이뻐서(예뻐서) > 💬 남녀가 사귀고 있다. 남자는 여자가 달아날까 봐 힘들어한다. 여자는 "네곁에 있을게 네가 이뻐서." 하고는 달아나 버렸다.

The man tried to **escape** through the exit.
그 남자는 출구를 통해서 탈출을 시도했다.

13
degree
[digríː]

명 정도, 학위, (온도, 각도 등의) 도

🔊 디그리 > 뒤꼬리 > 💬 여자 뒤꼬리(꽁무니)만 쫓아다니는 그 정도 행동으로 언제 학위를 따겠느냐?

I have a college **degree**.
나는 대학 학위를 갖고 있어요.

14
prison
[prízn]

명 교도소, 감옥

🔊 프리즌 > 풀어 준 > 💬 죄인이 교도소에서 나올 때 수갑 채운 손을 풀어 준 사람은 교도관이었다.

Let's escape from this **prison**.
이 감옥에서 탈출하자.

15
absent
[æbsənt]

형 결석한, 불참의

🔊 앱선트 > 없앤다 > 💬 잘못을 저질러서 책상을 없앤다 하니까 화가 나서 결석했다.

Why are you **absent** from class?
왜 너는 수업에 불참하였니?

□16
develop
[divéləp]

통 **개발하다, 발달하다, 발달시키다**

🔊 디벨럽 › 집엘 높 › 💬 고향 집엘 가니 높은 건물을 세워 개발하였네.

He **developed** his ability.
그는 그의 능력을 개발했다.

□17
entire
[intàiər]

형 **전체의, 완전한**

🔊 인타이어 › 인(안, 속) 타이어 › 💬 중고 타이어를 살 때는 타이어 안 전체의 상태를 꼼꼼히 살펴봐야 완전한 제품을 선택할 수 있다.

My cat is the cutest cat in the **entire** world!
내 고양이는 전 세계에서 가장 귀여운 고양이야!

□18
sight
[sàit]

명 **시력, 광경, 시야**

🔊 사이트 › 사이가 트였다 › 💬 우리집과 옆집 사이가 훤히 트였다. 그래서 웬만한 시력을 가진 사람이라면 멀리 들판에서 농부가 일하는 광경을 쉽게 볼 수 있다.

He lost his **sight** in an accident.
그는 사고로 시력을 잃었다.

□19
company
[kʌ́mpəni]

명 **회사, 친구, 손님**

🔊 컴퍼니 › 껌 파니 › 💬 그 여자는 이 회사 저 회사를 다니며 껌을 파니 불쌍하고, 마음씨가 착해서 친구가 되기로 했다.

She worked at the company for 5 years.
그녀는 그 회사에서 5년간 근무했다.

□20
correct
[kərékt]

명 correction 정정

형 **정확한, 옳은** 통 **고치다**

🔊 커렉트 › 컬럭대다 › 💬 그는 감기가 들어 계속 컬럭대면서 기침을 한다. 추운 날씨에 내복을 안 입은 것은 옳은 태도가 아니다. 고쳐야 한다.

Write the **correct** words.
옳은 단어를 쓰시오.

□01
active
[ǽktiv]

몡 actor 배우

형 활발한, 활동적인, 적극적인

🔊 액티브 > 액정 티브이(TV) > 💬 액정 티브이에 나오는 테니스 선수의 모습이 매우 활발하고 활동적이다.

Active people usually do not become fat.
활동적인 사람들은 보통 살이 찌지 않는다.

□02
disease
[dizí:z]

몡 질병

🔊 디지즈 > 뒈지죠 > 💬 "질병에 걸려 몇십 년 동안 앓다 심해지면 뒈지죠." "얘야. 그런 비속어를 말하면 못써."

Rats often carry **diseases**.
쥐들은 종종 질병을 옮긴다.

□03
doubt
[dàut]

형 doubtful 의심을 품은

몡 의심, 불신   동 의심하다

🔊 다우트 > 다웠다 > 💬 말썽꾸러기는 아들의 생활기록표에 '솔선수범하고 어른다웠다'라고 적혀 있다. 이것을 본 우리 가족은 의심의 눈길을 보냈다.

He **doubts** my ability.
그는 내 능력을 의심한다.

□04
pleasure
[pléʒər]

몡 즐거움, 기쁨

🔊 플레저 > 플레이+레저 > 💬 플레이(play)는 놀이. 레저(leasure)는 오락. 오락과 놀이를 함께 하니 즐거움은 얼마나 크며 기쁨은 또 얼마나 크겠는가?

He let **pleasure** from other people's fortune.
그는 다른 사람들의 행운에서 기쁨을 느꼈다.

□05
crowd
[kràud]

몡 군중, 인파   동 모여들다

🔊 크라우드 > 클러도 > 💬 한 사람이 인파 속에서 보따리를 클러도 클러도 계속 돈이 나오는 요술을 부리고 있다. 군중이 신기한 구경을 하려고 모여든다.

The **crowd** threw rotten eggs.
군중들은 썩은 달걀을 던졌다.

□06
industry
[índəstri]

명 산업, 공업, 근로, 근면

🔊 인더스트리 > 인도의 스토리 > 💬 가난한 사람들이 산업 현장에서 근면하게 일(근로)하여 공업 국가로 발돋움한 인도의 스토리가 전 세계에 알려지고 있다.

The banking **industry** has gone through big changes.
은행 산업은 큰 변화를 겪어 왔다.

□07
attack
[ətǽk]

동 공격하다, 비난하다   명 공격, 비난

🔊 어택 > 었대 > 먹었대 > 💬 고양이가 쥐를 공격하여 먹었대. 그 소식을 듣고 쥐들이 고양이를 맹렬히 비난했대.

The dog **attacked** the man who hit it.
그 개는 자신을 때린 사람을 공격했다.

□08
marriage
[mǽridʒ]

명 결혼

🔊 매리지 > 매리지 > 💬 "너와 결혼을 할 사람이 누구냐?" "매리지 누구야."

I think that **marriage** is unnecessary.
나는 결혼이 불필요하다고 생각한다.

□09
lie
[lài]

동 눕다, 누워 있다, 거짓말하다   명 거짓말

🔊 라이 > 나이 > 💬 나이 많은 녀석이 공부는 안 하고 자주 누워 있을 뿐만 아니라 거짓말을 밥 먹듯 한다고 어머니께 크게 혼났다.

Lie on the sofa and rest.
소파에 누워 휴식을 취하세요.

□10
progress
[prágres]

명 진보, 진행   동 진행하다, 진보하다

🔊 프라그레스 > 프라그랬어 > 프라그라 했어 > 💬 송내역에 있는 '임영철 치과'에 갔더니 의사 선생님이 이 아픈 원인이 프라그라고 했어. 상태가 더 진행되기 전에 치료를 해야 한대.

The meeting is in **progress**.
그 회의는 진행 중이다.

최종요단어

DAY 20

STORY 중학 영단어

11

thief
[θíːf]

명 도둑

🔊 씨프 › 시계와 스카프 › 💬 요즘 같은 풍요한 세상에 시계와 스카프를 훔쳐 갔다니 참 불쌍한 도둑이야.

He has come like a **thief** in the night.
그는 밤에 도둑같이 왔다.

12

thirsty
[θə́ːrsti]

형 목마른, 갈망하는

🔊 써스티 › 힘써서 튀다 › 💬 내 뒤에서 불독이 쫓아온다. 온힘을 써서 튀었다. 너무 목마르다. 나는 애타게 물을 갈망하고 있는데 애석하게도 물이 없구나.

I am still **thirsty**.
나는 아직도 목마르다.

13

apply
[əplài]

동 지원하다, 적용하다

🔊 어플라이 › 엎을 아이 › 💬 아저씨는 젊은 시절 하도 힘이 세어서 '세상을 뒤엎을 아이'로 불렸지만 외국 용병에 지원하였고 뒤에 사기죄를 적용하여 징역을 살았다.

I will **apply** to Seoul National University.
나는 서울대학교에 지원할 거야.

14

block
[blák]

명 블록, 구획   동 막다

🔊 블락 › 블록 › 💬 주위가 도로로 둘러싸인 블록을 구획이라 한다. 1구획은 약 100미터. 블록 사이는 도로로 막혀 있다.

The post office is 2 **blocks** away.
우체국은 2 블록 거리에 있다.

15

avoid
[əvɔ́id]

형 avoidable 막을 수 있는

동 회피하다

🔊 어보이드 › 어버이도 › 💬 요즘은 경제가 침체되어 살기 어려우니까 자기 어버이마저도 회피하는 사람들이 많아졌다.

If you **avoid** your girlfriend, she will be angry.
네가 만약 여자 친구를 만나는 것을 회피한다면, 그녀는 화가 날 것이다.

16
value
[vǽljuː]

명 valuation 평가, 가치

명 가치　동 평가하다, 소중히 여기다
🔊 밸류 > 별로 > 💬 그는 별로 가치 없는 일에 목숨을 건다.

This painting is quite without **value**.
이 그림은 거의 가치가 없다.

17
amuse
[əmjúːz]

동 재미있게 하다, 웃기다, 즐기다
🔊 어뮤즈 > 에! 무서워 > 💬 공포 영화를 보면 "에! 무서워" 하면서도 오히려 그런 이야기가 우리를 재미있게 해요. 재미있는 것은 웃기는 것이고 우리는 그것을 즐기지요.

I am **amused** by the tricks of my pet snake.
나는 애완 뱀의 장난에 즐거워했다.

18
alike
[əlàik]

형 비슷한, 같은　부 동일하게, 평등하게
🔊 얼라이크 > 얼라이크 > 💬 얼라이크(alike)와 라이크(like)는 비슷한 것 같지만 뜻이 비슷하거나 동일하게 쓰이지는 않는다.

You and I are **alike**.
당신과 나는 비슷해요.

19
barrier
[bǽriər]

명 장벽, 장애(물)
🔊 배리어 > 버려 > 💬 공중질서가 없는 사람들이 쓰레기를 마구 버려서 장벽을 쌓았는데 이것이 교통질서 유지에 장애물이 되었다.

The crowd was blocked by the **barrier**.
군중들은 장벽에 의해 가로막혔다.

20
declare
[diklɛ́ər]

명 declaration 선언

동 공언하다, 선언하다, 신고하다
🔊 디클레어 > 지킬래요 > 💬 "비록 어리지만 우리 집은 제가 지킬래요." 하고 아들이 공언(선언했다). 하기야 우리 집은 신고할 재산은 없어 지킬 것도 없다.

He **declared** the meeting official.
그는 그 회의를 공식적으로 선언했다.

최종요단어

DAY **20**

STORY 중학 영단어

실력 쑥쑥! Check-up 2

A. 알맞은 우리말 짝꿍을 찾아서 선으로 연결하세요.

01	benefit	ⓐ 이익 , 이익을 얻다
02	refuse	ⓑ 용기를 북돋다, 격려하다
03	encourage	ⓒ 사고, 실수, 우연한 일
04	trick	ⓓ 거절하다
05	accident	ⓔ 속임수, 묘기, 속이다

06	divide	ⓐ 지역사회, 일반사회, 공동체
07	general	ⓑ 개선하(되)다, 향상시키다
08	consider	ⓒ 나누다, 쪼개다
09	improve	ⓓ 육군 대장, 일반적인
10	community	ⓔ 고려하다, 숙고하다. ～라고 생각하다

B. 알맞은 영단어 짝꿍을 찾아서 선으로 연결하세요.

11	의견, 견해, 여론	ⓐ principal
12	중요한, 교장	ⓑ pardon
13	용서하다, 용서	ⓒ garage
14	차고	ⓓ approach
15	다가가(오)다, 접근하다, 접근, 접근법	ⓔ opinion

C. 스토리를 보고 빈칸에 들어갈 영단어를 적어보세요.

> **예시)** material : 어머니는 메추리알을 재료로 맛있는 요리를 만드셨다.

16 ＿＿＿＿ : 친구가 멱살을 잡고 무시하기에 "이거 놓아" 하고 소리쳤다.

17 ＿＿＿＿ : 나이도 어린 녀석이 가마를 타고 신부를 태우러 간다.

18 ＿＿＿＿ : 어디의 여행에서 눈이 퍼런 사람들을 볼 수 있을까? 국내의 여행인가 아니면 외국의 여행인가?

19 ＿＿＿＿ : 서태지의 무대 공연을 보고 나는 "이 시기의 진정한 스타지." 하는 느낌을 받았어.

20 ＿＿＿＿ : 수학여행을 가서 보물찾기를 하고 있다. 디스(이것)는 커버(덮개)에 덮여 있다. 발견하는 사람에게 그것을 주겠다.

DAY 16~20 학습한 단어를 점검해보세요.

A. 알맞은 우리말 짝꿍을 찾아서 선으로 연결하세요.

01	valuable		ⓐ 진보, 진행, 진행하다, 진보하다
02	imagine		ⓑ 귀중한
03	environment		ⓒ 환경, 자연 환경
04	admit		ⓓ 허가(허락)하다, 인정하다, 자백하다
05	progress		ⓔ 상상하다, 생각하다, 추측하다

06	anxious		ⓐ 대화, 회화
07	beg		ⓑ 목마른, 갈망하는
08	conversation		ⓒ 달아나다, 탈출
09	escape		ⓓ 걱정하는, 열망하는
10	thirsty		ⓔ 구걸하다, 간청하다

B. 알맞은 영단어 짝꿍을 찾아서 선으로 연결하세요.

11	만족시키다		ⓐ silent
12	놀라게 하다		ⓑ frighten
13	기대하다, 예상하다		ⓒ declare
14	침묵의, 조용한		ⓓ expect
15	공언하다, 선언하다, 신고하다		ⓔ satisfy

C. 스토리를 보고 빈칸에 들어갈 영단어를 적어보세요.

> **예시)** rough : 산이 높아 거칠고 울퉁불퉁하다.

16 _____ : 친구 생일 파티를 하고 있는데 건달들이 와서 "엎으세!" 하면서 케이크를 뒤엎어 생일 파티를 망쳐 버렸다. 나는 매우 당황하였다.

17 _____ : 짐을 지고 가다가 무거워서 뻗은 사람이 누워 있구나. 얼마나 부담이 되었으면 저렇게 되었을까?

18 _____ : 어? 트랙터를 입으로 끄는 장사가 있네. 사람들의 주의를 끌 만하네.

19 _____ : 너는 열심히 노력했으니 대접을 받을 만하다(가치가 있다).

20 _____ : 나이 많은 녀석이 공부는 안 하고 자주 누워 있을 뿐만 아니라 거짓말을 밥 먹듯 한다고 어머니께 크게 혼났다.

□ 01
cheer
[tʃíər]

휑 cheerful
발랄한, 쾌활한

명 환호성, 갈채, 격려, 생기

🔊 치어 > 치어 리더 💬 치어 리더는 환호성을 지르며 갈채를 보내는 사람입니다.

I brought **cheer** to him.
나는 그를 격려하였다.

□ 02
already
[ɔ:lrédi]

부 벌써, 이미

🔊 오래디 > 오래되었어? > 💬 맛이 이상해서 "찌개 만든 지 오래되었어?" 했더니 벌써 일주일이 되었단다. 뱉고 싶었지만 이미 목구멍으로 넘어간 뒤였다.

Are you going home **already**? 오늘은 벌써 집에 돌아가니?

□ 03
advise
[ædvàiz]

명 advice 충고

동 충고하다, 조언하다, 권하다

🔊 어드바이즈 > 얻어 봐. 있어 > 💬 누나가 옆집 친구에게 가방을 빌려 오라고 해서 물어 보았더니 없다고 말했다. 누나는 "다시 한 번 가서 얻어 봐. 있어." 하고 충고했다.

I **advise** you to find work.
나는 네가 할 일을 찾는 것이 좋을 거라고 충고하는 바이다.

□ 04
devote
[divóut]

명 devotion 헌신, 몰두

동 바치다, 헌신하다, 전념하다

🔊 디보우트 > 뒤 보았다 > 💬 어머니는 대소변을 못 가리시는 할머니의 뒤를 보았다. 그러면서 청춘을 바치며 헌신하셨다(전념하셨다).

She **devoted** all her time to praying.
그녀는 모든 시간을 기도에 헌신했다.

□ 05
include
[inklú:d]

명 inclusion 포함

동 포함하다 (↔ exclude)

🔊 인클루드 > 잉크 누드 > 💬 잉크로 그린 누드화도 심사 대상에 포함한다.

The birthday present **included** a card.
생일 선물에는 카드가 포함되어 있었다.

□06
operate
[ápərèit]

명 operation 수술, 작전

동 움직이다, 수술하다, 가동하다, 운영하다

🔊 아퍼레이트 > 애! 퍼래 있다 > 💬 건물에서 떨어져 얼굴이 애! 퍼래 있다. 기계를 가동하여 수술하자.

He **operated** the machine.
그는 기계를 가동시켰다.

□07
debate
[dibéit]

명 토의, 토론, 논쟁   동 토의하다, 토론하다

🔊 디베이트 > 집에 있다 > 💬 형제는 하루 종일 집에 있다. 서로 다투고 나서 부모님이 벌로 주신 과제 '형제 간의 우애'에 대해 토론하고 있다.

I am ready to **debate** the issue.
나는 그 문제에 대해 토론할 용의가 있다.

□08
knowledge
[nálídʒ]

명 지식

🔊 날리지 > 날리지 > 💬 네가 쌓아 놓은 지식을 망각 속으로 날리지 않기 위해서는 지속적으로 책을 읽고 생각의 깊이를 깊게 해야 한다.

I had no **knowledge** of that fact.
그 사실에 대해서 나는 아무것도 아는 것이 없다.

□09
friendship
[fréndʃip]

명 우정, 친교

🔊 프렌드십 > 프렌드+십 > 💬 프렌드는 친구, 십(ship)은 상태를 나타내므로 합쳐서 '우정'의 뜻으로 쓰인다.

Their **friendship** grew into love.
그들의 우정이 사랑으로 변했다.

□10
argue
[á:rgju:]

동 논쟁하다, 주장하다

🔊 아규 > 아구 > 💬 아구를 벌려 심하게 논쟁하는 친구들

I do not want to **argue** with my parents.
나는 부모님과 논쟁하고 싶지 않아요.

11
repair
[ripέər]

동 고치다, 수리하다

🔊 리페어 > 이(치아) 빼어 > 💬 치과에서 이를 빼어 내고 입 안을 수리했다.

Can you **repair** my bicycle?
내 자전거 고칠 수 있니?

12
share
[ʃέər]

명 몫, 할당 동 나누다

🔊 셰어 > 쉬어 > 💬 학교 운동장에서 풀을 뽑고 있다. 선생님 말씀. "자기 몫(할당)을 다 한 사람은 10분간 쉬어." 잠시 후 빵을 나누어 주겠다.

Shall we order different food and **share**?
서로 다른 음식을 주문해서 나눠 먹을까?

13
suggest
[səgdʒést]

명 suggestion 제안

동 제안하다, 암시하다

🔊 서제스트 > 서제수 트자 > 💬 서제수씨가 나와 트고 지내자고 제안하였다. 이 말은 서로 친하게 지내자는 뜻을 암시하고 있다.

He **suggested** that we go.
그는 우리가 갈 것을 제안하였다.

14
necessary
[nésəsèri]

형 필요한, 필수적인

🔊 네서세리 > 넷이서 서리 > 💬 너희 넷이서 수박 서리를 했다는데 너희들은 부자들이잖아. 그렇게도 꼭 필요한(필수적인) 일이었니? 그렇게 하지 않아도 되잖아.

Cheese is a **necessary** element in risotto.
치즈는 리조또를 만들 때 필요한 요소이다.

15
course
[kɔ́ːrs]

명 진로, 길, 과정, 과목

🔊 코스 > 콧수염 > 💬 콧수염은 청소년이 어른이 되어 가는 과정(코스)에서 난다. 진로를 찾아 한창 공부하는 고등학교 때 나기 시작한다.

This **course** is narrow.
이 길은 좁다.

□ 16
reason
[ríːzn]

명 **이유, 까닭**

🔊 리즌 › 잊은 › 💬 나를 그렇게 빨리 잊은 이유를 말해 보게.

Tell me the **reason** you are late.
네가 늦은 이유를 설명해 봐라.

□ 17
even
[íːvən]

부 **마저, ~라도, 훨씬** 형 **평등한**

🔊 이번 › 입은 › 💬 입은 옷마저도 남에게 벗어주는 착한 아이. 그는 모든 아이들을 평등하게 대했다.

Even you, Brutus?
브루투스, 너마저?

□ 18
fine
[fàin]

형 **좋은, 훌륭한, 아름다운, 멋진**

🔊 화인 › 화인 › 💬 김화인은 나의 좋은, 멋진 친구이다.

Are you all right? I'm just **fine**.
당신 괜찮은가요? 나는 좋아요.

□ 19
boil
[bɔ́il]

동 **끓다, 끓이다**

🔊 보일 › 보일러 › 💬 보일러(boiler)는 보일(boil)에 'er'이 붙어서 된 말이지. 보일러는 끓는 물로 열을 발생시키는 장치야. 미루어서 보일은 '끓다', '끓이다'의 뜻임을 알 수 있어.

Be careful. This water is **boiling** hot.
조심해. 이 물은 끓을 정도로 뜨거워.

□ 20
mean
[míːn]

동 **의미하다** (mean – meant – meant)

🔊 민 › 미인 › 💬 미인은 '아름다운 여자'를 의미하지. 남자에게는 미인이라고 하지 않고 보통 '미남'이라고 해.

This sign **means** that you must go.
이 신호는 네가 가야 하는 것을 의미해.

□ 01

break
[bréik]

동 어기다, 깨지다, 깨다

🔊 브레이크 > 브레이크 > 💬 규칙을 어기고 브레이크 작동을 소홀히 하면 머리가 깨질 수 있으니 조심하여라.

A baseball **broke** the shop window.
야구공이 가게의 창문을 깼다.

□ 02

bring
[bríŋ]

동 가져오다, 데려오(가)다 (bring – brought – bought)

🔊 브링 > 브릉 > 브르릉 > 💬 재판을 하면서 판사가 관련 자료를 요청하자 브르릉 차를 타고 가서 가져오고, 증인까지 데려왔다.

I **brought** my cat to school.
나는 고양이를 학교로 데려왔다.

□ 03

sound
[sàund]

명 소리, 음 동 소리나다, 들리다, 생각되다

🔊 사운드 > 사운드 > 💬 "힘찬아! '사운드 오브 뮤직(Sound Of Music)'이라는 영화 보았니?" "응, 오스트리아의 트라프 가족이 겪은 실화를 뮤지컬화한 것으로 영화로 보았어." "이 '사운드'란 말은 '소리', '소리가 들리다'의 뜻 외에 '생각되다'라는 뜻도 있어."

I made no **sound**.
나는 아무 소리도 내지 않았다.

□ 04

low
[lóu]

형 낮은, (값이) 싼

🔊 로우 > 밑으로 > 💬 물건이 백원 밑으로 낮은(싼) 가격이면 사겠다.

The ceiling was so **low** that I could almost touch it.
천장이 너무 낮아서 내가 닿을 수 있을 것만 같다.

□ 05

few
[fju:]

형 소수의, 거의 없는 대 거의 없는 사람(사물)

🔊 퓨 > 피휴 > 💬 피휴, 건달들이 다 가고 거의 없군.

People who live to be a 100 are very **few**.
100세까지 사는 사람은 거의 없다.

□06
let
[lét]

⟨동⟩ ~를 하게 하다, 시키다 (let - let - let)

🔊 렛 › 래 › 💬 내가 하기 힘든 것은 남을 시킬래.

Let it be.
만사가 그대로 흘러가게 두세요.

□07
present
[préznt], [prizént]

⟨형⟩ 출석한, 현재의   ⟨명⟩ 선물   ⟨동⟩ 주다, 수여하다

🔊 프레즌트 › 뿌려준다 › 💬 선생님으로부터 현재 출석한 사람에게만 선물을 뿌려준다는 연락이 왔다.

The **present** is more important than the past or the future.
현재는 미래나 과거보다 더 중요하다.

💡 present가 형용사, 명사일 때는 [préznt]로, 동사일 때는 [prizént]로 발음해요.

□08
pain
[péin]

⟨명⟩ 통증, 아픔, 노력

🔊 페인 › 폐인 › 💬 아저씨는 오래 앓고 있다. 통증이 심하고 아픔을 견디기 어려워 거의 폐인이 되다시피 했다.

No **pain**, no gain.
노력 없이는 얻는 것도 없다.

□09
space
[spéis]

⟨명⟩ 공간, 장소, 간격

🔊 스페이스 › 스페이스 키 › 💬 "여러분 컴퓨터 키에서 공간(공란)을 띄우는 키가 무엇인지 아세요?" "예. 스페이스 키입니다. 키보드 아랫부분 중앙에 있는 기다란 키입니다."

There are many **spaces** to sit and talk.
앉아서 얘기할 공간이 많이 있다.

□10
gentle
[dʒéntl]

⟨명⟩ gentleman 신사, 양반

⟨형⟩ 온화한, 상냥한, 친절한, 관대한

🔊 젠틀 › 쟨 틀림없는 › 💬 쟨 틀림없는 천사야. 누구에게나 온화하고 상냥해.

He has a **gentle** heart.
그는 상냥한 마음을 가졌다.

최중요단어

DAY 22

STORY 중학 영단어

matter
☐ 11
matter
[mǽtər]

명 **문제, 일**

🔊 매터 > 맡아 > 도맡아 > 💬 그는 문제되는 일은 도맡아서 하고 있다. 그래서 우리 모두는 그가 좋다.

This is a grave **matter**.
이것은 중대한 일이다.

☐ 12
forget
[fərgét]

동 **잊다**

🔊 퍼겟 > 포겟몬스터 > 💬 포겟몬스터 게임이 너무 재미있어서 해야 할 일도 다 잊어버렸네.

Do not **forget** your appointment with the teacher!
선생님과의 약속을 잊지 마세요!

☐ 13
finish
[fíniʃ]

동 **끝내다, 끝나다**

🔊 피니시 > 피니 쉬 > 💬 아름다운 꽃이 피니(피었을지라도) 오래 못가서 쉬 끝나고 앙상하게 잔해만 남는다.

Let me **finish** my homework.
나 이제 숙제 좀 끝낼게.

☐ 14
happen
[hǽpən]

동 **(우연히) 일어나다, 생기다**

🔊 해펀 > 해 펑 > 💬 망원경으로 해를 유심히 관찰하다 보니 '펑' 하는 소리가 우연히 일어났다.

I don't know how it **happened**.
그것이 어떻게 일어난 일인지 잘 모르겠어.

☐ 15
bill
[bíl]

명 **계산서, 지폐, 법안**   동 **계산서를 청구하다**

🔊 빌 > 빌어먹을 > 💬 빌어먹을 계산서! 음식값 계산서를 잃어버렸다. 새 지폐로 치렀다.

The **bill** for our meal was very high.
우리의 식대가 너무 많이 나왔다.

□16
fever
[fíːvər]

명 열, 열병

🔊 피버 > 패 봐 > 💬 잘못한 동생의 종아리를 수없이 패 봐. 열이 날 수밖에.

The little girl had a high **fever**.
그 어린 소녀는 열이 심하게 났다.

□17
lay
[léi]

동 놓다, 두다, (알을) 낳다 (lay–laid–laid)

🔊 레이 > X-레이 > 💬 나는 X-레이를 찍기 위해 신발을 벗어 놓고 시계를 선반에 두었다.

The banana was **laid** on the table.
바나나가 탁자 위에 놓여 있었다.

□18
close
[klóuz], [klóus]

동 닫다, 끝내다   형 가까운, 친밀한

🔊 클로우즈 > 굴러왔죠 > 💬 나그네가 문을 열어 달라고 한다. "떠돌아다니다 굴러왔죠." "안 됩니다." 주인은 말을 끝내고 문을 닫았다.

She is my **close** friend.
그녀는 나의 친한 친구이다.

Tip close가 동사일 때는 [klóuz]로, 형용사일 때는 [klóus]로 발음해요.

□19
village
[vílidʒ]

명 마을, 촌   형 마을의, 촌의

🔊 빌리지 > 빌리지 > 💬 우리 반은 진잠 향교로 답사를 갔다. 성희가 숙소를 걱정하자 선생님이 "마을을 빌리지. 민박을 하자."라고 말씀하신다.

There are many beautiful **villages** in the United States.
미국에는 많은 아름다운 마을들이 있다.

□20
nature
[néitʃər]

명 자연, 천성, 본질

🔊 네이처 > 네이저 > 네가 잊어 > 💬 그 사람 실수는 하였지만 네가 잊어. 그 사람 본성(천성)은 착하니 나중에 자연히 사과하러 올 거야.

This is the law of **nature**.
이것이 자연의 법칙이다.

최종요단어

DAY 22

STORY 중학 영단어

DAY 23

STORY 중학 영단어

☐ 01
law
[lɔ́:]

몡 **법률, 규칙**

🔊 로 > 로(路) > 💬 옛날에는 왕이 가는 로(路: 길)가 바로 법률(규칙)이라고 생각했다는구면.

Let's do this by the **law**.
법대로 처리합시다.

☐ 02
war
[wɔ́:r]

몡 **전쟁**

🔊 워 > 워워 > 💬 옛날에는 전쟁할 때 적의 기선을 잡고 겁을 주기 위해 "워워"하고 큰 소리를 지르며 쳐들어갔단다.

He survived the Korean **War**.
그는 한국전쟁(6.25 전쟁)에서 살아남았다.

☐ 03
lend
[lénd]

동 **빌려 주다, 제공하다 (lend – lent – lent)**

🔊 렌드 > 랜드로바 > 💬 어머니가 사 주신 랜드로바 신발을 동생에게 빌려 주었다.

He **lent** her a 1,000 dollars.
그는 그녀에게 1,000달러를 빌려 주었다.

☐ 04
art
[ɑ́:rt]

몡 **예술, 미술**

🔊 아트 > 호암아트홀 > 💬 호암아트홀에 가 본 적이 있는가요? 거기서 무엇을 하던가요? 예술 작품, 미술 작품을 전시한다고요? 예. 맞아요. 아트는 바로 '예술', '미술'의 뜻입니다.

Not all **art** is beautiful. 모든 예술이 아름다운 것은 아니다.

☐ 05
bath
[bǽθ]

몡 **목욕**

🔊 배쓰 > 뱄어 > 💬 온몸이 땀으로 뱄어. 그러면 무엇을 해야 하지? 목욕을 해야 하지요.

It's time to take a **bath**.
목욕할 시간이다.

health
[hélθ]

몡 건강

🔊 헬쓰 › 헬쓰장 › 💬 "지섭아, 헬쓰장에 가서 무엇을 관리해야지?" "그야 '건강'이지요."

I will pray for your **health**.
당신의 건강을 기원합니다.

ocean
[óuʃən]

몡 대양, 큰 바다

🔊 오우션 › 오! 시원하다 › 💬 큰 바다에 가니 온몸이 오! 시원하다. 큰 바다는 대양(大洋)을 뜻하지.

I never saw the **ocean**.
나는 한 번도 큰 바다를 본 적이 없다.

holiday
[hálədèi]

몡 휴일, 공휴일, 휴가, 연휴

🔊 할러데이 › 헐었데이 › 💬 일손이 많은 공휴일에 낡은 집을 헐었데이.

Let me go on a **holiday**.
휴가를 가게 해 줘.

anyway
[éniwèi]

뿐 어쨌든, 어차피, 결국

🔊 에니웨이 › 아니 왜 이런 › 💬 아들에게 도움을 준 학생이구나. 아니 왜 이런 도움을 주었니. 어쨌든 고맙구나.

Anyway, what's for lunch?
어쨌든. 점심 뭐 먹지?

force
[fɔːrs]

몡 힘, 병력   동 강요하다

🔊 포스 › 퍼서 › 아파서 › 💬 군인 형이 몸이 아파서 힘을 못 쓰고 있단다. 부대에서는 병력을 동원하여 훈련 갈 때도 형에게는 강요하지 않고 쉬게 해 주었단다.

The **force** of nature are great.
자연의 힘은 위대하다.

11

guide
[gàid]

동 안내하다, 인도하다 　명 안내서, 안내원

🔊 가이드 > 가이드 > 💬 관광지를 구경하거나 해외여행을 할 때, 길을 안내하고 설명하며 도움을 주는 사람이 가이드라고 하지. 창경궁을 구경할 때 가이드(안내원)의 친절한 안내가 인상 깊었어.

The **guide** was full of pretty pictures.
그 안내서는 예쁜 사진들로 가득했다.

12

grow
[gróu]

동 성장하다, ~이 되다, 재배하다

🔊 그로우 > 끌어 와 > 💬 저 야구 선수는 크게 성장하여 국가 대표가 될 가능성이 있다. 우리 팀으로 끌어 와라.

Plants and children tend to **grow** fast.
식물들과 아이들은 빨리 성장하는 편이다.

13

turn
[tə́:rn]

동 돌리다, 돌다, 뒤집다, 바꾸다

🔊 턴 > 유턴 > 💬 유(U)턴은 U자 모양으로 도는 것을 말하지.

He **turned** the door handle without knocking.
그는 문을 두드리지 않고 문고리를 돌렸다.

14

exercise
[éksərsàiz]

명 운동, 연습

🔊 액서사이즈 > 애써 사이즈 > 💬 나는 애써서 운동(연습)을 하여 몸 둘레 사이즈를 많이 줄였지.

I do not like to **exercise**.
나는 운동을 좋아하지 않아요.

15

praise
[préiz]

명 칭찬 　동 칭찬하다

🔊 프레이즈 > 풀었다+에이즈 > 💬 인류 최악의 질병인 에이즈가 퍼져서 골치를 앓고 있는 요즘, 영국의 한 의학 박사가 에이즈 문제를 풀었다고 해서 전 세계의 칭찬과 찬사를 한 몸에 받고 있다.

He studies harder when I **praise** him.
내가 그를 칭찬하면 그는 더 열심히 공부한다.

□16
free
[frí:]

형 **자유로운, 한가한, 무료의**

🔊 프리 > 풀이 > 💬 나는 풀이 많은 공원에서 자유롭고 한가한 시간을 보냈다. 이곳의 입장은 무료이다.

Free stuff! Yay!
이거 무료다! 이야!

□17
leave
[lí:v]

동 **떠나다, 출발하다, 두고 오다, 남겨 두다**

🔊 리브 > 이브 > 💬 이브는 집을 떠났다. 출발하고 나서 한 시간 후에 아담을 두고 온 것을 알았다.

He is **leaving** Seoul for New York.
그는 서울을 떠나 뉴욕으로 향하고 있다.

□18
save
[séiv]

동 **구하다, 덜다, 아끼다**

🔊 세이브 > 새 이불 > 💬 추운 겨울밤을 어떻게 지내나 많이 걱정을 했는데 다행히도 새 이불을 공짜로 구했다. 걱정을 한 시름 덜었다. 그리고 비용도 아꼈다.

You **saved** my life.
당신이 저의 생명을 구했어요.

□19
hole
[hóul]

명 **구멍, 굴**

🔊 호울 > 홀 > 💬 골프에서 17홀이니 19홀이니 하는 말을 자주 쓰던데 여기서 호울(hole)은 '구멍'의 뜻으로 쓰였구나.

This sock has many **holes**.
이 양말은 많은 구멍이 나 있다.

□20
judge
[dʒʌdʒ]

명 **재판관, 판사**   동 **판결하다, 판단하다**

🔊 저즈 > 저주 > 💬 오늘은 재판관이 판결하는 날이다. 판사가 설마 삼촌을 중형 받으라고 저주하진 않겠지.

God will **judge** men as he sees fit.
신은 그가 보기에 합당한 방식으로 사람들을 판단할 것이다.

DAY 24

STORY 중학 영단어

☐ 01
wrong
[rɔ́ːŋ]

형 **나쁜, 부정한, 잘못된, 틀린**

🔊 롱 > 롱(弄) > 💬 우롱(愚弄), 농간(弄奸)을 부리다 등에서 '롱(弄)' 은 '나쁘고', '잘못되고', '틀린' 것을 뜻하는 말이네.

Stealing is **wrong**.
훔치는 것은 잘못된 일이다.

☐ 02
wave
[wéiv]

명 **파도, 물결** 동 **흔들다**

🔊 웨이브 > 왜 입어 > 💬 친구가 파도 치는 곳에 윗옷 벗고 들어가 려 해서 내가 말렸다. 그는 "왜 입어" 하고 뛰어들었다가 물결이 일 자 생쥐가 되어 떨고 있다.

The **waves** became low.
파도가 낮아졌다.

☐ 03
gate
[géit]

명 **문, 출입구**

🔊 게이트 > 개 있다 > 💬 문 입구(출입구)에 개가 있다. 그래서 들 어가기가 두렵구나.

The **gate** that leads to heaven is narrow.
천국으로 가는 문은 좁다.

☐ 04
loose
[lúːs]

형 **풀린, 헐거운**

🔊 루스 > 누수 > 💬 수돗물이 누수되어 새고 있어. 나사가 풀렸나, 나사가 헐거운가.

The rope came **loose**. 줄이 풀렸다.

☐ 05
invite
[inváit]

명 invitation 초대

동 **초대하다**

🔊 인바이트 > 인숙+봐+이따가 > 💬 "인숙아 봐, 이따가. 내가 초 대할게."

I **invited** my parents to spend a week in my house.
나는 부모님을 초대해서 일주일 동안 나의 집에 머무르시게 했다.

106

06
lose
[lúːz]

동 잃다, 지다, 길을 잃어버리다

🔊 루즈 > 루즈 > 💬 여자 친구가 핸드백 속에 넣어 둔 루즈를 잃고 설상가상으로 내기에서 졌다고 울상을 지었다.

I have nothing to **lose**.
나는 이제 더 이상 잃을 만한 것이 없다.

07
fall
[fɔːl]

동 떨어지다, 쓰러지다　명 가을, 낙하, 폭포

🔊 폴 > 펄펄 > 💬 펄펄 휘날리며 떨어지는 낙엽을 보니 가을이 왔음을 알겠다.

He **fell** down.
그는 쓰러졌다.

08
find
[fáind]

동 찾다, 발견하다, 알다

🔊 화인드 > 화성인도 > 💬 지구인도 화성인을 찾고 화성인도 지구인을 찾았다. 한참 후에 그들은 서로를 바닷가에서 발견하였다.

I cannot **find** my basket.
나의 바구니를 찾을 수 없어요.

09
moment
[móumənt]

명 순간, 잠깐

🔊 모우먼트 > 모면 트릭 > 💬 모면하려고 트릭을 써? 순간의 질책을 모면하려고 트릭(속임수)을 쓰면 안 되지.

Just a **moment**, please.
잠깐 기다려 주세요.

10
marry
[mǽri]

동 결혼하다

🔊 매리 > 매리 > 💬 나는 누가 뭐래도 현모양처로 부족함이 없고 지혜가 풍부한 매리와 결혼할 거야.

명 marriage 결혼

Marry me!
나와 결혼해 줘!

secret
[síːkrit]
□11

명 비밀　**형** 비밀의

🔊 시크리트 › 씨! 클났다 › 💬 네가 우리 비밀을 누설해 버렸다면 서? 씨! 큰일났다.

This is a **secret**, so don't tell it to anybody.
이건 비밀이니까, 아무한테도 말하지 마.

past
[pǽst]
□12

형 지난, 과거의　**명** 과거

🔊 패스트 › 페스트 › 💬 지난 시절에는 페스트가 흔한 질병이었다 지만 모두 과거의 이야기야. 요즘은 거의 없어.

I'm interested in **past** cultures.
나는 과거 문화에 관심이 있다.

fact
[fǽkt]
□13

명 사실

🔊 팩트 › 팩 하고 틀어져 › 💬 지혜가 나를 보고 팩 하고 틀어져 달 아나 버린다. 도대체 왜 그러는지 사실을 모르겠다.

The **fact** is, I'm smarter than you.
사실을 말하면, 내가 너보다 머리가 좋지.

guess
[gés]
□14

동 추측하다, 생각하다　**명** 추측

🔊 게스 › 가스 › 💬 배 속에서 가스가 나온다고 해서 소화가 잘 된 다고 추측하는(생각하는) 것은 옳지 않다. 왜냐하면 배탈이 났을 때 도 가스가 나오기 때문이다.

Let me **guess** your blood type.
너의 혈액형을 추측해 보도록 하지.

agree
[əgríː]
□15

명 agreement 합의, 동의

동 동의하다

🔊 어그리 › 에! 그려 › 💬 충청도 지방에서 부자가 대화하는 말. " 아부지, 지가 서울로 유학가도 되겠시유?" "에! 그려. 서울에서 공부 열심히 하면 동의한다니께."

I do not **agree** with your statement.
나는 당신의 진술에 동의하지 않아요.

16
factory
[fǽktəri]

명 공장

🔊 팩터리 > 팍 떨이 > 💬 경기 침체로 수익성이 악화되자 공장 여기저기에서 팍팍 떨이로 매물이 나오고 있다.

The **factory** workers wore blue shirts.
공장 노동자들은 파란색 셔츠를 입었다.

17
record
[rékərd]

명 기록, 이력, 성적, 음반   동 기록하다, 녹음하다

🔊 레커드 > 레코드 > 💬 레코드는 적는 것을 뜻하므로 '기록, 이력, 성적'의 뜻임을 쉽게 짐작할 수 있어. 사진기에서 녹화할 때도 'record'라고 하지.

I **recorded** history in my book.
나는 내 책에 역사를 기록했다.

18
wild
[wàild]

형 야생의, 황폐한, 야만적인

🔊 와일드 > 왜 이리도 > 💬 (자신의 처지를 한탄하며) 왜 이리도 거친 야생의 땅에, 황폐하고 야만적인 벌판에 나 홀로 내버려 둔단 말인가?

Wild animals cannot be trained.
야생 동물들은 조련될 수 없다.

19
choose
[tʃúːz]

동 선택하다, 고르다, 선거하다

🔊 추즈 > 치즈 > 💬 추석 선물로 치즈를 선택하였다.

명 choice 선택

I do not regret that I **chose** her.
나는 그녀를 선택한 것을 후회하지 않는다.

20
coin
[kɔ́in]

명 동전, 주화

🔊 코인 > 고인 > 💬 구리와 주석의 합금 용액이 고인 쇠틀에서 동전이 만들어지고 있었다.

This golden **coin** is from Persia.
이 금화는 페르시아에서 왔다.

최종요단어

DAY **24** STORY 중학 영단어

DAY 25

STORY 중학 영단어

□ 01
machine
[məʃíːn]

명 기계

🔊 머신 > 멋있는 > 💬 자! 자세히 관찰해 보라고. 내 기계가 네 기계보다 멋있는 기계야.

He invented a new type of **machine**.
그는 새로운 기계를 발명했다.

□ 02
safe
[séif]

명 safety 안전

형 안전한, 무사한 명 금고

🔊 세이프 > 새 이뻐(예뻐) > 💬 어제 산에서 잡아 온 새가 이뻐(예뻐). 동생이 달라고 떼를 쓰네. 그래서 감추려고 안전한 금고에 넣어 놨지.

You are **safe** here, so don't worry.
너는 여기에서 안전하니 걱정하지 마.

□ 03
wise
[wàiz]

명 wiseness 영리함

형 현명한, 영리한

🔊 와이즈 > 와 이리 좋아 > 💬 할머니는 현명하고 영리한 며느리를 얻게 되었다면서 "와 이리 좋아! 와 이리 좋아!"를 연방 외치신다.

Even the **wise** cannot see all ends.
현명한 사람들도 모든 결말을 알 수는 없는법.

□ 04
powerful
[pàuərfəl]

형 강력한

🔊 파우어펄 > 파워풀 > 💬 파워(power)는 '힘'의 뜻이고, 풀(ful)은 '가득한'의 뜻이야. 그래서 힘이 가득하니 '강력한'의 뜻.

He has **powerful** friends.
그는 강력한 친구을 가졌다.

□ 05
continue
[kəntínjuː]

명 continuity
지속성, 연속성

동 계속하다(되다)

🔊 컨티뉴 > 컨티뉴 > 💬 컨티뉴를 계속해서 소리내 보면 '누구건데'라고 들린다. 거 참 신기하네.

Do you think it is wise to **continue** our relationship?
우리의 관계를 계속하는 것이 현명한 일일까?

110

□06
bright
[bràit]

🔊 brightly 밝게, 빛나게

형 밝은, 빛나는, 영리한

🔊 브라이트 > 라이트브 > 라이트불 > 💬 라이트불은 밤에 참 밝고 빛나는데, 이것을 발명한 사람은 매우 매우 영리한 사람일 거야.

The sun is **bright**.
태양이 밝다.

□07
sense
[séns]

명 감각, 느낌, 의식, 분별 동 느끼다

🔊 센스 > 센스 > 💬 "재광아, 센스 있는 사람이 감각 있는 사람이 아닐까." "나도 그런 느낌이 들어."

People have 5 **senses**.
사람에게는 5가지 감각이 있다.

□08
capital
[kǽpətl]

명 수도, 자본, 대문자 형 주요한

🔊 캐피털 > 꽤 높은 비탈 > 💬 야! 꽤 높은 비탈에 수도를 세웠네.

The **capital** of South Korea is Seoul.
남한의 수도는 서울이다.

□09
alive
[əlàiv]

형 살아 있는, 생생한 (↔ dead)

🔊 얼라이브 > 얼라? 입은 > 💬 얼라? 다친 강아지가 입은 살아 있네.

Everything that is **alive** is beautiful.
살아 있는 모든 것은 아름답다.

□10
pass
[pǽs]

동 합격하다, 건네주다, 지나가다 명 합격, 통과

🔊 패스 > 패스 > 💬 시험에 '패스하다'는 '합격하다'의 뜻, 공을 '패스하다'는 '건네주다'의 뜻이야.

She **passed** the examination.
그녀는 시험에 합격했다.

최종요단어

DAY 25

STORY 중학 암단어

11
male
[méil]

[명] 남성, 수컷   [형] 남성의, 수컷의

🔊 메일 > 매일 > 💬 "매일 밖에서 일하고 먹을거리를 구해 오는 사람은?" "남성." "요즘은 그렇지 않아요. 맞벌이 부부가 많지요."

We are born either **male** or female.
우리는 남성 또는 여성으로 태어난다.

12
hurt
[hə́:rt]

[동] 다치다, 다치게 하다, 아프다, 아프게 하다

🔊 허트 > 허리를 틀어 > 💬 운동한다고 허리를 틀다가 심하게 다쳤다.

The pigeon was **hurt**.
그 비둘기는 다쳤다.

13
captain
[kǽptən]

[명] 선장, 반장, 우두머리, 주장

🔊 캡틴 > 캡(모자)+틴(튀는) > 💬 여러 사람들이 모여 있는데 캡(모자)이 틴(튀는) 사람이 누구지? 그 사람이 바로 배에서는 선장이요, 일터에서는 반장이요, 단체에서는 우두머리요.

Captain Oh my **Captain**.
선장님. 오 나의 선장님.

14
inform
[infɔ́:rm]

[명] infomation 정보

[동] 알리다, 알아내다, 영향을 미치다

🔊 인폼 > 인품 > 💬 반장 후보들은 저마다 자기의 뛰어난 인품을 알리고 상대의 선거 전략을 알아내기 위해 노력했다.

He **informed** me that I was hired.
그는 내가 고용되었다고 나에게 알렸다.

15
plant
[plǽnt]

[명] 식물, 초목, 설비, 공장   [동] 심다

🔊 플랜트 > 풀랜턴 > 💬 풀은 '식물', '초목'이고, 랜턴은 손전등인데 손전등은 '설비'를 갖춘 '공장'에서 만든다.

We are going to **plant** trees.
우리는 나무를 심을 예정이다.

□ 16
dry
[drài]

형 마른, 건조한 동 마르다, 마르게 하다

🔊 드라이 > 드라이 > 💬 "머리를 감은 후에 물에 젖은 축축한 머리를 마른 머리로 건조한 것을 뭐라 하지?" "드라이라고 합니다."

The clothes are already **dry**.
그 옷은 이미 말라 있다.

□ 17
rest
[rést]

명 휴식, 수면, 나머지 동 휴식하다

🔊 레스트 > 오래 스트레스 > 💬 일하면서 오래 스트레스가 쌓이면 어떻게 해야 하는가? 반드시 휴식하거나 수면을 푹 취해야 한다.

You need to take some **rest**.
너는 휴식을 좀 취해야 해.

□ 18
join
[dʒɔ́in]

동 연결하다, 합치다, 참가하다

🔊 조인 > 조인트 > 💬 내 이름은 조인트야. 아버지 성 조씨와 어머니 성 인씨를 연결해서(합쳐서) 지었어. 조인트 참 좋지? 성씨 대회에 참가할 예정이야.

They will **join** the baseball game.
그들은 야구 경기에 참가할 것이다.

□ 19
kind
[kàind]

형 친절한 명 종류

명 kindness 친절, 다정함

🔊 카인드 > 가라+인도 > 💬 동생들이 차가 쌩쌩 달리는 차도로 걸어가고 있었다. 나는 친절하게 말했다. "얘들아, 가라 인도로! 길에는 차도와 인도의 두 종류가 있어. 사람들은 인도로 다녀야 해."

There are many **kinds** of people.
세상에는 여러 종류의 사람들이 있다.

□ 20
gain
[géin]

동 이익을 얻다 명 이익, 증진

🔊 게인 > 개인 > 💬 개인이 이익을 얻기 위해 자신의 잇속만 증진시켜서는 안 된다.

You shall not **gain** by this method.
너는 이런 방법으로는 이익을 얻을 수 없을 것이다.

STORY 중학 영단어

□ 01

rude
[rú:d]

형 무례한

🔊 루드 > 누드 > 💬 누드 상태로 길거리를 거니는 무례한 자들이 있나니.

His **rude** behavior has made me angry.
그의 무례한 행동이 나를 화나게 했다.

□ 02

million
[míljən]

명 100만 형 100만의

🔊 밀리언 > 밀리언 > 💬 "베스트셀러는 매우 잘 팔리는 책을 이르는 말이야. 그럼 100만 권이나 팔릴 정도로 베스트셀러 중의 베스트셀러는?" "그야 밀리언셀러(million-seller) 아닙니까."

The picture was worth 2 **million** dollars.
그 그림은 200만 달러의 가치가 있었다.

□ 03

order
[ɔ́:rdər]

명 명령, 주문, 순서, 질서

🔊 오더 > 오더 > 💬 윗사람의 오더(명령) 없이는 아무 일도 못한다. 안원진 과장은 대형 오더(주문)를 따냈다.

May I take your **order**?
주문하시겠습니까?

□ 04

bake
[béik]

동 (빵, 과자 등을) 굽다

🔊 베이크 > 배 이렇게 크게 > 💬 매일 빵을 굽고 많이 먹어서 배가 이렇게 크게 나왔다.

I **baked** him a cake for his birthday.
나는 그의 생일을 위해서 케이크를 구웠다.

□ 05

lock
[lák]

명 자물쇠 동 자물쇠를 채우다

🔊 락 > 로크(철자 기준) > 놓고 > 💬 나는 자물쇠를 채워 놓고 밖으로 나갔다.

The man melted down the **lock**.
그 남자는 자물쇠를 녹였다.

06

novel
[návəl]

명 소설　형 참신한

🔊 나벌 > 노벨 > 💬 삼촌은 쓰고 있는 소설이 노벨상을 탈 만큼 우수하다고 자랑하고 다닌다.

I have to read more than 10 **novels**.
나는 10권도 넘는 소설을 읽어야 해.

07

deliver
[dilívər]

명 deliverer 배달인

동 배달하다, 전하다, 넘겨주다, 말하다

🔊 딜리버 > 젤 이뻐 > 제일 예뻐 > 💬 서진이는 반에서 제일 예뻐. 나는 서진이에게 은밀히 편지를 배달시켰지.

I had Chinese food **delivered**.
나는 중국 음식을 배달시켰다.

08

pair
[péər]

명 한 벌, 한 켤레

🔊 페어 > 빼어 > 💬 사장님이 자기 가게에서 옷(신발) 한 벌(켤레)을 빼어 가난한 사람에게 주었다.

I have a **pair** of warm socks.
나는 따스한 양말 한 켤레를 가지고 있다.

09

prize
[práiz]

명 상　동 소중하게 여기다

🔊 프라이즈 > 프라이드 > 💬 경품 이벤트에 참가하여 기아자동차의 프라이드를 상으로 탔다.

She got a **prize** for good conduct.
그녀는 선행상을 탔다.

10

whole
[hóul]

명 전부, 전체　형 전부의, 전체의

🔊 호울 > 홀 > 💬 내 생일날 우리 가족 전체(전부)가 넓은 홀을 빌려 생일 잔치를 벌였다.

I ate a **whole** wheel of cheese by myself.
나는 치즈 한 덩어리 전체를 혼자 먹어 치웠다.

최예요단어

DAY 26 STORY 중학 영단어

11

plenty
[plénti]

명 풍부, 많음

🔊 플렌티 › 푸른 티 › 💬 노란 티가 10장, 푸른 티가 20장이다. 티가 매우 풍부하고 많구나.

I have **plenty** of time to talk to you.
나는 당신과 이야기 나눌 시간이 많아요.

12

manner
[mǽnər]

명 예의, 방법, 태도

🔊 매너 › 매너 › 💬 매너(예의)가 좋은 사람과 사귀는 방법은 먼저 자신의 몸가짐과 태도를 올바로 하는 일이다.

His **manner** is perfect.
그의 태도는 완벽하다.

13

social
[sóuʃəl]

형 사회의, 사회적인

🔊 소우셜 › 소셜 › 💬 소설은 그 당시의 사회적인 현상을 많이 담아내고 있다.

There are many **social** problems.
여러 가지 사회 문제들이 있다.

14

university
[jùːnəvə́ːrsəti]

명 종합대학

🔊 유너버서티 › 유니 버스 타 › 💬 유니는 아침에 버스 타고 종합대학에 통학한다.

I am hoping to go to **university** next year.
나는 내년에 대학에 진학하기를 바라고 있다.

15

period
[píəriəd]

명 기간, 시기, 시대, 마침표

🔊 피어리어드 › 피! 어리어도 › 💬 그 어린이를 무시하는데요. 피! 그는 나이가 어리어도 주어진 일은 정해진 기간(시기) 안에 해내는 어린이여요. 이 시대에 꼭 맞는 사람이죠.

I stayed in Daejon for a short **period**.
나는 짧은 기간 대전에 머물렀다.

16
possible
[pásəbl]

뗑 possibility 가능함,
가능성

형 **가능한**

🔊 파서블 > 팠어 불 > 💬 불을 팠어. 뜨거운 불을 손으로 파다니 가
능한 일인가?

That's not **possible**.
저건 불가능해.

17
deaf
[déf]

형 **귀가 먼, 귀머거리의**

🔊 대프 > 대포 > 💬 삼촌은 6 · 25 전쟁 때 대포 소리에 고막이 터
져 귀가 먼 사람이 되었다.

Are you **deaf**?
너 귀 먹었니?

18
lead
[líːd]

동 **이끌다, 안내하다** 명 **선두**

🔊 리드 > 리드 > 💬 남에게 질질 끌려가지 않으려면 앞장서서 남
을 이끌어야 하지. 이것을 '리드'라고 해. 그렇게 이끄는 사람을 리
더(leader)라고 하고.

If you **lead**, I'll follow.
당신이 이끌면, 내가 따라가겠습니다.

19
wall
[wɔ́ːl]

명 **벽, 담**

🔊 월 > 월담 > 💬 월담은 담을 넘는 것을 뜻하지. 그런데 벽도 넘
을 수 있나? 천장이 막혀 있어서.

Rose covered the **wall**.
장미가 벽을 뒤덮었다.

20
draw
[drɔ́ː]

동 **끌다, 당기다, 그리다, 꺼내다** (draw – drew – drawn)

🔊 드로 > 드륵 > 💬 물건을 끌어 당기니 드륵 소리가 난다. 그 물건
은 할아버지께서 그리신 그림이다.

He **drew** his gun.
그는 총을 꺼냈다.

DAY 27

STORY 중학 영단어

□ 01
fill
[fil]

동 **채우다**

🔊 필 > 리필 > 💬 프린트 리필(refill) 잉크라는 말 있지. 리필은 다시(re) 채우다(fill)라는 뜻이야.

The waiter **filled** his glass with wine.
웨이터가 그의 잔에 와인을 채웠다.

□ 02
pet
[pét]

명 **애완동물, 귀염둥이**

🔊 페트 > 페트병 > 💬 마술사가 페트병에 애완동물을 넣은 마술을 보여주었어. 페트병에 들어간 귀염둥이 강아지가 너무 불쌍해.

I have a **pet** rabbit.
나는 애완용 토끼를 가지고 있다.

□ 03
patient
[péi/ənt]

명 patience
참을성, 인내력

형 **인내심 있는** 명 **환자**

🔊 페이션트 > 빼셨다 > 💬 아버지가 이를 빼셨다. 그러고도 눈 하나 깜짝하지 않으신다. 정말 인내심 있는 분이시다. 전혀 환자 같지가 않다.

Be **patient** when you study.
공부할 때는 인내심을 가져라.

□ 04
palace
[pǽlis]

명 **성, 궁궐, 궁전**

🔊 팰리스 > 팰리스 > 💬 덴마크의 팰리스 공주가 사는 곳이 어디지? 그야 당연히 궁전이지.

He is so rich that he lives in a **palace**.
그는 궁전에 살 정도로 부자이다.

□ 05
recent
[rí:snt]

형 **최근의, 근래의**

🔊 리슨트 > 2센트 > 💬 지금 갖고 있는 2센트짜리 돈은 최근의 돈이야.

It was a **recent** event.
그것은 최근의 사건이었다.

06
shape
[ʃéip]

명 외형, 모양, 형태

🔊 셰입 > 새 입 > 💬 새의 입으로 짐작되는 화석이 발견되었다. 모양은 요즘의 새 입과 비슷한 형태였다.

Describe its **shape** and color.
그것의 모양과 색깔을 묘사해 봐요.

07
ancient
[éinʃənt]

형 고대의, 오래된

🔊 애인션트 > 8센트 > 💬 아주 오랜 옛날, 고대에는 8센트만 있으면 갖고 싶은 것 모두를 가질 수 있었대. 그게 정말이야?

The pyramids are **ancient** monuments.
피라미드는 고대의 기념비이다.

08
enter
[éntər]

동 들어가다, 입학하다, 등장하다

🔊 엔터 > 애는 타 > 💬 형은 중학교 3학년이다. 외고에 들어가기 (입학하기) 위해 열심히 공부하지만 성적이 오르지 않아 애는 타고 있다.

You can **enter** if you want, but it is not easy to leave.
들어오는 것은 마음대로지만, 나갈 때는 아니란다.

09
clerk
[kláːrk]

명 점원, 사무원

🔊 클럭 > 콜록 > 💬 점원(사무원)들은 특히 몸가짐에 주의해야 한다. 감기에 걸려 콜록거리지 않도록 유의하자.

The store **clerk** looked up when a customer entered.
가게의 점원은 손님이 들어오자 올려다보았다.

10
simple
[símpl]

형 간단한, 간소한

🔊 심플 > 신발 > 💬 등산할 때는 간편하고 간단한 신발을 신고 오너라.

This is such a **simple** question!
이것은 정말 간단한 질문이야!

□11
headache
[hédèik]

명 두통

🔊 헤드에이크 > 헤드+에이쿠 > 💬 헤드(머리)가 아프구나 에이쿠. 그게 바로 두통이야.

I have a severe **headache**.
나는 심한 두통이 있어요.

□12
goal
[góul]

명 골, 목표

🔊 고울 > 골대 > 💬 골대에다 골을 최대한 많이 넣는 것이 나의 목표이다.

Do you have a **goal**?
너는 목표가 있니?

□13
master
[mǽstər]

동 숙달하다, 정복하다   명 지배자, 정복자, 주인

🔊 매스터 > 매섭다 > 💬 책 한 권을 일주일 만에 숙달한 형의 눈매가 아주 매섭다. 머지않아 교육생을 모두 정복하고 지배자가 될 것 같다.

He **mastered** English when he was 7.
그는 7살 때 영어를 숙달했다.

□14
clear
[klíər]

형 맑은, 뚜렷한, 명백한   동 치우다, 명확하게 하다

🔊 클리어 > 끌려 > 💬 저 분한테 마음이 끌려. 맑은 눈동자와 명확한, 의사 표현이 너무 좋아. 그건 그렇고 컴퓨터 용어에서 'clear'는 '제거하다'의 뜻이 있어.

The water was **clear** and fresh.
물이 맑고 신선했다.

□15
lift
[líft]

동 들어올리다

🔊 리프트 > 리프트 > 💬 "스키장에 가 보았니? 눈밭 위로 사람을 실어 들어 올리는 것을 뭐라고 하지?" "그야 리프트지."

He exercises by **lifting** weights.
그는 무게를 들어 올리는 운동을 한다.

16
merry
[méri]

형 즐거운, 유쾌한

🔊 메리 > 메리 > 💬 '메리'의 뜻을 잘 모른다고? 그러면 메리 크리스마스(merry christmas)를 떠올려 봐. '즐거운 크리스마스'란 뜻이지.

Merry Christmas to everyone!
모두들 즐거운 크리스마스!

17
fit
[fít]

동 꼭 맞다, 맞추다   형 적당한, 알맞은

🔊 핏 > 빛 > 💬 종이를 태우는 실험을 할 때 렌즈의 초점이 빛에 꼭 맞아야 적당한(알맞은) 실험을 할 수 있다.

This dress **fits** well.
이 옷이 꼭 맞는다.

18
allow
[əlàu]

동 허락하다, 인정하다

🔊 얼라우 > 올라오시오 > 💬 딸이 남자 친구를 데리고 집으로 들어왔다. "아버지, 마음에 들면 사위로 허락한다는 뜻에서 마루로 올라오라고 말씀해 주세요."

Cheating is not **allowed**.
속임수는 허락되지 않습니다.

19
bite
[bàit]

동 물다, 물어뜯다 (bite – bit – bitten)   명 무는 행위

🔊 바이트 > 오바이트 > 💬 토하는 것을 오바이트라고 하지. 형이 삼촌 옷을 입고 모임에 갔다가 과음으로 옷에 오바이트를 했다. 삼촌이 이를 알고 형을 물어뜯을 듯이 인상을 썼다.

Dogs **bite** when they feel threatened.
개는 위협을 받을 때 문다.

20
human
[hjú:mən]

형 인간의   명 인간, 사람

🔊 휴먼 > 휴식이 뭔가를 > 💬 동물 중에서 오직 인간만이 휴식이 뭔가를 알 수 있다.

Humans are at the top of the food chain.
인간은 먹이 사슬의 정점에 있다.

최종요단어

DAY

27

STORY 중학 영단어

DAY **27** 121

□01
board
[bɔ́:rd]

명 판자, 칠판, 식탁　동 ~에 타다

🔊 보드 > 스케이트 보드 > 💬 선생님께서 칠판에 스케이트 보드 타는 법을 판서하다.

He used the wooden **board**.
그는 그 나무 판자를 사용했다.

□02
ground
[gràund]

명 땅, 운동장, 토양

🔊 그라운드 > 그라 운다 > 💬 그라가 땅(운동장)에 엎드려 운다.

The baby fell to the **ground**.
그 아기는 땅에 부딪혔다.

□03
price
[pràis]

명 값, 가격

🔊 프라이스 > 프라이 있어요 > 💬 음식점에 계란 프라이가 있어요. 그것 가격이 얼마인데. 한번 맛 좀 볼까.

I bought this clock at a reduced **price**.
나는 이 시계를 할인된 가격으로 샀어.

□04
blow
[blóu]

동 입으로 불다, 바람이 불다 (blow – blew – blown)

🔊 불로우 > 불로 > 💬 숲 속에 바람이 심하게 불어서 불로 번졌다.

Fallen leaves scatter when wind **blows**.
떨어진 잎사귀들이 바람이 불 때 흩날린다.

□05
believe
[bilí:v]

명 belief 신념, 확신

동 믿다

🔊 빌리브 > 빌려 봐 > 💬 정수가 나에게 말했다. 네가 물건을 빌려 봐. 너는 모든 사람이 믿으니까 빌려 줄 거야.

I can't **believe** that I can do anything.
내가 무엇 하나 할 수 있다는 사실을 믿을 수 없어.

06
check
[tʃék]

명 점검, 저지, 수표   동 점검하다, 저지하다

🔊 체크 > 체크 > 💬 담임 선생님이 출석을 체크하시면서 지각생을 점검하신다. 지각생에게는 교육 영화 관람을 저지했다.

The wedding planner was given a **check**.
그 결혼 설계자는 수표를 받았다.

07
report
[ripɔ́ːrt]

동 보고하다, 보도하다   명 보고(서)

🔊 리포트 > 리포트 > 💬 독도에 대한 리포트를 작성하여 제출하래. 언제까지 보고서를 작성해서 보고해야 돼.

He's already been **reported** 3 times for arriving late.
그는 이미 3번이나 지각한 것으로 보고되었다.

08
breathe
[bríːð]

명 breath 호흡, 숨

동 호흡하다

🔊 브리드 > 보래도 > 💬 "할아버지 호흡하는 상태를 보래도 안 보고 어디 갔다 왔니?" 하고 아버지가 병원에 와서 말씀하셨다.

I cannot **breathe** underwater.
나는 물속에서는 호흡할 수 없다.

09
brain
[bréin]

명 두뇌, 뇌

🔊 브레인 > 쁘레인 > 빠른 > 💬 빠른 두뇌를 가진 친구.

Einstein's **brain** was studied by many scientists.
아인슈타인의 뇌는 많은 과학자들에 의해 연구되었다.

10
cheap
[tʃíːp]

형 값싼

🔊 칩 > 칩거 > 💬 그는 전 재산을 날리고 값싼 사글셋방에서 칩거하고 있다.

This car is very **cheap**.
이 차는 매우 쌉니다.

11

success
[səksés]

형 successful
　성공한, 성공적인

명 성공, 성공자

🔊 석세스 > 썩(매우) 세었어 > 💬 그 씨름 선수 힘이 썩 세었어. 네가 그를 이기면 큰 성공이야.

You cannot buy **success** with money.
성공을 돈으로 살 수는 없다.

12

science
[sàiəns]

명 과학

🔊 사이언스 > 쌀이었어 > 💬 일년 내내 눈이 오지 않는 열대 지방에 눈이 많이 쌓이었어. 이 현상을 과학으로 어떻게 설명하지?

Science is my favorite subject.
과학은 내가 가장 좋아하는 과목이다.

13

although
[ɔ:lðóu]

접 비록 ~일지라도

🔊 얼도우 > 얼도우 > 올해 더워 > 💬 올해는 비록 더워질지라도 공부를 더 열심히 하여 좋은 학교에 진학하렴.

Although my mother is old, she is in good health.
비록 어머니는 연세가 많을지라도, 건강하시다.

14

form
[fɔ́:rm]

형 formal
　격식을 차린, 정중한

명 형태, 양식, 형식, 서식

🔊 폼 > 폼 > 💬 그런 자세(형태, 형식)로 폼 잡지 마라. 성실해 보이지 않는구나.

Please sign this **form**.
이 양식에 서명해 주세요.

15

real
[rí:əl]

명 reality 현실

형 실제의, 진짜의

🔊 리얼 > 리얼 > 오리알 > 💬 달걀 같은 게 뭐지? 오리알이야. 이렇게 큰 오리알이 실제의(진짜의) 오리알일까?

Is this **real** gold?
이거 진짜 순금인가요?

□ 16
bit
[bít]

명 작은 조각, 조금, 비트(컴퓨터 정보 전달 단위)

🔊 비트 > 빛도 > 💬 창문 틈으로 들어오는 작은 조각의 빛도 10년을 감방에서 지낸 죄수에게는 조금(큰 위안은 석방되는 것이니까)의 위안이 되었다.

This horse is a little **bit** expensive.
이 말은 조금 비싼 편이로군요.

□ 17
cave
[kéiv]

명 동굴

🔊 케이브 > 케이블 > 💬 동굴 속이 너무 깜깜하여 케이블(전선)을 깔고 전깃불을 넣었다.

The fox lived in a deserted **cave**.
그 여우는 버려진 동굴에 산다.

□ 18
rate
[réit]

명 비율, 속도, 요금

🔊 레이트 > 레이트 > 💬 새로 생긴 인터넷 포탈사이트 레이트에 가입하는 비율이 점점 높아지고 있다는데 그 이유는 검색 속도는 빠르고 요금은 저렴하기 때문이란다.

Hotels **rates** in this city are high.
이 도시의 호텔 요금은 비싼 것 같다.

□ 19
common
[kámən]

형 공통의, 일반의, 흔한

🔊 카먼 > 코멘 소리 > 💬 그 지방 사람들이 코멘 소리를 하는 것은 공통적인 현상이다. 우리가 그곳을 여행하면서 코멘 소리를 듣는 것은 아주 일반적이고 흔한 일이었다.

Eating rice is **common** in Asia.
밥을 먹는 것은 아시아에서는 일상적인 일이다.

□ 20
route
[rú:t]

명 길, 항로

🔊 루트 > 루트 > 💬 "비단이 우리나라에 들어온 루트는 다음과 같다."처럼 자주 쓰이는 루트는 '길', '항로'의 뜻으로 쓰여.

There are 2 **routes** you can choose.
그 2가지 길 중에 선택하실 수 있습니다.

STORY 중학 영단어

□01
cost
[kɔ́:st]

명 비용　동 비용이 들다

🔊 코스트 > 고스톱 > 💬 고스톱을 하려면 비용이 들어가지.

This sweater **costs** too much.
이 스웨터는 너무 비용이 많이 든다.

□02
bear
[béər]

명 곰　동 참다, 낳다

🔊 베어 > 배어 > 💬 곰이 새끼를 배어.

Watch out for gray **bears** when camping in this forest.
이 숲에서 야영할 때는 회색 곰을 조심하세요.

□03
remain
[riméin]

동 남다, (여전히) ～이다

🔊 리메인 > 리만 > 우리만 > 💬 청소하라고 하니 약삭빠른 놈들은 다 도망가고 우리만 남았다.

She **remains** unmarried.
그녀는 여전히 결혼하지 않았다.

□04
pride
[práid]

명 자랑, 긍지, 자존심, 자만

🔊 프라이드 > 프라이드 > 💬 그는 비록 소형차인 프라이드를 타고 다니지만 이 차가 좋다고 자랑하며 자긍심을 갖는다.

My older brother is the **pride** of our family.
나의 형은 우리 가족의 자랑이다.

□05
scene
[síːn]

명 장면, 경치

🔊 신 > 누드 신 > 💬 누드 신은 누드의 모습을 나타낸 장면이지. 누드 신을 벌이면 볼 만한 경치를 만난 듯 이목이 집중되지.

What a beautiful **scene**!
정말 아름다운 장면이다!

□ 06

crop
[kráp]

명 농작물, 수확물　동 경작하다, 머리 깎다

🔊 크랍 > 이크! 랍성분 > 💬 이크! 이곳은 랍(납) 성분이 많아 농작물을 심을 수 없는 땅입니다.

Rice is an important **crop** on the island.
쌀은 그 섬의 중요한 농작물이다.

□ 07

build
[bíld]

동 짓다, 만들어 내다 (build – built – built)

🔊 빌드 > 빌딩 > 💬 빌딩(building)은 큰 건물을 뜻하는 말이지. 그러면 이로 미루어서 'build'는 무슨 뜻일까? 빌딩을 '짓다'의 뜻이구나.

He **built** a house.
그는 집을 지었다.

□ 08

bottom
[bátəm]

명 밑, 아랫부분

🔊 바텀 > 바탐 > 바탕 > 💬 가구의 밑바탕이 오래되어 빛이 바랬다.

There is a trace of wine at the **bottom** of the cup.
잔의 밑에는 와인 자국이 남아 있다.

□ 09

press
[prés]

명 pressure 압박, 압력

동 누르다, 밀다

🔊 프레스 > 푸르렀어 > 💬 목욕탕에 가서 동생 등을 밀어 주려고 누르고 밀었더니 멍들어서 등 색깔이 푸르렀어.

He **pressed** a button.
그는 버튼을 눌렀다.

□ 10

coast
[kóust]

명 해안, 연안

🔊 코우스트 > 코스+타 > 💬 이번 여름방학에는 포항부터 속초까지 해안 코스를 타고 여행하려고 해.

The **coast** guards help drowning people.
해안 경비대는 물에 빠진 사람들을 돕는다.

□11
main
[méin]

형 **주요한, 가장 큰**

🔊 메인 › 매인 › 💬 일에 매인 사람은 항상 그 조직의 주요한 인물이다.

The **main** hall was full of students.
가장 큰 강당은 학생들로 가득 찼다.

□12
taste
[téist]

명 **미각, 맛, 취미** 동 **맛이 나다**

🔊 테이스트 › 퉤! 이스트 › 💬 빵을 구우려고 사 온 이스트(효모)를 맛보다가 퉤! 하고 뱉었다. 미각이 이상했다. 맛이 내 취미는 아니었다.

The **taste** of pudding is wonderful.
이 푸딩의 맛은 훌륭하다.

□13
own
[óun]

형 **자기 자신의, 독특한** 동 **소유하다**

🔊 오운 › 외! 운다 › 💬 저 사람은 집을 다섯 채나 소유하고 있지만 자기 자신만의 독특한 구걸 방법이 있다. 사람만 나타나면 큰 소리로 우는 것이다. 외! 또 운다.

That is your **own** house.
저것은 당신 소유의 집이다.

□14
enemy
[énəmi]

명 **적, 원수 (↔ friend)**

🔊 에너미 › 이놈이 › 💬 삼촌! 이놈이 적을 대하듯 마구 때렸어요.

If you are not my friend, you are my **enemy**.
네가 만일 나의 친구가 아니라면, 너는 나의 적이다.

□15
joke
[dʒóuk]

명 **농담**

🔊 조우크 › 조(쌀,보리와 같은 곡식)+크다 › 💬 조는 매우 작잖아. 그런데 '조가 크다'라고 한다면 그것은 농담이지.

It was just a **joke**.
그것은 그냥 농담이었어.

□ 16

fail
[féil]

몡 failure 실패, 실패자

동 실패하다, 낙방하다

🔊 페일 > 패일 > 💬 시험에 늦어 실패한 경험이 있는 영수는 오늘 강한 폭우로 도로가 움푹 패일 때, 시험 실패가 되풀이되지 않을까 걱정하며 시험장으로 향했다.

I **failed** my exam.
나는 시험에 낙방했다.

□ 17

stomach
[stʌ́mək]

몡 위, 복부, 아랫배

🔊 스터머크 > 썼다 먹고 > 💬 썼다. 맛있는 음식을 먹고. 어떻게? 위로 소화를 시켜서.

Ants have 3 body parts: head, chest, and **stomach**.
개미의 몸은 머리, 가슴, 배의 3부분으로 되어 있다.

□ 18

army
[áːrmi]

몡 육군, 군대

🔊 아미 > 아미 > 💬 군복을 입고 모자 밑으로 보이는 여군의 아미(눈썹)는 그렇게 아름다울 수 없다. 한국 육군의 가장 아름다운 군대다.

Did you join the **army**?
군대 갔다 왔습니까?

□ 19

row
[róu]

몡 열, 줄   동 (배)를 젓다

🔊 로우 > 노 > 💬 노(배)를 젓는다. 어떻게 저을까. 열(줄)을 맞추어서 젓는다.

The book's in the second **row**.
그 책은 두 번째 줄에 있어.

□ 20

peace
[píːs]

몡 평화, 평온

🔊 피스 > 피 있어 > 💬 뭐. 피 있어? 너희들 피흘리며 싸우지 말고 평화를 찾아라.

We love **peace**.
우리는 평화를 사랑한다.

DAY 29 STORY 중학 영단어

DAY 30

STORY 중학 영단어

□01
score
[skɔ́:r]

명 득점, 점수　동 득점하다

🔊 스코어 > 스코어 > 💬 '농구 경기에서 많은 스코어 차로 이겼다'에서 스코어는 '득점'을 말하지.

What is your **score**?
너는 점수가 몇 점이니?

□02
still
[stíl]

부 아직　형 조용한, 고요한

🔊 스틸 > 에스티아이엘(철자 기준) > 애썼다 아이를 > 💬 "대단히 애썼다 아이를 돌보느라고." "아니에요. 아직 조용한 상태로 자고 있어 힘들지 않아요."

It is **still** unknown. 그것은 아직 알려지지 않았다.

□03
wet
[wét]

형 젖은, 축축한

🔊 웨트 > 외투 > 💬 젖은 외투 입고 외출하는 기분이란? 침울한 분위기이다.

Her face was **wet** with tears.
그녀의 얼굴은 눈물로 젖었다.

□04
seed
[síːd]

명 씨

🔊 시드 > 씨도 > 💬 "아주 작은 고추 씨도 씨에 속한단 말이지?" "그럼 고추씨보다 더 작은 겨자씨도 씨에 속하지."

I planted a **seed** in the garden.
나는 뜰에 씨를 심었다.

□05
tongue
[tʌ́ŋ]

명 혀, 언어

🔊 텅 > 텅 > 💬 하루 종일 입 안이 텅 비었다. 배고픔을 느꼈다. 나는 혀를 입안 여기저기로 굴리며 알 수 없는 언어로 중얼거렸다. '너무 배고프다.'

Snakes have **tongues**. 뱀은 혀를 가지고 있다.

stream
[strí:m]

명 개울, 흐름

🔊 스트림 > 수틀림 > 💬 "수틀림(수틀리면), 즉 마음에 들지 않으면 흐르는 개울에 빠져들겠어." "그 녀석 성질 괴팍하네."

There is a **stream** in the mountains.
산속에 개울이 있다.

□06

couple
[kʌ́pl]

명 둘, 한 쌍, 부부

🔊 커플 > 커플 > 💬 저 둘은 매우 잘 어울리는 커플이군. 이런 말을 많이 들어 보았지? 남녀 한 쌍, 부부 등을 가리키는 말이야.

It is nice to see old **couples** stroll by holding hands.
나이 든 부부들이 손을 잡고 걷는 것을 보고 있노라면 기분이 좋다.

□07

bone
[bóun]

명 뼈, 가시

🔊 보운 > 본 > 💬 어제 본 강아지의 뼈가 자꾸 생각나서 안쓰럽구나. 강아지는 목에 가시가 걸려 죽었단다.

The **bone** is all right.
뼈는 이상이 없다.

□08

cash
[kǽʃ]

명 현금, 돈

🔊 캐시 > 캤겠어 > 좋겠어 > 💬 영수네 집은 부자라서 현금이 많대. 현금이 많아서 정말 좋겠어.

There is no **cash** in my pocket.
내 주머니에 돈이 없습니다.

□09

cause
[kɔ́:z]

명 원인   동 일으키다

🔊 코즈 > 코주부 > 💬 어머니가 코주부가 된 원인은 들창코처럼 생긴 코를 자주 만졌기 때문이라 한다. 이러한 행동이 다른 사람에게 불안감을 일으키게 되었다고 한다.

She is the **cause** of all my fortune.
그녀는 나의 모든 행운의 원인이다.

□10

chief
□11
[tʃíːf]

형 **주요한**   명 **장, 우두머리**

🔊 치프 > 칮(칩) > 콘칩 > 💬 그 지역은 콘칩이 **주요한** 먹거리라고 하는데 지역 **우두머리**(족장)가 하루 한 개씩 나누어 준다고 한다.

The **chief** slept on a pile of gold.
그 우두머리는 금 더미 위에서 잠들었다.

---

foolish
□12
[fúːliʃ]

📖 fool 바보, 멍청이

형 **어리석은, 바보같은**

🔊 풀리시 > 풀이 쉬어 > 💬 "풀(草)이 쉬었어 하면서 돌아다니는 사람은 어떤 사람일까?" "그야 풀이 쉬지 않는데 쉰다고 하니 **바보같은**(어리석은) 사람이지."

Many people think he is **foolish**.
많은 사람들은 그가 바보같다고 생각한다.

---

bar
□13
[bɑːr]

명 **막대기, 장애물**

🔊 바 > 메뉴바 > 💬 쉽게 말해서 인터넷 화면의 윗부분에 있어서 마우스로 선택할 수 있게 한 것을 메뉴바라고 하잖아. 이때의 메뉴바는 메뉴 **막대기**란 뜻이지.

He held onto the **bar** as he stretched.
그는 (손을 뻗쳐) 막대기를 잡았다.

---

chance
□14
[tʃæns]

명 **기회, 운, 가능성**

🔊 챈스 > 찬수 > 💬 찬수 형은 **기회**가 있을 때마다 "공부해라. 공부해라"하고 성화를 댔다. 그 말은 **운**에 의해 성공할 **가능성**은 없음을 암시해 주는 것 같다.

I will take a **chance**.
나는 그 기회를 잡아보겠다.

---

shoot
□15
[ʃúːt]

동 **차다, 발사하다**

🔊 슛 > 슛 > 💬 축구할 때 공을 **차**면서 '슛'하고, 총을 **발사**하면서도 '슛'한다고 하지.

He **shoot** a bird.
그는 새를 쏘았다.

□16

port
[pɔ́ːrt]

명 항구

🔊 포트 > 보트 > 😎 보트를 대는 곳이 어디지? 그야 물론 항구지.

Is this a free **port**?
이곳이 자유항인가요?

□17

electric
[iléktrik]

명 electricity 전기, 전력

형 전기의

🔊 일렉트릭 > 일 냈더래 > 😎 에디슨이 전기의 발명으로 큰 일 냈더래.

He plays the **electric** guitar.
그는 전기 기타를 연주한다.

□18

attend
[əténd]

명 attendace 출석, 참석

동 ~에 출석하다, 참석하다, 보살피다, 수행하다

🔊 어텐드 > 어! 텐도 > 😎 어! 텐(10)도 넘게 출석했네.

I **attended** the meeting.
나는 그 모임에 참석했다.

□19

quarter
[kwɔ́ːrtər]

명 4분의 1, 15분, 분기

🔊 쿼터 > 같아 > 😎 1시간의 4분의 1은 15분과 같아.

It is a **quarter** of a meter long.
이것의 길이는 4분의 1미터이다.

□20

birth
[bə́ːrθ]

명 birthday 생일

명 출생

🔊 버쓰 > 벗었어 > 😎 갓 출생한 아기는 옷을 완전히 벗었어.

What is the date of your **birth**?
당신의 출생 날짜는 언제인가요?

A. 알맞은 우리말 짝꿍을 찾아서 선으로 연결하세요.

01	debate	ⓐ	결혼하다
02	nature	ⓑ	자연, 천성, 본질
03	leave	ⓒ	토의, 토론, 논쟁, 토의하다, 토론하다
04	marry	ⓓ	다치다, 다치게 하다, 아프다, 아프게 하다
05	hurt	ⓔ	떠나다, 출발하다, 두고 오다, 남겨 두다
06	include	ⓐ	포함하다
07	finish	ⓑ	감각, 느낌, 의식, 분별, 느끼다
08	holiday	ⓒ	휴일, 공휴일, 휴가, 연휴
09	loose	ⓓ	끝내다, 끝나다
10	sense	ⓔ	풀린, 헐거운

B. 알맞은 영단어 짝꿍을 찾아서 선으로 연결하세요.

11	제안하다, 암시하다	ⓐ	close
12	닫다, 끝내다, 가까운, 친밀한	ⓑ	praise
13	칭찬, 칭찬하다	ⓒ	bright
14	초대하다	ⓓ	invite
15	밝은, 빛나는, 영리한	ⓔ	suggest

C. 스토리를 보고 빈칸에 들어갈 영단어를 적어보세요.

예시) reason : 나를 그렇게 빨리 잊은 이유를 말해 보게.

16	: 네가 쌓아 놓은 지식을 망각 속으로 날리지 않기 위해서는 지속적으로 책을 읽고 생각의 깊이를 깊게 해야 한다.
17	: 포켓몬스터 게임이 너무 재미있어서 해야 할 일도 다 잊어버렸네.
18	: 옛날에는 왕이 가는 로(路 : 길)가 바로 법률(규칙)이라고 생각했다는구먼.
19	: 우롱(愚弄), 농간(弄奸)을 부리다에서 '롱(弄)'은 '나쁘고', '잘못되고', '틀린' 것을 뜻하는 말이네.
20	: 반장 후보들은 저마다 자기의 뛰어난 인품을 알리고 상대의 선거 전략을 알아내기 위해 노력했다.

DAY 26~30

A. 알맞은 우리말 짝꿍을 찾아서 선으로 연결하세요.

01	university	ⓐ	두통
02	headache	ⓑ	공통의, 일반의, 흔한
03	common	ⓒ	곰, 참다, 낳다
04	bear	ⓓ	종합대학
05	cause	ⓔ	원인, 일으키다

06	deliver	ⓐ	적, 원수
07	bite	ⓑ	씨
08	cave	ⓒ	물다, 물어뜯다, 무는 행위
09	enemy	ⓓ	동굴
10	seed	ⓔ	배달하다, 전하다, 넘겨주다, 말하다

B. 알맞은 영단어 짝꿍을 찾아서 선으로 연결하세요.

11	풍부, 많음	ⓐ	plenty
12	허락하다, 인정하다	ⓑ	allow
13	비율, 속도, 요금	ⓒ	fail
14	실패하다, 낙방하다	ⓓ	rate
15	~에 출석하다, 참석하다, 보살피다, 수행하다	ⓔ	attend

C. 스토리를 보고 빈칸에 들어갈 영단어를 적어보세요.

> **예시) rude :** 누드 상태로 길거리를 거니는 무례한 자들이 있나니.

16 _____ : 경품 이벤트에 참가하여 기아자동차의 프라이드를 상으로 탔다.

17 _____ : 점원(사무원)들은 특히 몸가짐에 주의해야 한다. 감기에 걸려 콜록거리지 않도록 유의하자.

18 _____ : 빠른 두뇌를 가진 친구.

19 _____ : 이번 여름방학에는 포항부터 속초까지 해안 코스를 타고 여행하려고 해.

20 _____ : "풀(草)이 쉬었어 하면서 돌아다니는 사람은 어떤 사람일까?" "그야 풀이 쉬지 않는데 쉰다고 하니 바보같은(어리석은) 사람이지."

Part 2

중요단어

DAY 31 ~ DAY 60

DAY 31

STORY 중학 영단어

□01
moral
[mɔ́ːrəl]

형 도덕적인, 윤리의　명 도덕심

🔊 모럴 > 모를 >　💬 그는 길에다 오줌을 싸고 제가 한 일이 아니라고 발뺌을 하는데 정말 모를 리가 없어. 한마디로 윤리의 문제가 있어. 도덕적인 문제도 있어.

He has no **morals**.
그에게 도덕심 따위는 없다.

□02
religious
[rilídʒəs]

명 religion 종교

형 종교적인, 신앙심이 깊은

🔊 릴리저스 > 12 지저스 >　💬 12제자와 지저스(Jesus : 예수)는 종교적인 사람들이다.

My mother is very **religious**.
어머니는 신앙심이 매우 깊으십니다.

□03
hat
[hæt]

명 모자

🔊 햇 > 햇볕 >　💬 햇볕에 노출되면 모자를 써야 할 것이다.

The cat in the box took off his **hat**.
박스 안의 고양이가 모자를 벗다.

□04
without
[wiðáut]

전 ~ 없는(없이), ~ 없다면, ~하지 않고

🔊 위드아웃 > 위 아래도 아웃 >　💬 위 아래도 없이 날뛰는 이는 아웃시켜 버리자.

I will have to do **without** food until I receive my wages.
월급을 받기 전까지는 먹지 않고 살아가는 수밖에 없다.

□05
mercy
[mɔ́ːrsi]

명 자비, 행운

🔊 머시 > 무엇이 >　💬 학기말 시험을 앞둔 우리에게 무엇이 필요한가? 신의 자비와 행운입니다.

Show no **mercy** to the wicked.
악한 자에게 자비를 보이지 말라.

138

06

examine
[igzǽmin]

명 examination
조사, 검사

동 조사하다, 시험하다

🔊 이그재민 > 이그 재미는 없어 > 💬 노는 것은 좋지만 조사하고 시험하는 일은 이그 정말 재미는 없어.

The jeweler **examined** the diamond.
보석 감정사가 그 다이아몬드를 조사했다.

07

fierce
[fíərs]

형 사나운, 맹렬한

🔊 피어스 > 피 있어 > 💬 사나운 짐승들의 맹렬한 싸움이 있었던 자리여서 여기저기에 피가 있어.

The tiger is a **fierce** animal.
호랑이는 사나운 동물이다.

08

courage
[kə́:ridʒ]

형 courageous 용감한

명 용기

🔊 커리지 > 칼이지 > 💬 건달이 칼을 들고 위협했다. "돈 있으면 내놔. 이게 뭐지?" 그러나 나는 용기를 내어 "그게 칼이지 뭐야." 하고 잽싸게 건달을 제압했다.

True **courage** comes from the heart, not the brains.
진정한 용기는 머리가 아닌 가슴에서 온다.

09

funny
[fʌ́ni]

명 fun 재미, 즐거움

형 재미있는, 기묘한

🔊 퍼니 > 뻔히 > 💬 뻔히 아는 사실도 기묘하게 돌려 말하는 너는 참 재미있는(기묘한) 녀석이로구나.

He is so **funny**.
그는 너무 재미있는 사람이다.

10

elder
[éldər]

형 손위의, 연상의

🔊 엘더 > 애를 더 > 💬 애를 더 사랑하는 이는 어린 사람이 아니라 손위의 나이 많은 사람이다.

My **elder** brother and I are on very good terms.
나의 형과 나는 매우 사이가 좋다.

Tip 'term'은 '사이, 관계'의 뜻으로 쓰여요.

deny
□11

[dinài]

동 부인하다, 거절하다

🔊 디나이 > 되니? > 💬 나와 1, 2등을 다투는 친구가 있다. 내가 공부가 잘 '되니?'하고 물으면 친구는 안 된다고 부인했다.

I cannot **deny** that she is prettier than my girlfriend.
그녀가 내 여자친구보다 예쁘다는 사실을 부인할 수는 없다.

heaven
□12

[hévən]

명 천국, 하늘, 신, 하느님

🔊 헤번 > 해 번쩍 > 💬 해가 번쩍 뜨는 저 하늘 쪽이 바로 천국이란다.

Stars shine in **heaven**.
하늘에서 별이 반짝여요.

beast
□13

[bíːst]

명 야수, 짐승

🔊 비스트 > 비슷해 > 💬 아내를 학대하는 저 남편은 야수나 짐승과 비슷해.

As you know, they are very different **beasts**.
네가 알다시피, 그들은 매우 다른 짐승이다.

devil
□14

[dévəl]

명 악마

🔊 데블 > 대벌(大罰) > 💬 대벌은 큰 벌인데 대벌을 받았다는 말은 "악마의 저주를 받았다."는 뜻이지.

The **devil** has horns.
악마는 뿔이 있다.

become
□15

[bikʌ́m]

동 ~이 되다

🔊 비컴 > 비컴 > 💬 가수 비가 컴퓨터 박사가 되다.

I want to **become** a pilot when I grow up!
나는 자라면 비행사가 되고 싶어요!

□ 16
nephew
[néfju:]

명 남자 조카

🔊 네퓨 › 네 피요 › 💬 너의 남자 조카는 네 피요(네 핏줄이요).

My **nephew** is so cute.
내 남자 조카는 정말 귀여워.

□ 17
method
[méθəd]

명 방법, 방식, 체계

🔊 메써드 › 매를 써도 › 💬 자식에게 매를 써도 매를 대는 방법을 모르면 반발만 사고 존경을 받지 못한다.

He adopted a new teaching **method**.
그는 새로운 가르치는 방법을 채택했다.

□ 18
bush
[búʃ]

명 숲, 수풀

🔊 부시 › 부시맨 › 💬 부시맨은 숲에서 활동하지. 서남아프리카 칼라하리 사막에 사는데 사막의 수풀 지역에 산다고 하여 부시맨 (bush man)이라는 이름이 붙었어.

The boy hid behind the **bush**.
그 소년은 수풀 속에 숨었다.

□ 19
trace
[tréis]

명 자취, 발자국   동 추적하다

🔊 트레이스 › 틀에 있어 › 💬 아침에 일어나 보니 장롱이 활짝 열려 있네. 어라, 여기 창문 틀에 자취(발자국)가 있어. 그래, 틀림없이 도둑이 든 거야.

There was no **trace** of the thief.
그 도둑의 자취가 남아 있지 않았다.

□ 20
sow
[sóu]

동 뿌리다, 심다

🔊 소우 › 소우(小雨) › 💬 소우(小雨) 때 씨를 뿌리는 것이 낫지. 대우(大雨) 때는 씨가 비에 쓸려 내려갈 수 있어.

Sow the seeds in rows.
줄을 지어서 씨를 뿌려라.

여요단어

DAY

31

STORY 중학 영단어

□ 01
pretty
[príti]

형 **예쁜** 부 **꽤**

🔊 프리티 > 풀[草]이 그려진 티셔츠 > 💬 풀이 그려진 저 티셔츠 꽤 예쁘구나.

You are so **pretty**.
당신은 정말 예뻐.

□ 02
freedom
[fríːdəm]

명 **자유**

🔊 프리덤 > 풀렸담 > 💬 죄인이 쇠사슬에서 풀렸담. 그러면 어떻게 될까? 자유의 몸이 되는 거지요.

Freedom! The final exam is over!
자유다! 기말고사가 끝났다!

□ 03
regret
[rigrét]

명 **후회, 유감** 동 **후회하다, 유감으로 생각하다**

🔊 리그레트 > 우리 그래도 > 💬 부모 없이 어렵게 사는 남매는 서로 위로하며 마음을 다잡는다. "우리 그래도 남의 물건을 훔친다든가 하는 후회할 일은 절대 하지 말자"

I **regret** saying that.
내가 뱉은 말이 후회된다.

□ 04
quality
[kwáləti]

명 **품질, 특성**

🔊 콸러티 > 칼라 티 > 💬 그 옷의 칼라 티는 품질이 좋다.

This is a high-**quality** product.
이 제품은 품질이 높다.

□ 05
grace
[gréis]

형 graceful
우아한, 품위를 지키는

명 **우아, 세련미, 은혜** 동 **우아하게 하다**

🔊 그레이스 > 그 레이스 > 💬 그녀의 레이스는 우아하다.

She was **graceful**.
그녀는 우아한 사람이었다.

06
fancy
[fǽnsi]

형 근사한, 멋진 명 공상 동 원하다, 생각하다

🔊 팬시 › 팬 시인 › 💬 팬과 시인의 멋진 사인회가 있었다.

The **fancy** bag was expensive.
그 멋진 가방은 비싼 편이었다.

07
while
[hwàil]

접 ~하는 동안에, ~하는 사이에

🔊 화일 › 화일 › 💬 화일이가 잠을 자는 동안에 강아지가 도망갔다.

He slept **while** she studied.
그녀가 공부하는 동안에 그는 잠들었다.

08
toward
[təwɔ́:rd]

부 ~쪽으로, ~향하여

🔊 터워드 › 타 와도 › 💬 "불이 자기 쪽으로(자기를 향하여) 타 와도 피하지 않는 사람이 있다." "그게 정말이야?"

The hands of the clock moved **toward** seven.
시곗바늘은 7시를 향해 다가갔다.

09
food
[fú:d]

명 음식물, 식료품

🔊 푸드 › 푸드 › 💬 "너 패스트푸드 좋아하지?" "햄버거, 프라이드 치킨, 컵라면 같은 것 신속하게 먹을 수 있어서 정말 좋아요." "그래. 바로 그거야. 패스트(fast)는 '빠른', 푸드(food)는 '음식물'의 뜻이야.

My favorite **food** is bread.
내가 가장 좋아하는 음식은 빵이다.

10
tired
[tàiərd]

형 피곤한, 싫증난

🔊 타이어드 › 타이(태국)어도 › 💬 내가 여행한 곳이 관광지로 유명한 타이어도(라 할지라도) 장기간 여행을 하였더니 피곤하고 싫증난다.

I am too **tired** to eat much this evening.
나는 너무 피곤해서 오늘 저녁에 많이 먹을 수 없다.

중요단어

DAY 32

STORY 중학 영단어

11 against
[əgénst]

[전] ~에 반대하여, ~에 기대어서

🔊 어겐스트 › 어깨 안 썼다 › 💬 축구 선수 손흥민이 상대 선수를 어깨로 밀어서 반칙했다는 심판의 판정에 수긍하지 않고 반대하면서 하는 말. "나는 정말 어깨 안 썼다니까요."

I am **against** all forms of violence.
나는 모든 형태의 폭력에 반대한다.

12 crash
[kræʃ]

[명] 충돌 [동] 충돌하다

🔊 크래시 › 클났어 › 큰일 났어 › 💬 영재가 오토바이와 충돌하여 다쳤단다. 큰일 났어.

The car **crashed** into the police station.
그 차는 경찰서에 충돌했다.

13 poverty
[pávərti]

[명] 가난, 결핍

🔊 파버티 › 퍼부었대 › 💬 가난한 것도 서러운데 돈 없다고 업신여기면서 마구 욕을 퍼부었대.

We have to settle the **poverty** problem.
우리는 빈곤 문제를 해결해야 한다.

14 stare
[stɛ́ər]

[동] 응시하다

🔊 스태어 › 숱해요 › 💬 나를 응시하는 사람이 숱해요. 내가 우리 반에서 1등해서요.

Why is everybody **staring** at me?
왜 모두가 나를 응시하고 있지?

15 edge
[édʒ]

[명] 가장자리, 날

🔊 에지 › 애지중지 › 💬 동생이 태어나자 애지중지하던 아들이 가장자리로 밀려났다.

They sat down at the **edge** of the water
그들은 물가에 앉았다.

□ 16 **get** [gét]	동 얻다, 사다, 이해하다 (get – got – gotten) 🔊 겟 > 겠 > 💬 형에게 돈을 얻겠다. 그리고 게임기를 사겠다. **Get** me a bottle of water. 나에게 물 한 병만 가져다 줘.
□ 17 **figure** [fígjər]	명 인물, 모습, 숫자 동 생각하다 🔊 피겨 > 피겨 > 💬 김연아의 영향으로 피겨하는 사람(인물) 숫자 가 늘었다고 생각한다. He is a funny **figure**. 그는 재미있는 인물이다.
□ 18 **drug** [drʌg]	명 약, 약물 🔊 드러그 > 들어가 > 💬 감기에 걸려 심하게 고생했는데 의사가 처 방해 준 약이 몸에 들어가니 좀 나을 것 같다. The doctor has a new **drug**. 그 의사는 새로운 약을 가지고 있다.
□ 19 **away** [əwéi]	부 멀리 떠나, 떨어져, 저쪽으로 🔊 어웨이 > 어 왜 이래 > 💬 아이가 공차기를 하다가 친구의 등을 맞췄다. 그러자 공 맞은 친구가 하는 말. "어 왜 이래. 좀 멀리 떨어 져 놀지 않을래? 저쪽으로 가서 놀아라." I am **away** from home. 나는 집에서 멀리 떠나왔다.
□ 20 **apparent** [əpǽrənt]	형 명백한, 분명한, 뚜렷한 🔊 어패런트 > 앞베란다 > 💬 분명하고 명백한 사실은 뒷 베란다보 다 앞 베란다에서 화초가 잘 자란다는 점이다. Being visible means being **apparent**. 보인다는 것은 분명한 것을 뜻한다.

중요단어

DAY **32**

STORY 중학 영단어

□ 01
deceive
[disíːv]

명 deception 사기, 기만

동 **속이다, 기만하다**

🔊 디시브 > 뒤에서 씹어 > 💬 그는 앞에서는 안 그런 척하고, 뒤에서는 남을 씹어. 그러니 그 친구는 속이는 일에는 선수라고나 할까.

You are trying to **deceive** him.
너는 지금 그를 속이려고 하고 있어.

□ 02
excuse
[ikskjúːz]

동 **용서하다, 변명하다**   명 **변명**

🔊 익스큐즈 > 익숙해서 > 💬 그는 잘못해도 용서해 주었더니 이젠 변명하는 것이 아주 익숙해서 큰 문제다.

I **excused** myself.
나는 나 자신을 용서했다.

□ 03
bend
[bénd]

동 **구부리다, 의지를 굽히다**

🔊 벤드 > 밴드 > 💬 그는 밴드를 붙이려고 몸을 구부렸지만 싸움의 의지를 굽히지는 않았다.

The trees **bend** in the wind.
나무가 바람에 구부러진다.

□ 04
locate
[lóukeit]

명 location
장소, 위치, 야외촬영

동 **위치하다, 찾아내다**

🔊 로우케이트 > 로케트 > 💬 지구에서 발사한 로케트가 빠른 속도로 이동하여 벌써 화성에 위치하고 있다고 교신을 보내 왔다. 잠시 후 컴퓨터 화면에서 로케트를 찾아냈다.

The building is **located** by the river.
그 빌딩은 강 옆에 위치하고 있다.

□ 05
explode
[iksplóud]

명 explosion 폭발, 폭파

동 **폭발하다**

🔊 익스플로우드 > 익수 풀러도 > 💬 익수가 선물 보따리를 풀러도 내 감정은 폭발하고 말았다. 그 보따리에는 달랑 사탕 1개뿐이었다.

The bomb **exploded**.
폭탄이 폭발했다.

06 perfect
[pɔ́ːrfikt]

형 완전한, 완벽한

🔊 퍼피트 〉 퍼펙트 〉 ⊙⊙ 야구에서 퍼펙트 게임이 있어. 안타나 4볼 등으로 1루에 내보내지 않는 '완전한' 게임이지.

She is a **perfect** woman!
그녀는 완벽한 여성이야!

07 rapid
[rǽpid]

부 rapidly 빨리, 급속히

형 빠른

🔊 래피드 〉 내 피도 〉 ⊙⊙ 심장을 돌아 흐르는 내 피도 엄청나게 빠른 속도로 순환하고 있어.

This train is **rapid**.
이 기차는 빠르다.

08 command
[kəmǽnd]

동 명령하다, 내려다보다   명 명령

🔊 커맨드 〉 그만둬 〉 ⊙⊙ 일을 천천히 하자, 일하는 사람을 아래로 내려다보면서 "그렇게 하려면 그만둬"라고 명령했다.

I followed the leader's **commands**.
나는 지도자의 명령에 따랐다.

09 drag
[drǽg]

동 끌다, (무거운 것을) 질질 끌다

🔊 드래그 〉 드래그 〉 ⊙⊙ 컴퓨터 마우스를 생각하면 쉽게 이해할 수 있어. 마우스를 누르는 것을 뭐라 하지? '클릭'이라고 해. 클릭한 상태에서 끌어 오는 것을 '드래그'라고 하지.

I had to **drag** him by his hand to the doctor.
내가 그의 손을 잡아 끌고 의사에게 가야 했다.

10 slide
[sláid]

동 미끄러지다

🔊 슬라이드 〉 슬라이딩 〉 ⊙⊙ "야구 선수가 도루를 할 때 어떻게 달리던가?" "마치 미끄러지듯 슬라이딩을 하지요."

Children are **sliding** down the snow-covered hill.
아이들이 눈 덮인 언덕을 미끄러져 내려가고 있다.

11

floor
[flɔ́:r]

명 바닥, 층

🔊 플로 > 풀어 > 💬 시장에서 사 온 물건을 2층 바닥에 풀어 놓았다.

The **floor** was clean.
바닥이 깨끗했다.

12

honor
[ánər]

명 명예, 영광

🔊 아너 > 안아 > 안았다 > 💬 김연아 선수는 세계 피겨 선수권 대회 우승의 명예를 안았다.

On my **honor**, I swear that I will make her happy!
저의 명예를 걸고, 그녀를 행복하게 해 드릴 것을 맹세합니다!

Tip 'honor'의 'h'는 묵음으로 발음하지 않아요. (honour로 쓰기도 해요)

13

future
[fjú:tʃər]

명 미래

🔊 퓨처 > 부쳐 > 💬 한여름에 부채를 부쳐 가면서 공부하는 이유는 바로 자신의 미래를 위해서이다.

My friends and I talk a lot about the **future**.
친구와 나는 미래에 대해 많이 이야기한다.

14

tail
[téil]

명 꼬리

🔊 테일 > 떼일 뻔하다 > 💬 쥐가 도망치다가 막다른 골목에 이르렀다. 하마터면 고양이에게 물려 꼬리를 떼일 뻔했으나 간신히 도망쳤다.

Rabbits have **tails**.
토끼는 꼬리가 있다.

15

plate
[pléit]

명 접시, 그릇, 음식

🔊 플레이트 > 요플레 있다 > 💬 접시에 요플레 있다.

I broke a **plate** in my anger.
나는 화가 나서 접시를 깨트렸다.

□ 16

look
[lúk]

동 보다, 보이다

🔊 룩 › 얼룩말 › 💬 나는 얼룩말을 보았다.

He **looks** like his father.
그는 그의 아버지를 닮았다.

□ 17

because
[bikɔ́ːz]

접 왜냐하면, ~ 때문에

🔊 비코즈 › 비꼬죠(빈정거리죠) › 💬 왜냐하면 우리들은 그 사람의 말과 행동이 전혀 일치하지 않기 때문에 항상 비꼬죠.

He went to Taiwan **because** he wanted to taste Taiwanese pudding.
그는 대만에서 만들어진 푸딩을 먹고 싶기 때문에 대만으로 갔다.

□ 18

both
[bóuθ]

형 양쪽의   대 양쪽

🔊 보우쓰 › 보스(우두머리) › 💬 자고로 보스란 부하들을 양쪽 어깨에 달고 다니는 사람들이다.

Both my mother and my father like fruit.
나의 엄마와 아빠 모두 과일을 좋아하신다.

Tip 'both A and B'의 형태로 많이 쓰여요. 'A도 B도'의 뜻이에요.

□ 19

vegetable
[védʒətəbl]

명 야채

🔊 베저터블 › 배지(배) 터지게 불러 › 💬 "야채 많이 먹으면 배지가 터지게 불러" "얘야. 배라고 해야지."

I hate **vegetables**.
나는 야채가 싫어요.

□ 20

level
[lévəl]

명 수평, 수준   형 수평의, 평평한

🔊 레벌 › 네 발 › 💬 네 발로 걷는 원숭이는 아이큐 수준은 낮지만 나무 위에서 수평을 잘 잡는다.

What is the **level** of this course?
이 강좌의 수준은 어떠한가요?

중요단어

DAY **33**

STORY 중학 영단어

□ 01

blood
[blʌ́d]

명 피

🔊 블러드 › 불러도 › 💬 불러도 대답하지 않고 달려가는 길원이. 알고 보니 넘어져 피가 흘러 병원으로 가고 있는 중이다.

Blood is thicker than water.
피는 물보다 진하다.

□ 02

animal
[ǽnəməl]

명 동물, 짐승

🔊 에너멀 › 애야 너 뭘 › 💬 "애야. 너 뭘 보니?" "동물을 보고 있어요."

Most **animals** are cute.
동물들은 대부분 귀엽다.

□ 03

family
[fǽməli]

명 가족

🔊 패멀리 › 패서 멀리 › 💬 가족은 신이 주신 더없는 선물이다. 만일 가족을 패서 멀리 보낸다면 그런 비극은 다시 없을 것이다.

I have a happy **family**.
나는 행복한 가족이 있다.

□ 04

friend
[frénd]

명 friendship
교우관계, 우정

명 친구

🔊 프렌드 › 부렌드 › 불엔들 › 💬 친구를 돕는 일이라면 불엔들 물엔들 못 들어가랴.

She is my best **friend**.
그녀는 나의 제일 친한 친구입니다.

□ 05

niece
[níːs]

명 여자조카

🔊 니스 › 니스 › 💬 우리 집 마루의 니스를 칠한 것은 여자조카이었다.

She is my **niece**.
그녀는 내 여자조카이다.

□06
frog
[frɔ́:g]

명 개구리

🔊 프로그 › 푸려고 › 💬 우물에서 바가지로 물을 푸려고 담갔더니 개구리가 담겨져 나오네.

Green **frogs** are cute.
청개구리는 귀엽다.

□07
knife
[nàif]

명 칼

🔊 나이프 › 나 이(예)뻐? › 💬 칼이 주인에게 물었습니다. "나 이(예)뻐?" "음, 좋은 곳에 쓰면…"

He used a **knife** to cut the birthday cake.
그는 생일 케이크를 칼로 잘랐다.

□08
fox
[fáks]

명 여우, 교활한 사람

🔊 팍스 › 팍 쓰 › 💬 여우가 총을 맞고 팍 쓰러졌다.

A **fox** has a long tail.
여우는 긴 꼬리를 가지고 있다.

□09
weather
[wéðər]

명 날씨, 일기

🔊 웨더 › 왜 더워? › 💬 "봄날인데 날씨가 왜 이렇게 더워?" "일기가 불순한 것은 엘니뇨 현상 때문이라더라."

How's the **weather** today?
오늘 날씨가 어떻습니까?

□10
dark
[dá:rk]

형 어두운, 진한, 검은

🔊 다크 › 닫고 › 💬 남들과 대화하지 않고 마음의 문을 닫고 있으니 앞날이 어둡지 않니?

Do not go out after **dark**.
어두워진 후에 밖에 나가지 마라.

11 perhaps
[pərhǽps]

부 아마, 어쩌면

퍼햅스 › 퍼 햅쌀 › 아마도 저 친구가 바가지로 퍼 햅쌀을 가져간 것 같다.

Perhaps she likes me.
어쩌면 그녀가 날 좋아할지도 몰라.

---

12 anywhere
[énihwèər]

부 어딘가에, 어디든지, 아무데도

에니웨어 › 아니 외어? › 선생님이 외우라는 공식을 아니 외어? 그러면 어디든지, 어딘가에 가더라도 널 환영하지 않을 거야.

I cannot find my cat **anywhere**.
내 고양이를 어디에서도 찾을 수 없네요.

---

13 fear
[fíər]

형 fearful
걱정하는, 두려워하는

동 두려워하다   명 두려움, 공포

페어 › 피해 › 그는 나를 피해 다닌다. 왜? 나를 속여서 나를 두려워하기 때문에.

I shall not **fear** the darkness.
나는 이제 어둠을 두려워하지 않을 것이다.

---

14 shall
[ʃǽl]

조 ~일 것이다, ~할까요, ~하지 않겠어요

쉘 › 쉴 › 소리를 질렀으니 목이 쉴 것이다. 그러면 약을 먹을까요?

Shall we dance?
춤출까요?

---

15 math
[mǽθ]

명 수학

매쓰 › 매일 쓰다 › 수학 공식을 매일 쓰면서 공부하고 있다.

Math is very important.
수학은 매우 중요하다.

□16
umbrella
[ʌmbrélə]

명 우산

🔊 엄브렐러 > 암버릴러 > 안 버리려 > 💬 비 오는 날 옷을 안 버리려면 무엇을 써야 하지. 그야 당연히 우산이지.

The torn **umbrella** was thrown away.
그 찢어진 우산은 버려졌다.

□17
shoulder
[ʃóuldər]

명 어깨

🔊 쇼울더 > 숄 더 > 💬 앙코르 요청에 따라 숄(쇼를) 더 하다가 서커스 단원은 어깨를 다쳤다.

I hurt my **shoulder** playing baseball.
나는 야구를 하다가 어깨를 다쳤다.

□18
deal
[díːl]

동 거래하다, 분배하다   명 거래

🔊 딜 > 띨띨 > 💬 그가 띨띨하다고 생각하는 이유는 남과 거래할 때마다 사기를 당하기 때문이다.

The merchant **deals** in weapons.
그 상인은 무기를 거래한다.

□19
such
[sʌtʃ]

형 이와 같은, 이러한, 그러한

🔊 서치 > 서치('서대기'라는 물고기의 방언) > 💬 서치와 같은 물고기는 왼쪽에 두 눈이 달려 있다.

You are **such** a baby!
너 정말 아기 같구나!

□20
every
[évri]

형 모든, 매 ~, ~마다

🔊 에브리씽 > 애 볼이 씽 > 💬 애를 볼 이가 모든 것 제쳐놓고 씽씽 스케이트를 탄다.

Every kid wants a bicycle for his Christmas present.
모든 아이들은 크리스마스 선물로 자전거를 받고 싶어한다.

중요단어

DAY **34**

STORY 중학 영단어

STORY 중학 영단어

□01
busy
[bízi]

[형] 바쁜, 부지런한, 통화 중인

🔊 비지 > 비지 > 💬 두부를 만들기 위해 콩을 불려 맷돌로 갈아 나오는 찌꺼기를 비지라고 한다. 손님이 두부 달라고 하자, 아주머니가 하는 말 "두부는 만들고 있어요. 바쁘시면 비지라도 대신 드릴까요?"

I am **busy**, Can I call back later?
내가 지금 바쁘니, 나중에 다시 전화해도 될까?

□02
everything
[évriθiŋ]

[대] 모든 것, 가장 중요한 것

🔊 에브리씽 > 애 버려 씽 > 💬 공부를 모든 것, 가장 중요한 것으로 간주하고 자식을 혹사하면 애 버려 씽!

I lost **everything** I own in that fire.
나는 그 불길에서 내 소유물을 모두 잃었다.

□03
wide
[wàid]

[형] 넓은 [부] 활짝

🔊 와이드 > 왜 이들 > 💬 왜! 이 들이 바로 호남평야이구나. 정말 넓은 벌판이네.

[파] widely 널리, 폭넓게

The Hudson is a **wide** river.
허드슨 강은 넓은 강이다.

□04
last
[lǽst]

[형] 마지막의, 최근의 [동] 지속되다

🔊 래스트 > 래스트콘서트 > 💬 래스트콘서트가 내가 연기한 최근의 공연이자 마지막 공연이었다.

He caught the **last** train home.
그는 집으로 가는 마지막 기차를 탔다.

□05
ready
[rédi]

[형] 준비가 된 [동] 준비시키다

🔊 레디 > 레이디 > 💬 레이디는 '숙녀'의 뜻. 숙녀는 신사를 맞이할 준비가 된 사람이야. 그럼 신사는 숙녀를 맞이할 준비가 된 사람이네.

Are you **ready** for the next question?
다음 질문에 준비되셨나요?

06
catch
[kǽtʃ]

동 붙잡다, 따라잡다, (감기에) 걸리다

🔊 캐치 > 캐지 > 💬 바삐 가는 사람 붙잡고 미주알고주알 캐지 마.
호흡기를 통해 감기에 걸릴 수도 있어.

I **caught** a cold.
나는 감기에 걸렸다.

07
quarrel
[kwɔ́:rəl]

명 싸움 동 싸우다

🔊 쿼럴 > 골을 > 💬 서로 의견이 맞지 않아 골을 내며 싸우는 모
습 좀 보게.

Although we always **quarrel**, we love each other.
우리는 자주 싸우지만, 서로를 사랑한다.

08
dinner
[dínər]

명 정찬, 만찬, 만찬회

🔊 디너 > 되나? > 💬 만찬에 올 사람이 몇이나 되나?

I want beef for **dinner**!
나는 저녁 만찬으로 소고기를 먹고 싶다!

09
history
[hístəri]

명 역사

🔊 히스터리 > 히스토리 > 💬 지나간 일(히스토리)을 역사라고 하는
데 컴퓨터에서도 히스토리라는 게 있지. 파일 시스템에서 데이터나
파일의 변화 과정을 기록해 둔 자료를 말하는 것으로, 이 역시 역
사라는 뜻이야.

The **history** teacher was an old man with glasses.
역사 선생님은 안경을 긴 나이가 든 남자였다.

10
each
[í:tʃ]

명 각자, 각각 형 각각의, 각자의

🔊 이치 > 이치 > 💬 우정을 유지하는 이치는 간단해. 각자의 음식
값은 각자 내는 것이지.

Each answer is worth 50 points.
각각의 정답은 50점이다.

중요단어

DAY 35

STORY 중학 암단어

11
bet
[bét]

동 내기하다, 장담하다

🔊 베트 › 뱉어 › 💬 그 구두쇠가 재산을 뱉어 낼지 내기합시다.

I **bet** him 10 dollars that he wouldn't do it.
나는 그가 그것을 안 한다는 데 10달러를 걸었다.

12
around
[əràund]

전 ~ 주위에, ~ 가까이에   부 대략, ~쯤

🔊 어라운드 › 얼라(어린아이의 경상도 방언)가 운다 › 💬 아까부터 집을 잃은 얼라가 운다. 얼라 주위에는 아무도 없다. 대략 4시쯤부터 여기에 있었다.

The bank is just **around** the corner.
코너 가까이에 은행이 있다.

13
front
[frʌnt]

명 앞   형 앞의

🔊 프런트 › 프런트 › 💬 호텔을 가 본 사람은 알겠지만 호텔 현관의 계산대를 프런트라고 하지. 프런트는 어느 호텔이나 앞쪽에 있더군.

The **front** door was scored with deep marks.
앞문에는 깊은 자국이 할퀴어져 있었다.

14
fun
[fʌn]

명 재미, 장난   형 재미있는, 즐거운

🔊 펀 › 펀펀 › 뻔뻔 › 💬 야! 뻔뻔스럽게 나를 때리고 재미로 장난삼아 한 짓이었다고?

Writing a novel is **fun**!
소설을 쓰는 것은 재미있어요!

파 funny
우스운, 웃기는, 재미있는

15
horn
[hóːrn]

명 뿔, 경적

🔊 혼 › 혼 › 💬 투우사가 혼을 다해 소 뿔을 잡고 넘어뜨리고 있다.

They say that devils have **horns**.
사람들은 악마가 뿔이 달렸다고 말한다.

□ 16

moon
[múːn]

명 달, 위성

🔊 문 > 문 > 💬 잠이 잘 안 온다. 문을 열고 밖에 나가 달을 쳐다 본다.

The **moon** is beautiful.
달이 아름답구나.

□ 17

cover
[kʌ́vər]

동 덮다, 감추다   명 덮개

🔊 커버 > 커버 > 💬 부모님은 자식의 잘못을 항상 커버(덮다, 감추다)해 주신다.

The handkerchief **covered** the bowl.
손수건이 그릇을 덮고 있다.

□ 18

letter
[létər]

명 편지, 문자, 글자

🔊 레터 > 러브 레터 > 💬 러브 레터는 연애편지이지. "love는 사랑의 뜻이고 letter는 편지의 뜻이야." "편지는 문자, 글자로 쓰지."

I exchange **letters** with my friend in Canada.
나는 캐나다에 있는 친구와 편지를 주고 받는다.

□ 19

husband
[hʌ́zbənd]

명 남편

🔊 허즈번드 > 허! 저 밴드은 > 💬 콘서트에 간 아내 왈, "헉! 저 밴드는 내 남편이 지휘하는 것 아닌가? 놀랍구나."

Her **husband** comes home late.
그녀의 남편은 집에 늦게 들어온다.

□ 20

meet
[míːt]

동 만나다

🔊 미트 > 밑도 > 💬 밑도 끝도 없이 왜 자주 만나자고 하지? 내가 싫다고 했잖아.

Let's **meet** in the subway station.
지하철역에서 만납시다.

□01
powder
[pàudər]

⌜명⌟ 가루, 분말 ⌜동⌟ 파우더 가루를 바르다

🔊 파우더 > 파우더 > 💬 엄마가 어린 동생을 목욕시키고 몸에 발라 주시는 베이비 파우더 보았지. 파우더는 가루로 되어 있어 바르기 편해.

We have run out of baby **powder**.
베이비 파우더가 다 떨어졌어.

□02
never
[névər]

⌜부⌟ 결코 ~ 않다

🔊 네버 > 내놔봐 > 💬 강도가 "주머니에 있는 것 다 내놔봐." 해도 나는 결코 내놓지 않았다.

I'll **never** do that again.
나는 다시는 그 행동을 하지 않을 것이다.

□03
delight
[diláit]

⌜형⌟ delightful
기분 좋은, 마음에 드는

⌜명⌟ 기쁨 ⌜동⌟ 즐겁게 하다

🔊 딜라이트 > 뒤 라이트 > 💬 동생이 뒤에서 라이트를 켜 주어 혼자 밤길을 걷는 형을 즐겁게 했다(기쁨을 주었다).

I was **delighted** when I received chocolate.
나는 초콜릿을 받았을 때 기뻤다.

□04
justice
[dʒʌstis]

⌜동⌟ justify
정당함을 보여주다

⌜명⌟ 정의, 공정, 정당

🔊 저스티스 > 졌어 튀슈 > 💬 정의의 집단에게 패한 불의의 집단이 "우리가 졌어. 빨리 튀슈."

There is **justice** in this world.
이 세상에는 정의가 있다.

□05
remove
[rimú:v]

⌜명⌟ removal 제거, 철폐

⌜동⌟ 제거하다, 옮기다, 치우다

🔊 리무브 > 이모부 > 💬 휴일을 맞아 이모부 댁에 갔다. 이모부는 마루의 얼룩을 제거하고 책상을 옮기며 방을 치우고 계셨다.

Father **removed** the table.
아버지는 테이블을 옮겼다.

special
[spéʃəl]

[형] specialist 전문가

[형] 특별한, 전문적인, 임시의

🔊 스페셜 > 스페셜 > 😀 텔레비전의 스페셜 프로그램은 '특별한' 프로그램, 썸씽 스페셜은 '특별한' 어떤 일을 말하지.

I have a **special** gift for you.
너한테 줄 특별한 선물이 있어.

---

prince
[príns]

[명] 왕자, 황태자, 공작 (↔ princess)

🔊 프린스 > 프랑스제 린스 > 😀 이것은 프랑스제 린스로 왕자들만 쓰는 것이란다.

Prince Arthas succeeded his father and became king.
아서스 왕자는 아버지의 왕위를 이어받아 왕이 되었다.

---

slave
[sléiv]

[명] 노예

🔊 슬레이브 > 수레 입어 > 😀 수레를 입어 끌 듯 노예들은 힘든 일을 많이 했다.

I worked like a **slave**.
나는 노예처럼 일했다.

---

combine
[kəmbáin]

[명] combination
조합, 결합

[동] 결합하다, 겸하다   [명] 콤바인

🔊 컴바인 > 콤바인 > 😀 콤바인은 곡식을 베고 탈곡하는 기계를 결합하여 두 가지 일을 겸하는 농업 기계야.

What happens when I **combine** water with orange juice?
물을 오렌지 주스와 섞으면 무슨 일이 벌어질까?

---

suck
[sʌk]

[동] 빨다, 빨아들이다

🔊 석 > 썩 > 😀 태어난 지 얼마 안 된 강아지는 어미 젖을 썩 잘 빨았다.

Babies always want to **suck** something.
아기들은 항상 무언가를 빨고 싶어한다.

11

inner
[ínər]

형 **안쪽의, 내부의**

🔊 이너 > 인어 > 💬 우리 반에서 연극 '인어 공주'를 계획했다. 주인공 인어 공주 역을 맡은 수진이가 가장 안쪽의 장소에 서고 나머지는 바깥에 섰다.

The man walked into the **inner** room.
그 남자는 안쪽 방으로 걸어 들어갔다.

Tip 'inner'는 명사 앞에만 쓰는 말이에요.

12

mention
[ménʃən]

동 **말하다, 언급하다**

🔊 멘션 > 맨션 > 💬 맨션에 사는 민수는 자신의 꿈을 자주 말하곤 한다.

I **mentioned** him to my father.
나는 아버지께 그에 대해 언급했다.

13

primary
[práimeri]

형 **제1의, 최초의, 초보(초등)의**

🔊 프라이메리 > 프라이 메리 > 💬 계란 프라이 만들기 제1의(최초의) 선수는 메리이다.

My **primary** goal in life is to marry a beautiful actress.
내 삶의 제1목표는 아름다운 여배우와 결혼하는 것이다.

14

voyage
[vɔ́iidʒ]

명 **항해, 여행**

🔊 보이지 > 보이지 > 💬 한 달 동안 배를 타고 긴 항해(여행)를 하느라 몹시들 지쳤을 테지만 조금만 더 참으세요. 저기 섬이 보이지요. 이제 힘든 항해는 끝났어요.

She went on a **voyage** with her friends.
그녀는 친구들과 여행을 떠났다.

15

secretary
[sékrətèri]

명 **비서, 장관**

🔊 세크러테리 > 새 클러 데리고 > 💬 비서가 새장 속의 새를 클러 데리고 다니며 노래하게 하여 장관을 기쁘게 해 주고 있다.

She is a skilled **secretary**.
그녀는 유능한 비서이다.

16

revolution

[rèvəlúːʃən]

통 revolute
혁명에 가담하다

명 혁명, 회전

🔊 레벌류션 > 네 발로 쏜 > 💬 그는 권총 네 발로 쏜 후에 혁명을 일으켰다.

Students see it as a **revolution**.
학생들은 그것을 혁명으로 본다.

17

system

[sístəm]

명 조직, 체계, 제도

🔊 시스템 > 시스템 > 💬 이 조직은 도대체 뭐하는 시스템이지? 체계가 서 있지 않아.

Do not erase the **system** files on the computer.
컴퓨터의 운영 체계 파일을 지우지 마.

18

shower

[ʃáuər]

명 샤워, 소나기

🔊 샤우어 > 샤워 > 💬 "여러분, 샤워 안 해 본 사람 없을 테지요. 샤워할 때 물이 어떻게 나오나요?" "예. 소나기처럼 콸콸 흐릅니다."

You might feel better if you take a warm **shower**.
따뜻한 물에 샤워하면 좀 더 기분이 좋아질 것이다.

19

competition

[kάmpətíʃən]

통 compete
경쟁하다, 겨루다

명 경쟁, 경기, 시합

🔊 캄퍼티션 > 캄캄+버티셔 > 💬 두 남자가 경쟁을 하고 있다. 심판은 "캄캄한 곳에서 버티셔. 버티기 경쟁(경기)에서 오래 참는 사람이 이겨요."라고 말했다.

He won the **competition**.
그는 경기에서 우승했다.

20

glory

[glɔ́ːri]

명 영광, 영예, 명예

🔊 글로리 > 글로리 > 💬 나는 글로 당신의 영광과 명예를 찬양하리라.

We fight for the **glory** of the empire!
우리는 제국의 영광을 위해서 싸운다!

☐ 01
acid
[ǽsid]

형 **신, 신맛의** 명 **산**

🔊 애시드 > 에구 시다 > 💬 이 석류 에구 시다. 참말로 신맛이다.

VitaminC is weak **acid**.
비타민C는 약한 산이다.

☐ 02
through
[θrúː]

전 **~를 통하여, ~를 지나서, ~중 내내**

🔊 쓰루 > 술로 > 💬 아저씨는 친구를 통하여 배운 술로 한 주일 내내 소일하고 있었다.

He ran away **through** the tunnel.
그는 터널을 통해서 도망쳤다.

☐ 03
section
[sékʃən]

명 **부분, (도시의) 구역, 지역**

🔊 섹션 > 섹션 > 💬 학생들이 운동회할 때 카드섹션을 하는 것 보았지? 카드섹션에서 섹션은 부분을 뜻하지.

The school library does not have a math **section**.
학교 도서관은 수학 부분이 없다.

☐ 04
interest
[íntərəst]

명 **관심, 흥미** 동 **흥미를 일으키다**

🔊 인터러스트 > 이 터(이 땅)+레스토랑 > 💬 집 앞에 넓은 공터가 있다. 아버지는 이 터에 관심이 많다. 아버지는 이 터를 레스토랑으로 활용하려는 데 매우 흥미를 느낀다.

I am **interested** in novels.
나는 소설에 관심이 있다.

☐ 05
republic
[ripʌ́blik]

명 **공화국**

🔊 리퍼블릭 > 이(예)뻐 불이익 > 💬 "아프리카의 어느 공화국에는 얼굴이 이(예)뻐 불이익을 받는 곳이 있다는 이야기가 있다." "그게 사실인가요? 그럼 나도 불이익을 받겠군요."

Korea is a democratic **republic**.
대한민국은 민주주의 공화국이다.

admire

[ədmàiər]

몡 admiration
존경, 감탄

동 감탄하다, 칭찬하다

🔊 어드마이어 > 어둠에 이어 > 💬 밤에 공장을 견학하였다. 어둠에 작업을 이어 나가는 기술자의 능숙함을 보고 감탄하였다.

The fans of the famous Korean singer IU **admire** her music.
한국의 유명한 가수 아이유의 팬들이 그녀의 노래에 감탄한다.

---

comfort

[kʌ́mfərt]

톙 comfortable
편한, 쾌적한

몡 안락, 편안함, 위로, 위안

🔊 컴포트 > 검(劍)+봤다 > 💬 호랑이를 만나 도망치다가 내 앞에 놓여 있는 검을 봤다. 그 검을 보자 나는 편안함을 느꼈을 뿐만 아니라 많은 위로가 되었다.

I take **comfort** in your presence.
당신이 있어 한결 편안합니다.

---

compare

[kəmpéər]

톙 comparable
비슷한, 비교할만한

동 비교하다, 비유하다

🔊 컴페어 > 껌 빼어 > 💬 껌을 사러 갔다. 여러 종류의 껌을 빼어 비교하고 가장 많이 들어 있는 회사의 껌을 샀다. 이런 모습을 보고 친구들은 나를 '짠돌이'에 비유하였다.

I **compared** her to a rose.
나는 그녀를 장미 꽃에 비유했다.

---

metal

[métl]

몡 금속

🔊 메틀 > 메달 > 💬 상으로 받는 메달은 금속으로 만들지.

Gold is a precious **metal**.
금은 귀금속이다.

---

pole

[póul]

몡 막대기, 기둥, 극, 극지방

🔊 포울 > 폴대 > 💬 야구장에서 폴대에 공이 맞아 홈런되었다는 말이 있지. 그래 폴은 막대기, 기둥을 뜻하지.

The fishing **pole** broke.
낚싯대가 부러졌다.

11
feast
[fíːst]

몡 잔치

🔊 피스트 > 비슷해 > 💬 잔치에 모인 사람들의 옷차림이 비슷해서 누가 누구인지 알아보기가 어렵다.

The king celebrated with a **feast**.
왕은 잔치를 벌여 축하했다.

12
universe
[júːnəvə̀ːrs]

몡 우주, 전 세계

🔊 유니버스 > 유니 버스 > 💬 유명인 유니가 버스로 전 세계를 누비 다가 우주에서 쇼를 한다는 기사가 났다.

Even the **universe** must disappear in the future.
우주조차도 미래에 멸망할 것이 틀림없다.

13
laugh
[lǽf]

동 웃다 몡 웃음

🔊 래프 > 그래프 > 💬 선생님은 내가 그린 꺾은선 그래프를 보고 껄껄 웃으신다. 이상하게 그렸다는 듯이.

Laughing is good for your health.
웃음은 건강에 좋다.

14
ruin
[rúːin]

몡 파멸, 화근 동 망치다

🔊 루인 > 헤로인 > 💬 그가 한때 마약 헤로인을 복용한 것이 파멸 의 화근이었다.

The ants **ruined** the harvest.
개미들이 농사를 망쳤다.

15
smooth
[smúːð]

혱 매끄러운, 부드러운, 평탄한

🔊 스무드 > 써 무스 > 💬 무스는 머리에 발라 원하는 대로 머리 모 양을 고정시키는 데 쓰는 거품 모양의 크림이야. 머리를 부드럽고 매끄럽게 하려면 써 무스를!

The silk was soft and **smooth**.
그 비단은 부드럽고 매끄럽다.

16
stem
[stém]

명 (식물의) 줄기

🔊 스템 > 스팀 > 💬 전기나 석유가 부족한 나라에서는 식물의 줄기로 불을 때서 만든 스팀(열)으로 난방하기도 한다.

Plants are made up of roots, **stems**, and leaves.
식물은 뿌리, 줄기, 잎으로 구성되어 있다.

17
debt
[dét]

명 빚, 부채, 은혜

🔊 데트 > 됐다 > 💬 잘 됐다. 삼촌을 괴롭히던 빚을 오늘 다 갚았다.

I owe you a **debt**.
나는 당신에게 빚을 졌어요.

Tip▶ 'debt'의 'b'는 묵음으로 발음하지 않아요.

18
hobby
[hábi]

명 취미

🔊 하비 > 허비 > 💬 시간을 허비하는 것이 내 취미야.

Watching movies is my favorite **hobby**.
영화 관람은 내가 가장 좋아하는 취미이다.

19
mill
[míl]

명 방앗간, 공장

🔊 밀 > 밀 > 💬 밀을 빻는 곳은 방앗간이다. 방앗간은 공장이다.

Mills make flour.
방앗간들은 밀가루를 만든다.

20
mayor
[méiər]

명 시장

🔊 메이어 > 매여 > 💬 한 도시의 시장은 일이 바빠서 일에 매여 사는 사람이다.

The **mayor** of Seoul became president.
서울시장은 대통령이 되었다.

중요단어

DAY **37**

STORY 중학 영단어

DAY 38

STORY 중학 영단어

☐ 01
series
[síəri:z]

명 연속, 시리즈, 총서

🔊 시어리즈 › 시리즈 › 💬 해리포터 시리즈에서 시리즈는 연속된 것을 말하지.

I can't handle a **series** of bad luck.
나는 불운의 연속을 감당할 수 없다.

☐ 02
subway
[sʌ́bwèi]

명 지하철, 지하도

🔊 서브웨이 › 서브 웨이 › 💬 서브(sub)는 '지하'의 뜻, 웨이(way)는 '길'의 뜻. 합하여 '지하철' 혹은 '지하도'의 뜻이다.

I can't find the **subway** station.
지하철역을 찾을 수가 없다.

☐ 03
uniform
[júːnəfɔ̀ːrm]

명 제복, 군복   형 한결같은, 똑같은, 일정한

🔊 유너폼 › 유니폼 › 💬 학생들은 똑같은 유니폼을 입지. 우리 학교 교복도 '제복'이야. 군인도 똑같은 유니폼을 입지? 그것이 '군복'이야.

Russian soldiers in their **uniforms** look like little bears.
군복을 입은 러시아 군인들은 마치 작은 곰처럼 보인다.

☐ 04
scratch
[skrǽtʃ]

동 긁다, 긁히다, 할퀴다

🔊 스크래치 › 스크래치 › 💬 "미술 시간에 스크래치 공부를 해 보았지? 물감을 짙게 칠한 후 손톱이나 기구 따위로 긁어서 그리는 그림 말이야". "그래 맞아. 스크래치는 '긁다', '할퀴다'의 뜻이지".

My cat **scratched** my hand.
내 고양이가 손등을 할퀴었다.

☐ 05
since
[síns]

전 ~부터, ~이래로   접 ~ 이후로, ~ 때문에

🔊 신스 › 산수(수학의 이전 이름) › 💬 나는 산수를 잘 못하기 때문에 초등학교 시절부터(이래로) 줄곧 꼴찌만 하였다.

Since the day you smiled at me, I've been love with you.
당신이 나에게 미소 지었던 날 이후로 나는 당신과 사랑에 빠졌어요.

166

☐ 06
laboratory
[lǽbərətɔ̀:ri]

명 실험실, 연구실

🔊 래버러토리 > 내버려 토리 > 💬 강아지 토리를 사람으로 변하게 하는 실험이 잘 되지 않자 김 박사가 말했다. "실험실에 그대로 내버려 토리를."

He knocked over a **laboratory** flask.
그는 실험실의 유리병 하나를 쳐서 떨어뜨렸다.

☐ 07
behind
[biháind]

전 ~ 뒤에, 늦게

🔊 비하인드 > 비하 인도 > 💬 뒤에 있는 나라(후진국)라고 비하받던 인도가 빠르게 성장하고 있다.

The book is **behind** the desk.
그 책은 책상 뒤에 있다.

☐ 08
evil
[í:vəl]

명 악   형 사악한, 나쁜

🔊 이벌 > 에빌(철자 기준) > 애비를 > 💬 애비를 푸대접해? 이 사악한 놈아.

The **evil** hero harmed the poor monster.
그 악한 영웅은 불쌍한 괴물에게 해를 입혔다.

☐ 09
cart
[ká:rt]

명 수레, 손수레, 우마차

🔊 카트 > car(카)+t(티) > 💬 카는 '차'의 뜻. 티는 '티끌'의 뜻. 티끌처럼 작은 차이니 '수레', '손수레'의 뜻.

The shopping **cart** was empty.
쇼핑 카트는 비어 있었다.

☐ 10
sore
[sɔ́:r]

형 아픈, 고통스러운, 슬픈   명 상처

🔊 소어 > 쏘아 > 💬 벌이 쏘아 매우 아프고 고통스럽다.

My throat is **sore**.
나의 목이 아프다.

중요단어

DAY 38

STORY 중학 영단어

□ 11

mass
[mǽs]

몡 대중, 집단　혱 대량의, 대규모의

🔊 매스 › 매수 › 💬 대중을 매수하여 선동을 일으키면 안 됩니다.

This is an age of **mass** communication.
현재는 매스컴의 시대이다.

□ 12

spirit
[spírit]

몡 정신, 의지

🔊 스피리트 › 쇠파리도 › 💬 하찮은 쇠파리도 정신이 있거늘 너는 어찌하여 매일 숙제를 잊고 안 해 오니 도대체 정신이 있는 사람이냐?

His **spirit** was broken.
그의 의지는 꺾였다.

□ 13

funeral
[fjú:nərəl]

몡 장례식

🔊 퓨너럴 › 파우너럴 › 피어나라 › 💬 할아버지께서 친구 장례식에서 애도사를 읽으시면서 하시는 말씀. "친구야! 너는 저 세상에 가서 한 송이 꽃으로 피어나라."

The **funeral** was held in America.
장례식은 미국에서 치러졌다.

□ 14

horizon
[həràizn]

혱 horizontal 수평의

몡 수평선, 지평선

🔊 허라이전 › 어라, 이전 › 💬 어라, 이전에 이 부근이 수평선이었는데, 안 보이네.

The pale moon rose over the **horizon**.
창백한 달이 지평선 위로 떠올랐다.

□ 15

owe
[óu]

동 빚이 있다, ~의 덕택이다

🔊 오우 › 오억 › 💬 우리에겐 오억 원의 빚이 있다. 모두 갚았는데 친구의 덕택이다.

You **owe** me this time.
넌 이번에 나에게 빚졌어.

☐16

democracy
[dimǽkrəsi]

몡 민주주의

🔊 디마크러시 > 데모 클라지!? > 데모 큰일나지? > 💬 "너희 나라에서는 데모하면 큰일 나지?" "아니야. 민주주의 국가에서는 의사 표현이 자유롭기 때문에 큰일 나지 않아."

We honor the principles of **democracy**.
우리는 민주주의의 정신을 존중한다.

☐17

pull
[púl]

동 끌다, 당기다

🔊 풀 > 풀어헤치고 > 💬 마을 대항 줄다리기를 하고 있다. 모두들 머리를 풀어헤치고 젖 먹은 힘을 다해서 줄을 끌고 잡아당겼다.

Push or **pull** this door.
이 문을 밀거나 당기세요.

☐18

vain
[véin]

형 무익한, 헛된, 쓸데없는, 허영심 강한

🔊 베인 > 베인 > 💬 누런 벼가 콤바인으로 베인 후의 벌판은 아무것도 남지 않았어. 그게 바로 무익하고 쓸데없는 공간처럼 느껴져.

The woman was quite **vain** about her good looks.
그녀는 자신의 미모에 대해 허영심이 강했다.

☐19

scream
[skríːm]

동 날카롭게 소리치다

🔊 스크림 > 아이스크림 > 💬 원숭이들에게 아이스크림을 던져 주니 서로 먹으려고 싸우면서 날카롭게 소리를 지른다.

Didn't you hear someone **screaming**?
누가 소리 지르는 것 못 들었니?

☐20

warn
[wɔ́ːrn]

동 경고하다 명 경고

🔊 원 > 원 > 💬 우리 선생님이 지각생에게 경고하는 방법은 다소 특이하다. 교문 앞에서 양손으로 둥그런 원을 그리고 흔드신다.

I will not **warn** you again.
이번이 마지막 경고이다.

여유단어

DAY **38**

STORY 중학 영단어

□ 01
stress
[strés]

명 강세, 악센트, 스트레스　동 스트레스를 받다

🔊 스트레스 〉 스트레스 〉　💬 영어 단어 강세가 쉽게 익혀지지 않는구나. 그래서 스트레스 많이 받는구나.

I'm **stressed** out due to my homework.
나는 숙제 때문에 스트레스를 많이 받고 있다.

□ 02
desire
[dizàiər]

명 바람, 소망, 욕망　동 소망하다

🔊 디자이어 〉 되자, 이어서 〉　💬 영수는 국가대표 선수가 되자, 이어서 올림픽에서 금메달 따기를 소망했다.

He **desired** to get a good grade.
그는 좋은 성적을 받기를 소망하였다.

□ 03
chicken
[tʃíkən]

명 닭, 닭고기

🔊 치킨 〉 치킨 〉　💬 우리 어린이들이 좋아하는 것이 치킨이잖아. 치킨은 닭으로 만드는 게 일반적이지.

I eat **chicken** for breakfast.
나는 아침으로 닭고기를 먹었다.

□ 04
virtue
[vɜ́ːrtʃuː]

형 virtual
사실상의, 거의 ~과 다름없는

명 덕, 미덕, 선행, 장점

🔊 버추 〉 어버주 〉 업어주 〉　💬 정윤이는 어린아이를 보면 보살펴주고 업어주는 미덕(선행)을 베푸는 착한 아이다. 이것이 그의 뛰어난 장점이다.

Silence is not considered a **virtue**.
침묵은 미덕으로 여겨지지 않는다.

□ 05
though
[ðóu]

접 비록 ~일지라도　부 그러나, 하지만

🔊 도우 〉 도 〉　💬 윷놀이를 하고 있다. 비록 도가 나올지라도 나는 두 동을 업어 가겠다.

Though he is handsome, he is not very tall.
그는 비록 잘생겼을지라도, 키가 그리 크지는 않다.

□06

hollow
[hάlou]

형 텅빈, 오목한, 공허한 명 구멍

🔊 할로우 > 화로 > 💬 화로는 가운데가 텅 비었고 오목한 모양이다.

The tree was **hollow**.
그 나무는 속이 텅 비어 있었다.

□07

sword
[sɔ́ːrd]

명 검, 칼

🔊 소드 > 소도 > 💬 저것 봐. 소도 잡을 정도의 검(칼)이다. 야, 정말 무시무시한데….

Zorro fights with three **swords**.
조로는 검 세 자루로 싸운다.

□08

hesitate
[hézətèit]

동 망설이다, 주저하다

형 hesitation
주저, 망설임

🔊 헤저테이트 > 해저 데이트 > 💬 해저(바다 밑)에서 데이트하라면 한참 망설이겠지(주저하겠지)? 왜냐하면 매우 위험할 테니까.

I **hesitated** to show my report card to my mother.
나는 어머니에게 성적표를 보여드리기를 주저하였다.

□09

crack
[krǽk]

명 갈라진 금, 틈, 흠, 결점

🔊 크랙 > 크래커 > 💬 크래커 과자에서 금이 생겨 부서지는 결점이 발견되어 환불을 받았다.

There is a **crack** in the wall.
벽에 금이 가 있다.

□10

narrow
[nǽrou]

형 좁은, 한정된, 속이 좁은

🔊 내로 > 내 로(路) > 나의 로(路) > 💬 나의 로(路)는 항상 좁은 문을 통과하는 것이다. 의사, 판사 등 내로라하는 사람들도 모두 공부를 열심히 하여 좁은 문을 통과한 사람들이다.

It's so **narrow** here. We have to find another way.
여긴 너무 좁아. 다른 길을 좀 찾아보자.

중요단어

DAY **39**

STORY 중학 영단어

□ 11

educate
[édʒukèit]

명 education 교육

동 **교육하다, 육성하다**

🔊 에듀케이트 > 어떻게 했죠 > 💬 공부 안 하던 당신 아이를 어떻게 했죠. 어떻게 아이를 교육해서 이렇게 훌륭하게 육성해 놓았는지요.

It is important to **educate** our children.
우리들의 자녀들을 교육하는 것은 중요하다.

□ 12

square
[skwéər]

명 **정사각형, 광장**

🔊 스퀘어 > 어서 깨어 > 💬 정사각형을 직사각형과 구별 못하는 친구야. 어서 깨어 광장에 나가 정신 차려 열심히 공부하렴.

Many tables are **square**-shaped.
대부분의 탁자는 정사각형 모양이다.

□ 13

customer
[kʌ́stəmər]

명 custom 관습, 풍습

명 **고객, 손님**

🔊 커스터머 > 가서 담아 > 💬 손님이 귤을 산 후 일일이 가방에 담고 있다. 이를 본 주인이 직원에게 하는 말. "고객은 왕이니 네가 가서 담아 드려."

The angry **customer** stormed out of the store.
화가 난 고객은 상점 밖으로 뛰어나갔다.

□ 14

beauty
[bjúːti]

형 beautiful 아름다운

명 **미, 아름다움, 미인**

🔊 뷰티 > 쁘지 > 예쁘지 > 💬 저기 걸어가는 미인 참 예쁘지!?

Truth is **beauty**, and **beauty** is truth.
진실이 곧 아름다움이고, 아름다움이 곧 진실이다.

□ 15

pause
[pɔ́ːz]

명 **멈춤, 중지**   동 **멈추다**

🔊 포즈 > 포즈 > 💬 드라마 촬영을 위해 이렇게 오래 포즈를 취하니 힘들지? 잠시 멈추자.

The music suddenly **paused**.
음악이 갑자기 멈췄다.

□ 16

passenger
[pǽsəndʒər]

명 승객, 탑승객

🔊 패선저 > 폐선 저 > 💬 폐선(부서진 배) 저 뒤에 승객이 표류하고 있다.

All **passengers** should remain seated.
모든 승객들이 앉아 있어야 한다.

□ 17

giant
[dʒàiənt]

명 거인 　형 거대한

🔊 자이언트 > 자이언트 > 💬 롯데 자이언트 야구 선수들은 모두들 거대한 체구를 가지고 있더라.

The **giant** lifted me onto his shoulder.
그 거인은 나를 자기 어깨 위에 올려 주었다.

□ 18

guard
[gáːrd]

명 경비병, 경계 　동 지키다

🔊 가드 > 가도 > 💬 대기업 회장 손자인 예슬이는 어디를 가도 자신을 보호할 경비병을 데리고 다닌다.

The palace **guard** arrested him for wandering around.
궁전의 경비병은 어슬렁거리고 있다는 이유로 그를 체포했다.

□ 19

site
[sàit]

명 장소, 대지, 집터

🔊 사이트 > 사이트 > 💬 인터넷 사이트를 생각해 봐. 정보를 제공하기 위해 마련해 놓은 인터넷 상의 장소를 사이트라고 해. 장소는 '대지'나 '공간', 혹은 '터'를 말하지.

Choosing the right **site** for a store is important.
상점을 여는 데 알맞은 장소를 택하는 것이 중요하다.

□ 20

castle
[kǽsl]

명 성

🔊 캐슬 > 개스를 > 가스를 > 💬 적의 진지에 가스를 폭발시켜 성을 함락시켜 버렸다.

The **castle** is ancient.
그 성은 매우 오래되었다.

Tip castle의 't'는 묵음으로 발음하지 않아요.

DAY 40

STORY 중학 영단어

□ 01
research
[rísɔ́:rtʃ]

동 연구하다 명 연구

🔊 리서치 > 있었지 > 💬 우리 마을이 1억 년 전에는 바다였다는 연구 결과가 있었지.

They **researched** the field.
그들은 그 분야를 연구했다.

□ 02
envelope
[énvəlòup]

명 봉투

🔊 엔벌로우프 > 웬 벌로 풀 > 💬 아니, 웬 벌로 풀을 발라 봉투 만드는 일을 종일 하고 있니?

He cut the **envelope** with a paper knife.
그는 봉투를 칼로 찢어 열었다.

□ 03
steady
[stédi]

형 꾸준한, 확고한, 착실한, 한결같은

🔊 스테디 > 스테디 > 💬 한결같은 자세로 꾸준한 공부를 한 스테디가 올해 드디어 1등을 하였어.

He is making a **steady** effort.
그는 한결같은 노력을 하고 있다.

□ 04
feather
[féðər]

명 깃털

🔊 페더 > 패더라 > 💬 친한 친구를 한번 패보라고 시험하니, 너무도 귀엽고 사랑스러운 나머지 깃털로 살살 간질이면서 패더라.

Clothes stuffed with duck **feathers** are soft and warm.
오리 깃털로 채운 옷은 부드럽고 따뜻하다.

□ 05
throat
[θróut]

명 목구멍, 목

🔊 쓰로우트 > 슬었다 > 💬 오래 굶었더니 목구멍(목)에 녹이 슬었다. 실제로 목구멍에 녹이 스는 것일까?

Her bare white **throat** was lovely.
그녀의 하얗게 드러난 목은 아름다웠다.

□ 06
puzzle
[pʌ́zl]

명 퍼즐 동 당황하게 하다

🔊 퍼즐 〉 퍼즐 〉 💬 전국 퍼즐 경시대회 문제가 너무 어려워서 나를 당황하게 만들었다.

I cannot solve this **puzzle**.
나는 이 퍼즐을 풀 수 없다.

□ 07
struggle
[strʌ́gl]

명 분투 동 노력하다, 싸우다

🔊 스트러글 〉 수트러글 〉 수많은 트럭을 〉 💬 6·25 때 우리 국군은 수많은 트럭을 가지고 적을 쳐부수기 위해 분투 노력했다. 정말 잘 싸웠다.

Koreans **struggled** hard to earn independence.
한국인들은 독립을 쟁취하기 위해 분투했다.

□ 08
guest
[gést]

명 손님

🔊 게스트 〉 가셨다 〉 💬 손님이 아까 가셨다.

You are a **guest** in my house. Please make yourself comfortable.
당신은 내 집의 손님이니, 편안하게 계세요.

□ 09
jewel
[dʒúːəl]

명 보석 동 보석이 박히다

🔊 주얼 〉 주얼리 〉 💬 가수 주얼리 알지? 보석처럼 아름다운 누나들 말이야.

I fixed my eyes on a **jewel**.
나는 보석에 눈이 멈추었다.

□ 10
truth
[trúːθ]

형 truthful 정직한, 진실한

명 진리, 진실

🔊 트루쓰 〉 들었소 〉 💬 서로 자기가 진실을 말한다고 주장한다. 누가 사실을 말하는지 밝힐 수 없자, 경찰서에서 가리기로 했다. 경찰서에서도 서로 싸우자 경찰이 말했다. "나는 누가 진실을 말하는지 들었소."

It's important to tell the **truth**.
진실을 말하는 것은 중요하다.

11 spade
[spéid]

[명] 삽

🔊 스페이드 > 숲에 있다 > 💬 "식목일에 산에 가서 나무 심던 삽 어디다 났니?" "응. 그 삽 숲에 있다."

Children took buckets and **spades** to the beach.
아이들은 양동이와 삽을 들고 해변으로 갔다.

12 sensitive
[sénsətiv]

📙 sensitively
예민하게, 민감하게

[형] 예민한, 민감한

🔊 센서티브 > 센서 티브이 > 💬 센서를 티브이 위에 달아 놓았더니 매우 예민하게 반응하네. 안테나가 바람에 흔들려 전파가 안 잡힐 때 재빨리 전파를 잡아 주거든.

She is a **sensitive** person.
그녀는 예민한 사람이다.

13 angle
[ǽŋgl]

[명] 각도, 모서리, 관점   [동] 비스듬히 움직이다

🔊 앵글 > 앵? 글렀다 > 💬 당구 치다가 각도가 앵? 글렀다. 안 맞아 빗겨 나갔네.

The corner of triangle is a 60 degree **angle**.
삼각형의 모서리는 각도가 60도이다.

14 stripe
[stràip]

[명] 줄무늬

🔊 스트라이프 > 엑스트라 이쁘다 > 💬 저 엑스트라의 줄무늬 옷이 이쁘(예쁘)다.

I love t-shirts with **stripes**.
나는 줄무늬가 난 티셔츠가 좋다.

15 branch
[brǽntʃ]

[명] 나뭇가지, 지점, 갈래

🔊 브랜치 > 불었지 > 💬 바람이 불었지. 그래서 나뭇가지가 부러졌지. 나무 밑동을 본점이라고 하면 나뭇가지는 지점이라고 비유할 수가 있겠지.

He cut off the **branch** with an ax.
그는 나뭇가지를 도끼로 잘랐다.

□ 16
crime
[kràim]

명 죄, 범죄

🔊 크라임 › 크리메(철자 기준) › 크림에 › 💬 가게에 가서 아이스크림에 손을 댔다. 이 행동은 분명 범죄 행위이다.

Crime can never be justified.
범죄는 결코 정당화될 수 없다.

□ 17
solve
[sálv]

명 solution
해법, 해답, 정답

동 풀다, 해결하다

🔊 살브 › 졸부 › 💬 갑자기 부자가 된 그 졸부는 서민의 어려운 문제를 풀고 문제를 해결하는 데 앞장섰다.

Can you **solve** that problem?
그 문제를 풀 수 있겠니?

□ 18
track
[træk]

명 경주로, 지나간 자취, 길

🔊 트랙 › 트랙 › 💬 마라톤 중계를 볼 때 아나운서가 하는 말. "민윤기 선수가 1위로 육상 경기장 트랙을 들어오고 있습니다. 이 선수가 지나간 자취를 따라 나머지 선수들이 뒤따르고 있습니다."

You are on the right **track**.
너는 올바른 길로 나아가고 있다.

□ 19
wander
[wándər]

동 방황하다

🔊 완더 › 완도 › 💬 대학교 시험에 불합격한 삼촌은 완도 지방을 떠돌며 한동안 방황했었다.

I **wandered** through the woods.
나는 숲속을 방황했다.

□ 20
curious
[kjúəriəs]

형 호기심이 강한, 이상스러운

🔊 큐어리어스 › 퀴리였어 › 💬 라듐 연구 하면 호기심이 강한 퀴리 부인과 피에르 퀴리였어.

He wore a **curious** hat.
그는 이상스러운 모자를 썼다.

실력 쑥쑥! Check-up 4

A. 알맞은 우리말 짝꿍을 찾아서 선으로 연결하세요.

01 fierce
02 apparent
03 explode
04 deal
05 fun

ⓐ 거래하다, 분배하다, 거래
ⓑ 폭발하다
ⓒ 명백한, 분명한, 뚜렷한
ⓓ 사나운, 맹렬한
ⓔ 재미, 장난, 재미있는, 즐거운

06 elder
07 edge
08 command
09 niece
10 bet

ⓐ 여자 조카
ⓑ 손위의, 연상의
ⓒ 내기하다, 장담하다
ⓓ 가장자리, 날
ⓔ 명령하다, 내려다보다, 명령

B. 알맞은 영단어 짝꿍을 찾아서 선으로 연결하세요.

11 후회, 유감, 후회하다, 유감으로 생각하다
12 아마, 어쩌면
13 어깨
14 종교적인, 신앙심이 깊은
15 뿔, 경적

ⓐ religious
ⓑ regret
ⓒ perhaps
ⓓ shoulder
ⓔ horn

C. 스토리를 보고 빈칸에 들어갈 영단어를 적어보세요.

예시) look : 나는 얼룩말을 보았다.

16 ____ : 햇볕에 노출되면 모자를 써야 할 것이다.
17 ____ : 죄인이 쇠사슬에서 풀렸담. 그러면 어떻게 될까? 자유의 몸이 되는 거지요.
18 ____ : 심장을 돌아 흐르는 내 피도 엄청나게 빠른 속도로 순환하고 있어.
19 ____ : 가족은 신이 주신 더없는 선물이다. 만일 가족을 패서 멀리 보낸다면 그런 비극은 다시 없을 것이다.
20 ____ : 서로 의견이 맞지 않아 골을 내며 싸우는 모습 좀 보게.

DAY 36~40 학습한 단어를 점검해보세요.

A. 알맞은 우리말 짝꿍을 찾아서 선으로 연결하세요.

01 competition   ⓐ 감탄하다, 칭찬하다
02 admire   ⓑ 덕, 미덕, 선행, 장점
03 funeral   ⓒ 경쟁, 경기, 시합
04 virtue   ⓓ 꾸준한, 확고한, 착실한, 한결같은
05 steady   ⓔ 장례식

06 secretary   ⓐ 날카롭게 소리치다
07 section   ⓑ 부분, (도시의) 구역, 지역
08 scream   ⓒ 비서, 장관
09 passenger   ⓓ 방황하다
10 wander   ⓔ 승객, 탑승객

B. 알맞은 영단어 짝꿍을 찾아서 선으로 연결하세요.

11 공화국   ⓐ justice
12 경고하다, 경고   ⓑ republic
13 정의, 공정, 정당   ⓒ warn
14 나뭇가지, 지점, 갈래   ⓓ hollow
15 텅빈, 오목한, 공허한, 구멍   ⓔ branch

C. 스토리를 보고 빈칸에 들어갈 영단어를 적어보세요.

> **예시)** sore : 벌이 쏘아 매우 아프고 고통스럽다.

16 _____ : 맨션에 사는 민수는 자신의 꿈을 자주 말하곤 한다.
17 _____ : 잔치에 모인 사람들의 옷차림이 비슷해서 누가 누구인지 알아보기가 어렵다.
18 _____ : 하찮은 쇠파리도 정신이 있거늘 너는 어찌하여 매일 숙제를 잊고 안 해 오니 도대체 정신이 있는 사람이냐?
19 _____ : 저것 봐. 소도 잡을 정도의 검(칼)이다. 야, 정말 무시무시한데….
20 _____ : 가수 주얼리 알지? 보석처럼 아름다운 누나들 말이야.

☐ 01

independent
[indipéndənt]

몡 independence
독립, 자립

형 독립한, 독립심이 강한

🔊 인디펜던트 > 인지 판 돈도 > 💬 아버지가 수입인지 판 돈도 독립심이 강한(독립한) 큰아들에게 주겠다고 말씀하셨다.

Children are often forced to be **independent**.
아이들은 독립적으로 살도록 강요당하는 일이 많다.

☐ 02

resist
[rizíst]

몡 resistance 저항, 항거

동 저항하다, 반대하다

🔊 리지스트 > 그리+짖었다 > 💬 돌 던지자 개가 그리 짖었다. 그러면서 저항했다.

I **resisted** going to bed early. 나는 일찍 잠자리에 드는 것을 반대했다.

☐ 03

content
[kántent], [kəntént]

몡 내용, 내용물   형 만족한

🔊 칸텐트 > 텐트의 칸 > 💬 텐트의 각 칸에 알맞은 내용(물)을 생각해 보자.

The **contents** of this book are more important than the cover.
책의 표지보다 내용이 더 중요하다.

형 만족한

🔊 컨텐트 > 큰 텐트 > 💬 작은 텐트보다는 큰 텐트가 품질이 좋아 나를 만족시킨다.

I am always **content**. 나는 언제나 만족합니다.

☐ 04

contrary
[kántreri]

형 반대의, 적합지 않은

🔊 칸트레리 > 칸트와 레리 > 💬 칸트와 레리는 서로 반대의 의견으로 충돌했다.

He has a **contrary** opinion. 그에게는 반대 의견이 있다.

☐ 05

push
[púʃ]

동 밀다

🔊 푸시 > 푸한숨 쉬다 > 💬 2층이 넘는 높은 곳에서 누가 민다고 생각해 보자. 너무 아찔한 상상이라 푸하고 한숨 쉬는 소리가 절로 들릴 것이다.

Stop **pushing** me! 나를 밀지마!

06

noble
[nóubl]

형 고귀한, 고상한

🔊 노우블 > 노벨 > 💬 노벨상을 만든 노벨은 인류 모두에게 고귀한 사람이 되었다.

His sacrifice was really **noble**.
그의 희생은 정말로 고귀한 것이었다.

07

descend
[disénd]

명 descendant
자손, 후예, 후손

동 내려가(오)다, 내려앉다

🔊 디센드 > 뒤 샌다 > 💬 물이 흘러넘쳐 건물 뒤가 샌다. 그러더니 뒷부분이 내려가고 건물이 내려앉았다.

Angels **descended** from heaven.
천사들은 하늘에서 내려왔다.

08

horror
[hɔ́:rər]

명 공포, 전율

🔊 호러 > 헐어 > 💬 꿈속에서 악마가 살을 뜯어 온몸이 헐어 버렸으니 공포에 떨며 전율을 느낄 만하다.

I was filled with **horror** when I saw an enormous spider.
나는 거대한 거미를 보고 공포로 가득 찼다.

09

various
[véəriəs]

명 variety
여러 가지, 갖가지

형 여러 가지의

🔊 베어리어스 > 버리었어 > 버렸어 > 💬 아, 속이 상하구나. 미술 시간에 여러 가지 수채화를 그렸는데 물감을 흘려서 모두 버렸어.

There are **various** ways to measure the height of a building.
건물의 높이를 재는 방법에는 여러 가지가 있다.

10

single
[síŋgl]

형 단 하나의, 독신의

🔊 싱글 > 싱글벙글 > 💬 단 하나밖에 없는 외아들이 싱글벙글 웃으며 반겨주어 살아가는 재미가 난다.

He did not speak a **single** word.
그는 한마디도 말하지 않았다.

중요단어

DAY **41**

STORY 중학 영단어

☐ 11
design
[dizàin]

동 설계하다, 디자인하다   명 설계도, 디자인

🔊 디자인 > 디자인 >   💬 정태가 다니는 디자인 회사에서는 건물 내부를 설계하고 디자인한다.

The **design** of this book is good.
이 책의 디자인은 좋다.

☐ 12
fresh
[fréʃ]

명 freshman 신입생

형 신선한, 상쾌한, 맑은

🔊 프레시 > 프레시 아이스크림 >   💬 상쾌하고 맑은 날 신선한 프레시 아이스크림을 실컷 먹었다.

Fresh eggs for sale!
신선한 계란 팝니다!

☐ 13
mild
[màild]

형 부드러운, 상냥한, 온화한, 따뜻한

🔊 마일드 > 스마일도(圖) >   💬 부드럽고 상냥한 모습의 그림을 스마일도라고 하지.

She is **mild**-mannered.
그녀는 온화한 성격이다.

☐ 14
witness
[wítnis]

명 목격자, 증거

🔊 위트니스 > 위로 튼 이 세! >   💬 교통사고를 내고 위로 튼 이(운전자) 세! 목격자가 있어.

The **witness** refused to say anything.
그 목격자는 아무 말도 하기를 거부했다.

☐ 15
thread
[θréd]

명 실, 수명   동 실을 꿰다

🔊 쓰레드 > 쓰려고 해도 >   💬 옷이 떨어져 깁기 위해 실을 쓰려고 해도 어디 있는지 보이지 않는다. 아기가 돌잔치에서 실을 잡으면 수명이 길어진다는 말이 있어.

The **thread** was tied to her finger.
그 실은 그녀의 손가락에 묶여 있었다.

16

tiny
[tàini]

형 매우 작은, 조그마한

🔊 타인이 > 타인이 > 💬 타인이 나에게 주는 것은 어떤 것이라도 매우 작고 하찮은 것처럼 느껴지는 이유가 무엇인지 모르겠어. 남의 떡이 더 커 보인다는 말과 일맥상통하지.

The **tiny** dancer danced in my house.
그 조그마한 댄서는 나의 집에서 춤추었다.

17

except
[iksépt]

전 ~을 제외하고, ~이외에는

🔊 익셉트 > 이그셉트 > 이크! 샜다 > 💬 이크! 한 친구가 청소 안 하고 샜다. 이 녀석은 선물 대상자에서 제외하고 이외에는 모두 주겠다.

명 exception 예외

I eat everything **except** bananas.
나는 바나나만 빼고 다 먹을 수 있다.

18

hardly
[há:rdli]

부 거의 ~ 아니다

🔊 하들리 > 하수들이 > 💬 이 일은 하수들이 모여 의논하지만 지역 안전을 위해 거의 공헌을 하지 못할 것이다.

She **hardly** left her room.
그녀는 방 밖으로 거의 나가지 않았다.

19

whether
[hwéðər]

접 ~인지 아닌지

🔊 웨더 > 왜 더 > 왜 더 먹지 > 💬 초대받은 친구가 서너 번 먹더니 수저를 놓자 주인이 물었다. "왜 더 먹지 그래. 네가 이 음식을 좋아하는 것인지 아닌지 모르겠다." 그러자 친구가 말했다. "어제 먹은 음식이 체했나 봐."

I don't know **whether** to laugh or cry.
웃어야 할지 울어야 할지 모르겠네.

20

unless
[ənlés]

접 ~하지 않으면

🔊 언네스 > 안 냈어 > 💬 비가 오지 않으면 공짜 관람이라서 표 값을 안 냈어.

The doctors will not operate **unless** they are paid.
진료비가 지급되지 않으면 그 의사는 수술에 들어가지 않을 것이다.

☐01
below
[bilóu]

전 부 ~의 아래에

🔊 빌로우 > 빌러 와 > 💬 어른에게 무례한 행동을 했으니 어서 빌러 와라. 발 아래에 와서 무릎을 꿇고 빌어.

He tried to hold his breath **below** the water.
그는 물 아래에서 숨을 유지하려고 애썼다.

☐02
beyond
[bijánd]

전 ~을 넘어서, ~이 미치지 않는

🔊 비얀드 > 비 온다 > 💬 비가 온다. 억수같이 쏟아진다. 저 고개를 넘어서 비가 미치지 않는 동굴이 있다. 그곳으로 빨리 가 보자.

Dream of doing something **beyond** your ability.
능력을 넘어서는 일을 하는 꿈을 꾸어라.

☐03
rod
[rád]

명 막대기, 회초리

🔊 라드 > 놔 둬 > 💬 학교 가는 길에 동생 영주가 싸우고 있다. 나는 급히 달려가서 소리쳤다. "영주를 가만히 놔 둬. 그렇지 않으면 막대기로 팰 거야."

Spare the **rod** and spoil the child.
매를 아끼면 아이를 망친다.

☐04
depress
[diprés]

동 침울하게 하다, 우울하게 하다

🔊 디프레스 > 찌푸렸어 > 💬 내가 좋아하는 남자친구가 나를 보고 눈을 찌푸렸어. 그래서 나를 침울하게 했어.

명 depression
우울증, 우울함

You **depress** me with your boring talk.
너의 그 따분한 이야기가 나를 우울하게 만드는구나.

☐05
rid
[ríd]

동 제거하다 (rid – rid – rid)

🔊 리드 > 이 더러워 > 💬 이가 더러워지면 치석을 제거해야 한다.

Get **rid** of it.
그거 치워 버려.

□06
rub
[rʌb]

⑧ 문지르다, 바르다
🔊 러브 > 루비 > 💬 보석 루비는 문지르면 더욱 빛이 난다.

She has a habit of **rubbing** her face.
그녀는 얼굴을 문지르는 버릇이 있다.

□07
flow
[flóu]

⑧ 흐르다, 넘쳐 흐르다
🔊 플로우 > 흘러 > 💬 홍수가 나서 물이 흘러 넘친다. 이재민이 많이 생겨 걱정이다.

Water **flowed** from the tap.
물이 수도꼭지에서 흘러나왔다.

Tip 'tap'은 '수도꼭지'의 뜻으로 쓰여요.

□08
murder
[mə́:rdər]

⑲ 살인
🔊 머더 > 묻어? > 💬 살인을 저질러 놓고 땅에 묻어? 악마 같은 인간이야.

He was involved in a **murder** case.
그는 살인 사건에 대한 재판에 관계하게 되었다.

□09
whistle
[hwísl]

⑧ 휘파람 불다 ⑲ 휘파람, 호각
🔊 휘슬 > 휘슬 > 💬 100미터 달리기 때 선생님께서 출발을 알리는 휘슬(호각)을 부셨다.

The dog responded to the **whistle** and came back.
그 개는 휘파람 소리를 듣고는 되돌아왔다.

□10
musician
[mju:zíʃən]

⑲ 음악가
🔊 뮤지션 > 무지(매우) 시원 > 💬 그 음악가의 곡은 음정 폭이 크고 넓어서 무지 시원하게 느껴진다.

I want to be a **musician**.
나는 음악가가 되고 싶다.

주요단어 DAY 42 STORY 중학 영단어

DAY 42 185

11

nuclear
[njúːkliər]

[형] 핵의, 원자력의

🔊 누클리어 > 누구 클라 > 누구 큰일 나 > 💬 핵 개발에 정신없는 나라를 가리키며 우리나라가 하는 말. "핵의 사용을 잘못하는 누구 큰일 나."

They were worried about the French **nuclear** test.
그들은 프랑스의 핵실험을 염려했다.

12

arrange
[əréindʒ]

@ arrangement
준비, 마련

[동] 정리하다, 준비하다, 배열하다

🔊 어레인지 > 어떤 레인지 > 💬 잔칫날이다. 고기를 굽는데 어떤 레인지는 고장 나서 정리하고 다른 레인지를 준비했다. 새 레인지를 일렬로 배열하니 열 개는 된다.

I **arranged** my desk drawer.
나는 책상 서랍을 정리했다.

13

roar
[rɔ́ːr]

[동] 으르렁거리다, 울부짖다

🔊 로어 > 놓아 > 💬 개 두 마리가 고기 뼈다귀를 물고 서로 "놓아, 놓으라니까" 하고 으르렁거린다.

The lion **roared**.
사자가 으르렁거렸다.

14

foundation
[faundéiʃən]

[명] 기초, 기반, 근거

🔊 파운데이션 > 파온 데 있어? > 💬 흙을 파온(판) 데 있어? 그곳이 집을 지을 기초가 되는 콘크리트 막대를 세울 곳이야.

This report has a solid **foundation**.
이 보도는 확실한 근거가 있다.

15

chimney
[tʃímni]

[명] 굴뚝

🔊 침니 > 춥니? > 💬 찬바람이 부는데 얼마나 춥니? 굴뚝에 연기 좀 피워야겠다(불을 때야 되겠다).

The smoke rose over the **chimney**.
연기가 굴뚝 위로 피어올랐다.

16 rob
[ráb]

동 강탈하다

🔊 랍 > 피랍 > 💬 큰아버지는 납치범에 의해 피랍당하였다. 납치범은 큰아버지가 소지한 물건을 다 강탈하였다.

He was arrested for **robbing** a bank.
그는 은행을 털다가 체포되었다.

---

17 carrot
[kǽrət]

명 당근, 홍당무

🔊 캐럿 > 캐러 > 💬 아버지가 텃밭에 심은 당근을 캐러 가자고 하신다.

Rabbits like **carrots**.
토끼는 당근을 좋아한다.

---

18 shade
[ʃéid]

명 그늘

🔊 셰이드 > 씌우다 > 💬 산의 그늘이 외딴 마을을 검게 씌우(웠)다.

I love trees for providing **shade** in the summer.
나는 나무들이 여름이면 그늘을 제공해 주기 때문에 나무들을 사랑한다.

---

19 fellow
[félou]

명 친구, 동료, 녀석

🔊 펠로우 > 팔로 > 💬 친구가 다쳐 팔로 부축하여 병원으로 데려갔다.

My **fellow** students were just as wise as I.
나의 동료 학생들은 나처럼 현명했다.

---

20 purpose
[pə́:rpəs]

명 목적, 용도

🔊 퍼퍼스 > 뽀뽀했어 > 💬 여자친구와 결혼할 목적으로 뽀뽀했어. 참 잘했군.

The **purpose** of this project is to set students free.
이 계획의 목적은 학생들을 자유롭게 하는 것이다.

DAY 43

STORY 중학 영단어

☐ 01
associate
[əsóuʃièit]

⑲ association
협회, 제휴, 유대

동 연상하다, 교제하다

🔊 어소우시에이트 > 어? 소우씨, 애(아이)가 있다 > 💬 어? 소우 씨, 애(아이)가 있다. 아, 소우 씨가 결혼했음을 연상할 수 있구나.

I **associate** my parents with happiness.
나는 내 부모님에게서 행복을 연상한다.

☐ 02
stair
[stέər]

명 계단

🔊 스테어 > 섰대요 > 💬 할머니는 계단을 오르다가 힘이 부쳐서 섰대요.

He climbed the **stairs**.
그는 계단을 올라가고 있다.

☐ 03
license
[làisəns]

명 특허, 면허, 허가

🔊 라이선스 > 나 이런 선수 > 💬 나 이런 선수야. 다시 말해 특허, 면허 분야에 뛰어나단 말이지.

Do you have a driving **license**?
당신은 운전면허를 갖고 있습니까?

☐ 04
set
[sét]

동 놓다, 맞추다, 정하다

🔊 세트 > 세트장 > 💬 방송의 사극 등을 촬영하기 위해 특별히 만들어 놓은 시설을 세트장이라 해요. 세트장에서는 도구를 맞추고, 배역을 정하는 일이 신속하게 이루어져요.

Set a goal before you start.
시작하기 전에 목표를 정하라.

☐ 05
charm
[tʃáːrm]

명 매력   동 (사람을) 매료하다, 황홀하게 하다

🔊 참 > 참 > 💬 저 아가씨 참 매력이 있다. 나를 단 시간에 매료했다. 사귀고 싶구나.

He turned on his **charm**.
그는 자신의 매력을 발산하기 시작했다.

06

storm
[stɔ́ːrm]

혱 stormy
폭풍우가 몰아치는

명 폭풍우

🔊 스톰 > 스톱 > 💬 한 달간 계속되었던 폭풍우가 이제 스톱되었다.

There was huge damage due to the **storm**.
폭풍 때문에 극심한 피해가 있었다.

07

direct
[dirékt]

몡 direction 방향

동 지시하다, 알려 주다   혱 똑바른, 직접적인, 직통의

🔊 다이렉트 > 다 이랬다 > 💬 회사 간부가 부하에게 지시하며 알려 주는 말. "여러분 하는 일이 이제까지 다 이랬다. 너무 형편없이 해 왔어요. 앞으론 똑바른 자세로 해요."

Let me know the **direct** passage to the secret cave.
그 비밀 동굴로 가는 직통 경로를 알려 주세요.

08

drown
[dràun]

동 물에 빠져 죽다, 익사하다

🔊 드라운 > 더러운 > 💬 만일 더러운 물에 빠져 익사한다고 가정해 봅시다. 매우 난처하게 느껴지겠지요.

The rat **drowned** in a bowl of milk.
그 쥐는 우유가 담긴 그릇에 빠져 죽었다.

09

court
[kɔ́ːrt]

명 (테니스) 코트, 법원, 재판소

🔊 코트 > 코트 > 💬 법원(재판소) 근처에 테니스 코트가 있었어.

The **court** finds you guilty.
법원에서 당신은 유죄로 밝혀졌습니다.

10

ax
[ǽks]

명 도끼

🔊 액스 > 액스 자(字) > 💬 도끼로 나무를 액스 자(字) 모양으로 잘랐다.

The **ax** handle broke.
도끼 자루가 부러졌다.

☐ 11
instance
[ínstəns]

명 보기, 예

🔊 인스턴스 > 인수 턴 수 > 💬 어머니는 인수가 남의 과수원 턴 수를 예(보기)로 들면서 혼내셨다.

For **instance**, there are people who hate oranges.
예를 들어, 세상에는 오렌지를 싫어하는 사람들도 있다.

☐ 12
might
[màit]

조 ~할 가능성이 있다, ~일지도 모른다 (may의 과거)

🔊 마이트 > 다이너마이트 > 💬 아마 저 산에 설치한 다이너마이트가 곧 폭발할지도 모른다.

She **might** be in love with him.
그녀는 그를 사랑하고 있을지도 모른다.

☐ 13
trade
[tréid]

명 무역, 거래 **동** 교환하다

🔊 트레이드 > 트래 이도 > 💬 트래. 이도 무역 회사와 거래를 트래.

It's a fair **trade**.
그것은 공평한 거래로군.

☐ 14
successful
[səksésfəl]

형 성공한, 출세한

🔊 석세스펄 > 석쇠에서 펄펄 > 💬 나는 마술가입니다. 나는 석쇠에서 펄펄 나는 재주를 가졌습니다. 그러니 나는 대단히 성공한 사람 중의 하나입니다.

My business was **successful**.
나의 사업은 성공적이었다.

☐ 15
path
[pǽθ]

명 길, 보도

🔊 패쓰 > 패스 > 💬 길이나 보도에서 패스 연습을 하면 차나 행인과 추돌할 우려가 있어 위험하다.

It could be a bicycle **path**.
그것이 자전거 도로일 수도 있어.

□16
anyone
[éniwʌn]

대 누군가, 누구

🔊 에니원 > 애 니 원 > 💬 요즘은 세상이 자유분방하여 누구나(아무나) 애가 되니 나 원 참.

Does **anyone** want another cup of coffee?
커피 한 잔 더 하실 분 없습니까?

□17
handsome
[hǽnsəm]

형 잘생긴, 멋진

🔊 핸섬 > 한 섬 > 💬 가을에 논에서 벼를 수확하여 한 섬(한 가마니)을 등에 가볍게 지고 오는 사람은 어떻게 생겼을까? 멋지고 잘생겼겠지.

He is a **handsome** boy.
그는 잘생긴 소년이다.

Tip 'handsome'은 '잘생긴'의 뜻으로 남자에게 쓰고, 여자에게는 'pretty'나 'beautiful'을 써요. 'handsome'의 'd'는 묵음으로 발음하지 않아요.

□18
cheek
[tʃíːk]

명 볼, 뺨

🔊 치크 > 칙 그어 > 💬 짓궂은 동생이 잠자는 동안에 볼에다 볼펜을 칙 그어놓았다.

The man kissed her **cheek**.
그 남자는 그녀의 뺨에 뽀뽀했다.

□19
appoint
[əpɔ́int]

명 appointment
약속, 임명

동 지정하다, 약속하다, 임명하다

🔊 어포인트 > 어! 보인다 > 💬 "이리 와 봐. 어! 보인다." "뭐가 보여?" "농촌 봉사활동하기로 약속한 마을이 보여. 지금부터는 봉사할 가정을 지정하고, 책임자를 임명하자."

The newly **appointed** president visited Taiwan.
새로 임명된 대통령은 대만을 방문했다.

□20
exit
[égzit]

명 출구   동 나오다

🔊 이그지트 > 액씨트(철자 기준) > 애썼다 > 💬 불 났을 때 출구를 찾느라고 너무나 애썼다.

The **exit** is around the corner.
출구는 모퉁이를 돌면 있습니다.

중요단어

DAY **43**

STORY 중학 영단어

□ 01

abuse
[əbjúːs]

동 **남용하다, 학대하다**　명 **남용**

🔊 어뷰즈 〉 업어줘 〉　💬 업어줘 소리를 남용하는 버릇없는 내 동생이 안쓰럽다.

Drug **abuse** is a serious problem.
약물 남용은 심각한 문제이다.

□ 02

astonish
[əstániʃ]

동 **깜짝 놀라게 하다**

🔊 어스타니시 〉 어서 타 너 슈 〉　💬 아버지가 "어서 타 너" 하셔서 청룡열차를 타자마자 슈하고 공중으로 솟구쳤다. 깜짝 놀라게 하는 순간이었다.

He was **astonished** when she asked him to marry her.
그는 그녀가 청혼했을 때 놀라워했다.

□ 03

extreme
[ikstríːm]

형 **극도의, 과격한**

🔊 익스트림 〉 익수 트림 〉　💬 익수는 극도의 트림이 있어 입원했다.

We had **extreme** cold this winter.
올해 겨울은 매우 추웠다.

□ 04

surround
[səràund]

동 **둘러싸다**

🔊 서라운드 〉 서라가 운다 〉　💬 이서라가 가족들에 둘러싸여 운다.

Trees **surround** the lake.
나무들이 호수를 둘러싸고 있다.

□ 05

supper
[sʌ́pər]

명 **저녁밥**

🔊 서퍼 〉 어서 퍼 먹어 〉　💬 하루 종일 굶었다니 얼마나 배고프겠니? 저녁밥을 어서 퍼 먹어라.

What's for **supper**?
저녁 메뉴는 뭐예요?

□06

drawer
[drɔ́:ər]

명 서랍

🔊 드로어 > 더러워 > 💬 이 친구 몸도 안 씻더니 서랍을 보니 역시나 무척 더러워.

This desk has six **drawers**.
이 책상은 서랍이 여섯 개이다.

□07

eastern
[í:stərn]

형 동쪽의, 동방의, 동양의

🔊 이스턴 > 있었던 > 💬 뉴욕에 있었던 런던에 있었던 간에 네가 아무리 옮겨 다녀도 너는 동양의(동쪽의) 사람이야.

It is in an **eastern** port.
그것은 동쪽 항구에 있다.

□08

forever
[fɔːrévər]

부 영원히, 언제나

🔊 퍼레버 > 퍼래, 봐 > 💬 저 소나무는 퍼래, 봐. 영원히 시들지 않는 소나무의 고결함이 부럽다.

He'll love you **forever**.
그는 영원히 당신을 사랑할 겁니다.

□09

gentleman
[dʒéntlmən]

명 신사, 양반

🔊 젠틀먼 > 잰(재는)+틀림없는+맨(사람) > 💬 잰 틀림없는 맨(사람)이야. 즉 '신사'라는 말씀.

Ladies and **gentlemen**, we have a winner!
신사 숙녀 여러분, 여기 오늘의 승자가 있습니다!

□10

high
[hài]

형 높은   부 높이, 높게

🔊 하이 > 하이 > 💬 까마득히 높은 곳에서 서커스하는 사람이 '하이'하고 소리치고 있다.

The mountain is **high**.
그 산은 높다.

중요단어

DAY 44

STORY 중학 영단어

clue
□11
[klú:]

명 단서, 실마리, 증거

🔊 클루 > 클러 > 💬 엉킨 실타래를 클러. 그러면 실마리(단서)가 풀리게 된다.

I haven't the slightest **clue**.
내게는 아주 작은 증거조차 없다.

far
□12
[fá:r]

부 멀리, 훨씬, 대단히

🔊 파 > 파 > 💬 장난삼아 침을 파하고 내뱉었더니 아주 멀리 날 아갔다.

Do not go **far**.
너무 멀리까지 나가지는 말거라.

money
□13
[mʌ́ni]

명 돈

🔊 머니 > 뭐니 > 💬 뭐니 뭐니 해도 돈이 제일이라고 하는 사람을 보았지. 글쎄 나는 동감하지 않아.

Time is **money**.
시간은 돈이다.

spread
□14
[spréd]

동 펼치다, 바르다, 칠하다, 퍼지게 하다

🔊 스프레드 > 스프레이 들고 > 💬 예술가 아저씨는 빨간 스프레이 들고 신문을 펼친 후 색을 발랐다(칠했다).

The file is **spread** out everywhere.
그 파일은 사방에 퍼져 있다.

particular
□15
[pərtíkjulər]

형 특별한, 특정한, (입맛 등이) 까다로운

🔊 퍼티큘러 > 파티 굴러 > 💬 그 친구는 파티에서 특별한 묘기를 보 여 준다면서 굴러 넘어졌다. 참 이상한 사람이구나.

Do you care for any **particular** sports?
특별히 좋아하는 운동이 있나요?

□ 16
suit
[súːt]

동 ~에 알맞다, ~에 어울리다　명 옷 한 벌, 정장

🔊 수트 > 숱도 >　💬 그는 머리 숱도 많아서 머리핀이 어울린다.

I think this jacket **suits** me.
이 재킷은 나에게 어울리는 것 같다.

□ 17
steel
[stíːl]

명 강철, 강철 제품

🔊 스틸 > 스칠 >　💬 공사장 사이를 달려가다 다리가 강철에 스칠 뻔했지 뭐야.

The frame is made of **steel**.
그 뼈대는 강철로 만들어졌다.

□ 18
anxiety
[æŋzàiəti]

명 걱정, 불안, 열망, 갈망

🔊 앵자이어티 > 영자야! 티 >　💬 영자야! 티 걱정 그만해라. 티셔츠에 대한 열망을 알았으니 하나 사 주마.

Sometimes, **anxiety** itself is the hardest thing to overcome.
때때로, 불안 그 자체가 이겨내기 가장 힘든 것이다.

□ 19
pepper
[pépər]

명 후추　동 후추를 뿌리다

🔊 페퍼 > 폐 퍼 >　💬 후추를 많이 먹었더니 폐가 퍼질 듯 아프네.

Pepper was really expensive.
후추는 굉장히 비쌌다.

□ 20
examination
[igzæmənéiʃən]

명 시험, 검사, 조사

🔊 이그재머네이션 > 익재미네에션 > 이재민네에션 >　💬 이재민네에션 담당 공무원이 방문하여 피해 정도를 시험하고 조사한다고 야단났네.

Examinations make students nervous.
시험은 학생들을 불안하게 만든다.

중요단어

DAY

44

STORY 중학 영단어

DAY  45

STORY 중학 영단어

☐ 01
watch
[wátʃ]

명 손목(회중)시계, 감시　동 보다, 돌보다, 감시하다

🔊 와치 > 어찌 > 💬 지각한 친구가 벌을 받고 있다. "너는 어찌 시계를 안 맞춰 놓고 잤느냐. 알람을 맞춰 놓아야지. 앞으로는 너 자신을 스스로 돌봐라."

I **watched** the children playing in the yard.
나는 정원에서 놀고 있는 아이들을 바라보았다.

☐ 02
farm
[fá:rm]

명 농장, 농원

🔊 팜 > 팜 > 💬 보리를 심기 위해 땅을 팜은 무엇이 있어야 가능할까? 그야 물론 '농장'이지.

I work on a **farm**.
나는 농장에서 일한다.

☐ 03
give
[gív]

동 주다 (give – gave – given)

🔊 기브 > 기부(寄附) > 💬 한자 기부(寄附)도 '주다'의 뜻, 영어 기부(give)도 '주다'의 뜻. 정말 신기한 단어일세.

I **gave** her a kiss on the cheek.
나는 그녀의 뺨에 키스했다.

☐ 04
queen
[kwí:n]

명 여왕

🔊 퀸 > 핀 > 💬 여기 있는 사람 중에서 방귀 제일 잘 핀, 다시 말해 방귀의 여왕이 누구냐?

I admire our **queen**, Elizabeth 1.
나는 우리의 여왕님 엘리자베스 1세를 존경한다.

☐ 05
true
[trú:]

형 사실의, 진실의, 성실한

🔊 트루 > 뚫어 > 💬 감추려 들지 않고 속에 있는 것을 모두 뚫어 보이듯이 사실을 알려 주는 사람이 진실하고 성실한 사람이야.

It's **true**. I saw it with my own eyes.
그것은 진실이야. 내 눈으로 똑똑히 봤어.

196

miss
[mís]

[동] 놓치다, 그리워하다

[🔊] 미스 > 미스 > [💬] 5년 동안 사귀던 미스 김과 싸운 후 헤어져 결국 놓치고 말았는데 요즘도 나는 그녀를 그리워한다.

I **missed** the train.
나는 기차를 놓쳤다.

airport
[ɛ́ərpɔ̀ːrt]

[명] 공항

[🔊] 에어포트 > 에어+포트 > [💬] air(에어)는 '하늘, 공중'의 뜻이고 port(포트)는 '항만, 항구'의 뜻에서 airport는 '공항'이 되었지.

The **airport** is always crowded.
공항은 언제나 많은 인파로 북적거린다.

fast
[fǽst]

[형] 빠른, 단단한 [부] 빨리, 단단히

[🔊] 패스트 > 페스트 > [💬] 유럽에 전염병인 페스트가 빠른 속도로 전염된 시절이 있었다.

Airplanes are **fast**, but light is faster.
비행기는 빠르지만 빛보다는 느리다.

together
[təɡéðər]

[부] 함께, 동시에, 계속해서

[🔊] 터개더 > 두 개 더 > [💬] 혼자 있으면 과자를 잘 먹지 않는데 동생과 함께 있으니 '한 개 더, 두 개 더'를 동시에 외치며 계속해서 먹어 댄다.

Let's go to the park **together**.
함께 공원에 가요.

answer
[ǽnsər]

[명] 대답, 답신, 해답 [동] 대답하다

[🔊] 앤서 > 안 써 > [💬] 김병호. 왜 답을 안 써. 그럼 0점이야.

There is no **answer** that I can give you.
나는 너에게 답을 해줄 수가 없네.

dream
[drí:m]

□11

명 꿈, 이상　동 꿈을 꾸다

🔊 드림 > 드림 > 💬 세계 각지에서 우리나라로 앞다투어 들어오는 것을 '코리안 드림'이라고 하지. 이 말은 '한국에 대한 꿈'이란 뜻이야.

She is the woman of my **dreams**.
그녀는 내가 꿈에 그리던 여성이다.

---

bathroom
[bǽθrù(:)m]

□12

명 목욕실, 화장실

🔊 배쓰룸 > 뱄어+룸(room) > 💬 "땀이 뱄어. 그러면 목욕해야지. 목욕을 하는 룸(room)은?" "목욕실이지. 그런데 목욕실은 화장실도 겸하네."

Make sure not to slip on the **bathroom** floor.
욕실 바닥에서는 미끄러지지 않도록 조심하거라.

---

brown
[bràun]

□13

명 갈색　형 갈색의

🔊 브라운 > 브라운 > 💬 방송 강좌에 나오는 브라운씨를 보았지? 갈색 피부를 가진 사람 말이야.

He spilled coffee on my t-shirt and left a **brown** stain.
그는 내 티셔츠 위에 커피 를 엎질러 갈색 얼룩을 남겼다.

---

evening
[í:vniŋ]

□14

명 저녁, 밤

🔊 이브닝 > 이브닝드레스 > 💬 누나가 밤에 입는 옷 보았지? 그걸 이브닝드레스(evening dress)라고 해. 이브닝(evening)은 '저녁', 드레스(dress)는 '옷'이라는 뜻이야.

It's already **evening**.
벌써 저녁이네.

---

keep
[kí:p]

□15

동 보관하다, (약속을) 지키다, 계속하다

🔊 킵 > 깊이 > 💬 검술 도사가 제자에게 말했다. "이 물건을 깊이 잘 보관해라. 이 약속은 꼭 지켜야 한다. 그리고 검술은 깨달을 때까지 계속해야 한다."

I **keep** in contact with my friends.
나는 내 친구들과 연락을 계속하고 있다.

16
homework
[hóumwə́:rk]

명 숙제

🔊 호움워크 > 홈 워크 > 홈(home)은 '집'의 뜻. 워크(work)는 '일'의 뜻. 학생들이 집에서 하는 일은 숙제뿐이 더 있겠는가?

I haven't even started my **homework** yet.
아직 숙제는 시작도 하지 못했는데.

17
same
[séim]

형 같은, 동일한

🔊 새임 > 쌤쌤 > 너와 나는 '쌤쌤이다'라는 말을 자주 쓰는데 이 말은 '너와 나는 같다'의 뜻이야.

You two look the **same**.
너희 두 명은 똑같이 생겼다.

18
word
[wə́:rd]

명 말, 낱말, 약속

🔊 워드 > 워드프로세스 > "미정아. 너 컴퓨터 용어 워드프로세스란 말 들어 보았지?" "그래. 워드프로세스 시험을 보고 자격증도 땄지. 워드는 '말', '낱말', '단어' 등의 뜻이야."

We didn't speak a **word** to each other all evening.
우리는 저녁 내내 서로 아무 말도 하지 않았다.

19
handkerchief
[hǽŋkərtʃif]

명 손수건

🔊 행커칩 > 헹궈 칩 > 헹궈 찝찝 > 여자친구의 손수건을 헹궈 주었다. 왜냐하면 너무 많이 울어서 눈물이 배어 찝찝해서.

The woman dropped a **handkerchief**.
그 여자는 손수건을 떨어뜨렸다.

20
iron
[àiərn]

명 철, 다리미 동 다림질하다

🔊 아이언 > 아, 이런 > 아, 이런! 무거운 철이 공장 기술자의 발을 다림질해 버렸네.

I was **ironing** when they arrived.
나는 그들이 도착했을 때 다림질을 하고 있었다.

중요단어

DAY **45**

STORY 중학 영단어

□ 01
swing
[swíŋ]

동 흔들(리)다, 돌리다 (swing–swung–swung)

🔊 스윙 > 스윙 > 💬 "야구 선수가 배트를 좌우로 흔들거나 힘차게 돌리는 것을 뭐라고 하지?" "스윙이라고 해. 공에 맞추지 못하고 휘두르면 헛스윙이라고 하지."

His arms **swung** as he walked.
그가 걸어갈 때 팔이 흔들렸다.

□ 02
ill
[íl]

형 병든, 나쁜

🔊 일 > 일 > 💬 친구 아버지는 평생 일만 하다가 나쁜 병에 걸려 버렸다.

I am often **ill**.
나는 자주 아파요.

□ 03
flower
[fláuər]

명 꽃

🔊 플아우어 > 풀 아울러 > 💬 공원에는 풀과 아울러 아름다운 꽃이 많이 피어 있었다.

The rose is my favorite **flower**.
장미는 내가 가장 좋아하는 꽃이다.

□ 04
town
[táun]

명 도시, 읍

🔊 타운 > 타운 > 💬 미국 LA에 한인 타운이라는 데가 있는 것 알지? 한국인이 사는 '도시'라는 뜻이야. '읍'을 뜻하기도 해.

She lives in a **town**.
그 여자는 도시에 산다.

□ 05
land
[lǽnd]

명 육지, 뭍, 국가   동 착륙하다

🔊 랜드 > 에버랜드 > 💬 "용인 에버랜드(everland)에 가 보았나?" "에버랜드는 '바다'가 아니라 '육지'에 있었어요." "그래. 랜드(land)는 '육지'의 뜻이지." "잉글랜드(England)도 육지에 있는 국가야."

He wants to visit a foreign **land**.
그는 외국 방문을 원한다.

06
mouse
[màus]

명 생쥐

🔊 마우스 > 마우스 > 💬 컴퓨터 모니터에 연결되어 있는 마우스가 있지. 어떻게 생겼니? 꼭 생쥐와 같지?

The **mouse** ran into the hole.
그 생쥐가 구멍 안으로 달려 들어갔다.

Tip mouse의 복수는 mice예요.

07
once
[wʌns]

부 한때, 한 번, 옛날에

🔊 원스 > 원수 > 💬 법 없이도 살 수 있다는 그 사람도, 남과 다투어 원수를 진 일이 딱 한 번 있었다.

I was **once** a famous scientist.
나는 한때 유명한 과학자였다.

08
bike
[bàik]

명 자전거

🔊 바이크 > 봬! 이크! > 💬 "영수야 옆에 오는 자전거를 잘 봬!" "이크! 자전거에 걸려 넘어졌네."

Riding a **bike** along the Han River is fun.
자전거를 타고 한강을 따라 달리는 일은 신나는 일이다.

09
large
[láːrdʒ]

형 큰, 많은

🔊 라지 > 크라지 > 💬 어머니가 아들에게 하시는 말씀. "우리 아들 한없이 크라지." "예, 많은 노력을 하여 큰 인물이 될 거요."

Everything **large** and beautiful is worth noticing.
모든 크고 아름다운 것들은 살펴볼 가치가 있다.

10
listen
[lísn]

동 듣다

🔊 리슨 > 이순 > 💬 사람의 나이 60을 이순(耳順)이라고 해. 이 나이가 되면 인생의 진리를 잘 깨닫게 되고 남의 말을 잘 듣게 되지.

My friend never **listens** to me.
친구는 절대 내 말은 듣지 않는다.

Tip 'listen'의 't'는 묵음으로 발음하지 않아요.

중요단어 DAY 46 STORY 중학 영단어

☐ 11

movie
[múːvi]

명 영화

🔊 무비 > 무자비 > 💬 나는 서로가 무자비하게 싸움을 벌이는 영화는 좋아하지 않는다.

The **movie** starts at 7 O'lock.
그 영화는 7시에 시작해.

☐ 12

drum
[drʌm]

명 드럼, 북   동 두드리다

🔊 드럼 > 드럼 > 💬 형, 드럼을 어떻게 치지? 쿵쿵 두드려서 치지.

Let's dance to the sound of the **drum**!
북 소리에 맞추어 춤을 춥시다!

☐ 13

minute
[mínit]

명 분, 짧은 시간

🔊 미니트 > 미니 트럭 > 💬 내가 도착하자, 미니 트럭이 짧은 시간 즉, 1분 정도 있다가 출발했다.

It is 7 **minutes** after 5.
5시 7분이다.

☐ 14

early
[ə́ːrli]

형 이른, 일찍의   부 일찍, 초기에

🔊 얼리 > 얼리 > 💬 '얼리버드(early bird)'라는 비행기표 예약 제도가 있어. 일찍 예약하면 가격을 50% 이하로도 할인 받을 수 있지.

The **early** morning bird catches the worm.
아침 일찍 일어나는 새가 벌레를 잡는다.

☐ 15

buy
[bài]

동 사다

🔊 바이 > 바이 > 💬 북한에서 물건 사 달라고 할 때 쓰는 말. "이 바이(봐이) 동무 하나만 사 달라우야."

Buying dolls makes me happy.
인형을 사는 것은 나를 행복하게 한다.

□16
none
[nʌ́n]

대 아무('않다'의 뜻) 사람

🔊 넌 > 넌 > 💬 난 소중한 사람. 넌 아무것도 아닌 사람. 이런 식으로 남을 업신여기면 절대로 안 돼.

And then there were **none**.
그리고 아무도 없었다.

□17
everywhere
[évri*h*wɛ̀ər]

부 어디라도, 어디에나

🔊 에브리훼어 > 에브리훼어 > 💬 에브리(every)는 '모든'의 뜻이고, 훼어(where)는 '장소'의 뜻이야. 그래서 에브리훼어(everywhere)는 합쳐서 '어디라도, 어디에나'의 뜻이지.

Trees are **everywhere**.
나무들은 어디에나 있다.

□18
clean
[klíːn]

형 깨끗한, 청결한, 순결한

🔊 클린 > 클리너 > 💬 청소기나 세제를 클리너(cleaner)라고 한다. 청소기나 세제의 공통점은 깨끗하게 하는 것이다. 그렇다면 클린(clean)은 '깨끗한', '청결한'의 뜻이구나.

Be sure to wear a **clean** shirt.
꼭 깨끗한 셔츠를 입도록 해라.

□19
daughter
[dɔ́ːtər]

명 딸

🔊 도터 > 도가 터 > 💬 우리 딸은 노는 데에는 정말 도가 텄어요. 숙제를 마치자마자 친구 집에 가서 밤늦게까지 놀아요.

My **daughter** is the prettiest girl in the world.
내 딸은 이 세상에서 가장 예쁜 여자아이이다.

□20
afterward
[ǽftərwərd]

부 후에, 나중에

🔊 애프터워드 > 애부터 와주시오 > 💬 홍수가 나서 이재민들을 학교에 수용하고 있다. 식사 시간이 되어 밥을 배급받는데 배급하는 사람이 "애부터 와주시오. 어른들은 나중에 나오시오"라고 말했다.

3 days **afterward**, they left the city.
3일 후에, 그들은 그 도시를 떠났다.

중요단어 DAY 46 STORY 중학 영단어

STORY 중학 영단어

□ 01
season
[síːzn]

명 계절, 시기

🔊 시즌 > 시즌 > 💬 '바야흐로 독서의 시즌이 되었다.' 이런 말 들어봤지? 그렇다면 시즌(season)의 뜻은? '계절', '시기'.

Winter is my favorite **season**.
겨울은 내가 가장 좋아하는 계절이다.

□ 02
power
[páuər]

명 힘, 권력

🔊 파워 > 파워 핸들 > 💬 아빠 자동차의 파워 핸들(power handle) 만져 보았니? 운전하면서 핸들을 살짝만 돌려도 힘 있게 돌아가는 핸들을 파워 핸들이라고 해. 파워있는 사람이라는 말은 '권력 있는 사람'이라는 뜻이지.

Knowledge is **power**.
아는 것이 힘이다.

□ 03
stone
[stóun]

명 돌, 석재, 보석

🔊 스토운 > 3톤 > 💬 무게가 3톤이나 되는 돌이 산사태로 길 아래로 떨어졌다. 그 돌 속에는 보석의 원석이 들어 있었다.

There are many **stones** in the mountain.
산에 돌이 많다.

□ 04
tower
[táuər]

명 탑, 타워, 망대, 누대

🔊 타워 > 타워 > 💬 "서울 남산에 남산타워가 있더군." "그래 남산 타워의 타워는 '탑'의 뜻인데 전망대의 뜻도 있어."

The floor of the CN **Tower** is made out of glass.
CN 타워의 바닥은 유리로 되어 있다.

□ 05
sleep
[slíːp]

동 자다   명 잠, 수면

🔊 슬립 > 슬슬 졸립 > 💬 이틀간 중간고사 준비를 하느라고 잠을 못 잤다. 이제 슬슬 졸립다. 그러면 어떻게 해야 할까? 무조건 자야 한다.

She always **sleeps** late at night.
그녀는 항상 밤늦게 잔다.

06
hospital
[hǽspitl]

명 병원

🔊 하스피틀 > 하수구 비틀 > 💬 하수구에서 비틀거리다가 빠져버렸네. 그래서 병원 신세를 졌네.

I like **hospital** visits.
나는 병원에 가는 것이 좋다.

07
race
[réis]

명 경주, 인종   동 경주하다, 달리다

🔊 레이스 > 애 있어 > 💬 나에게는 귀한 애가 있어. 그를 경주 잘하는 인종으로 만들고 싶어.

I'm so happy because I won this **race**.
나는 이 경주에서 승리해서 정말 행복하다.

08
kitchen
[kítʃən]

명 부엌

🔊 키천 > 끼친 > 💬 우리집 가족의 영양 섭취에 가장 큰 영향을 끼친 장소는 어디인가? 부엌이다.

My mother's **kitchen** is always clean.
어머니의 부엌은 항상 깨끗하다.

09
wonderful
[wʌ́ndərfəl]

형 훌륭한, 멋진

🔊 원더펄 > 원더풀 > 💬 외국 사람들이 우리나라에 와서 가을 하늘을 보며 원더풀을 연방 외쳐대는데, 이때의 원더풀(wonderful)은 '훌륭한', '멋진'의 뜻이다.

I live a **wonderful** life.
나는 멋진 삶을 살고 있다.

10
serve
[sə́:rv]

동 ~에 봉사하다, 제공하다

🔊 서브 > 서빙(serving) > 💬 식당에서 손님들에게 봉사하고 음식물을 제공하는 일을 서빙한다고 하지?

Breakfast is **served** from 7 a.m to 10 a.m.
아침 식사는 오전 7시부터 10시까지 제공됩니다

중요단어 DAY 47 STORY 중학 영단어

□ 11
roof
[rúːf]

명 지붕

🔊 루프 > 로프 > 💬 아! 이렇게 높은 지붕에서 내리려면 로프가 필요하겠구나.

The **roof** is covered with snow.
지붕이 눈으로 덮여 있다.

□ 12
age
[éidʒ]

명 나이, 시대

🔊 에이지 > 애(자식) 있지 > 💬 "이 나이에 애(자식) 있지. 애 없으면 안 되지." "그래요? 요즘 시대는 혼자 사는 사람 많아요."

There is an **age** difference between me and my boyfriend.
나와 내 남자 친구 사이에는 나이 차가 있다.

□ 13
office
[ɔ́ːfis]

명 회사, 사무소

🔊 오피스 > 오피스텔 > 💬 오피스텔은 주거용이 아니고 사무실로 사용하는 집이야. 이로 미루어 오피스는 '회사', '사무소'의 뜻임을 알 수 있어.

Come into my **office**.
내 사무소로 들어오게.

□ 14
late
[léit]

형 최근의, 늦은 　 부 늦게

🔊 레이트 > 오래 있다 > 💬 최근의 누나 모습은 학교에서 오래 있다 늦은 시간에 지쳐서 파김치가 되어 돌아오는 모습이다.

I am **late** for school.
나는 학교에 늦었어요.

□ 15
dull
[dʌ́l]

형 우둔한, 지루한

🔊 덜 > 돌 > 💬 돌머리처럼 우둔한 사람 보았나. 1더하기 1을 5라고 하네요.

She is a **dull** girl.
그녀는 우둔한 소녀이다.

□ 16
lunch
[lʌntʃ]

몡 점심　통 점심을 먹다

🔊 런치 › 넌 치워 › 💬 난 점심을 맛있게 먹을게. 넌 방을 치워라.

I had french-fries for **lunch** today.
나는 오늘 감자칩을 점심으로 먹었다.

□ 17
short
[ʃɔːrt]

혱 짧은, 키가 작은 (↔ tall)

🔊 숏 › 숏 › 💬 키가 작은 사람을 숏다리라고 하지.

He is **short** and fat.
그는 키가 작고 통통하다.

□ 18
somewhere
[sʌmhwɛ̀ər]

믜 어딘가에

🔊 섬웨어 › 숨어 › 💬 산토끼가 이 근처 어딘가에 숨어 있다. 모두들 부지런히 찾아보자.

The birds are **somewhere** inside the cage.
새들은 우리 안 어딘가에 있다.

□ 19
great
[gréit]

혱 훌륭한, 큰, 위대한

🔊 그레이트 › 그래 있다 › 💬 두 친구가 서로 자기 집안이 훌륭하다고 싸우고 있다. 한 친구가 "너 가족 중에 훌륭한 사람 있어?" 하고 묻자, 다른 친구가 "그래 있다." 하고 소리쳤다.

Mom, you are **great**! Thank you for this new shirt!
엄마, 훌륭해요! 이 새 셔츠 정말 고마워요!

□ 20
hope
[hóup]

통 희망하다, 바라다　몡 희망

🔊 호웁 › 호흡 › 💬 나는 시 대표 축구 선수이다. 다른 선수들과 호흡을 잘 맞출 수 있기를 희망한다.

혱 hopeful
희망에 찬, 기대하는

I **hope** to meet you again soon.
당신과 곧 다시 만나기를 바랍니다.

□ 01

heart
[háːrt]

몡 심장, 마음, 가슴

🔊 하트 › 하트 › 💬 "하영아, 하트가 무슨 모양이지?" "그야 가슴 속에 있는 심장 모양이지. 하트는 '마음'을 뜻하기도 해."

She has a **heart** of gold.
그녀는 아름다운 마음을 가지고 있어요.

□ 02

sad
[sǽd]

몡 sadness 슬픔, 슬픈 일

혱 슬픈

🔊 새드 › 새도록 › 💬 밤이 새도록 슬픈 이야기를 나누었다.

I am so **sad** that my dog is dead.
강아지가 죽어서 너무 슬프다.

□ 03

restaurant
[réstərənt]

몡 요리점, 음식점

🔊 레스터런트 › 레스토랑 › 💬 온 가족이 회식할 때 음식점인 레스토랑에 가서 맛있는 음식을 먹어 보았겠지.

Do you want to eat out at a **restaurant**?
레스토랑에서 외식할래?

□ 04

cold
[kóuld]

혱 추운, 차가운, 냉정한   몡 감기

🔊 코울드 › 콜드 › 💬 누나 화장품에 콜드크림(coldcream)이 있었어. 호기심에 발라 봤더니 차가운 느낌이 들었어. 차가운 느낌이 들면 감기에 걸릴 수도 있겠네.

It's **cold** outside.
밖은 춥다.

□ 05

either
[íːðər]

혱 어느 하나의   대 둘 중 하나   부 ~도 또한, 역시

🔊 이더 › 이도 › 💬 이(치아)도 어느 하나가 없으면 옆에 있는 이 역시 상하기 쉽다.

It's **either** me or Princess Leia!
나 또는 레아 공주 중 하나를 선택해!

06

handle
[hǽndl]

명 손잡이 동 다루다

🔊 핸들 > 핸들 > 💬 자전거 핸들을 잘못 다루면 넘어진단다.

The door **handle** broke off.
그 문손잡이가 떨어져 나갔다.

07

sick
[sík]

형 앓는, 병든

🔊 식 > 식식 > 💬 아저씨는 아파서(병들어서) 식사도 제대로 하지
못하고 식식거리고 있다.

I was **sick** so I couldn't attend the class.
나는 아파서 수업에 나올 수 없었다.

08

quick
[kwík]

형 빠른 부 빨리, 신속히

🔊 퀵 > 퀵서비스 > 💬 퀵서비스로 물건 배달하는 사람은 엄청나게
빠르지. 내가 보니까 바람을 타고 다니던데.

Come here! **Quick**!
이리 와! 빨리!

09

basketball
[bǽskitbɔ̀ːl]

명 농구

🔊 배스킷 볼 > 배스킷+볼 > 💬 배스킷(basket)은 '바구니'의 뜻. 볼
(ball)은 '공'의 뜻. 바구니처럼 생긴 골대에 공을 넣는 운동은 무엇
일까? 그야 농구이지.

Michael Jordan is the most famous **basketball** player.
마이클 조던은 가장 유명한 농구 선수이다.

10

fur
[fɔ́ːr]

명 모피 (제품), 털

🔊 퍼 > 퍼덕 > 💬 동물의 가죽을 모피라고 하는데 모피를 보면 마
치 동물이 퍼덕이는 것 같은 느낌을 지울 수가 없어.

Wolf **fur** is soft.
늑대의 털은 부드럽다.

□ 11
hall
[hɔ́:l]

명 홀, 집회장, 회관

🔊 홀 > 홀 > 💬 우리 동네는 마을 회관의 넓은 홀을 집회장으로 사용하고 있다.

The **hall** was dark and empty.
그 홀은 어둡고 비어 있었다.

□ 12
birthday
[bə́:rθdèi]

명 생일

🔊 버쓰데이 > 벗은+데이 > 💬 옷을 완전히 벗은 아기가 온 데이 (날)가 생일입니다.

I received a **birthday** present from my friend.
나는 친구로부터 생일 선물을 받았다.

□ 13
nail
[néil]

명 손톱, 못

🔊 네일 > 내 일 > 💬 "당신은 무슨 일에 종사하나요?" "내 일은 손톱을 물들여 주는 손톱 마사지사입니다."

I painted my **nails**.
나는 손톱을 물들였다.

□ 14
load
[lóud]

명 짐, 부담

🔊 로우드 > 손가락으로도 > 💬 그 장수는 손가락으로도 무거운 짐을 번쩍 들었다. 그렇게 무거워도 손가락에 부담이 되지 않은 듯하다.

I am having a hard time with the work **load**.
나는 업무의 부담 때문에 힘들다.

□ 15
doctor
[dάktər]

명 의사

🔊 닥터 > 탁 터 > 💬 나는 갑자기 쓰러져서 병원에 갔다. 어머니께서 걱정스러운 얼굴로 "의사 선생님, 뜸 들이지 말고 탁 터놓고 무슨 병인지 알려 주세요."라고 말씀하셨다.

Hey, **doctor**, what are you talking about?
이보시오. 의사 양반, 그게 대체 무슨 소리요?

210

□ 16
alone
[əlóun]

형 혼자의, 외로운 부 홀로

🔊 얼로운 > 얼른 > 💬 아들아, 방학이 되었으니 얼른 오너라. 혼자의 몸으로 얼마나 외로우며 고생이 많았느냐. 이 어미는 너만 생각할 뿐이다.

I feel so **alone**.
나 외롭다고 느껴요.

□ 17
ceiling
[síːliŋ]

명 천장

🔊 실링 > 실린 > 💬 풍선에 실린 광고물이 실내 야구장 천장에 닿았다.

There is a black stain on the **ceiling**.
천장에 검은 얼룩 자국이 있었다.

□ 18
state
[stéit]

명 상태, 국가, 주(洲)

🔊 스테이트 > 솥에 있다 > 💬 김 박사가 개발한 신품종 감자가 익은 상태로 솥에 있다. 이 감자는 국가에서 특별히 관리하는 품종이다.

How's the patient's **state**?
환자의 상태는 어떠합니까?

□ 19
trousers
[tràuzərz]

명 바지

🔊 트라우저즈 > 뚫어졌어 > 💬 "승재야 뚫어졌어." "뭐가?" "바지의 무릎 부분이 뚫어졌어."

Trousers are comfortable.
바지는 편안하다.

Tip▶ 바지의 뜻으로는 trouser에 s를 붙여 'trousers'처럼 복수로 써요.

□ 20
half
[hæf]

명 절반, (경기의) 전반 부 절반으로

🔊 해프 > 해! 푸! > 💬 수영 선수가 거의 절반 정도 헤엄쳤을 때, 힘들어서 '해! 푸!' 하고 거친 숨을 내쉬었다.

I ate **half** the apple and gave the other **half** to my dog.
나는 사과의 절반을 먹고 나머지 반을 개에게 주었다.

Tip▶ half의 'l'은 묵음으로 발음하지 않아요.

□01
city
[síti]

명 **시, 도시**

🔊 시티 > 시티 > 💬 도시에 오니 시티가 난다. 촌에 가면 촌티가 나겠지?

Seoul is a busy **city**.
서울은 아주 분주한 도시이다.

□02
stick
[stík]

명 **막대기, 나무토막**   동 **찌르다**

🔊 스틱 > 스틱 > 💬 하키에서 공을 넣는 막대기(나무토막)를 스틱이라고 하잖아. 스틱을 잘못 쓰면 상대를 찌를 수 있어.

Pepero is a **stick** covered with chocolate.
빼빼로는 초콜릿으로 뒤덮인 막대기이다.

□03
telephone
[téləfòun]

명 **전화, 전화기**

🔊 텔러폰 > 텔러+폰 > 💬 텔러(tele)는 '먼'의 뜻이고, 폰(phone)은 '전화'의 뜻이야. 그래서 합쳐진 텔러폰(telephone)은 '전화', '전화기'의 뜻이지.

The **telephone** rang.
전화벨이 울렸다.

□04
god
[gád]

명 **신, 하느님, 하나님**

🔊 갓 > 갓 > 💬 '오 마이 갓(Oh My God)'은 놀라거나 탄식할 때 쓰는 말로, '신이시여, 하느님 맙소사'의 뜻이야.

God bless you, my son.
신의 축복이 함께 하기를, 나의 아들아.

□05
act
[ǽkt]

형 active
활동적인, 적극적인

명 **행위, 행동**   동 **행동하다, ～에 영향을 미치다**

🔊 액트 > 액운을 틀어막다 > 💬 어려울 때에도 액운을 틀어막는다는 자세로 올바로 행동하면 남에게 좋은 영향을 미치게 된다.

Do not **act** like a fool.
바보처럼 행동하지 말거라.

---

diet
[dàiət]

명 다이어트, 일상적 식사

🔊 다이어트 > 다이어트 > 💬 누나는 남자 친구한테 차인 후 다이어트를 하여 몸무게를 10kg이나 줄였다.

My mother told me to go on a **diet**.
어머니가 나에게 다이어트를 하라고 말했다.

---

rather
[ræðər]

부 약간, 다소, 꽤, 오히려, 차라리

🔊 레더 > 레도 > 💬 서양 음계의 '레' 음은 '도' 음보다 약간(다소) 더 높은 소리가 난다. 이 점을 여러 번 강조했는데 너무 못하는구나. 차라리 내가 하는 게 낫겠다.

I feel **rather** tired.
나는 약간 피곤하다.

---

sell
[sél]

동 팔다 (sell – sold – sold)

🔊 셀 > 셀 > 💬 "미정아, 물건 값이 셀(높을) 때 물건을 사는 것이 유리하냐. 파는 것이 유리하냐?" "그야 당연히 파는 것이 유리하지요."

Are you **selling** this stuff?
이 물건들 파는 건가요?

---

month
[mʌnθ]

명 달, 월

🔊 먼쓰 > 만 쓰 > 💬 한 달만 쓰고 드릴게요. 나에게 책을 빌려 주세요.

What **month** is it?
지금이 몇 월이지?

---

paint
[péint]

명 페인트, 그림물감 동 페인트칠하다, 그림 그리다

🔊 페인트 > 페인트 > 💬 페인트를 가지고 그림물감 삼아 그림을 그리든지 칠하든지 네 마음대로 해라.

I have to **paint** the wall.
나는 벽을 칠해야 해.

중요단어 DAY 49 STORY 중학 영단어

□ 11

happy
[hǽpi]

형 **행복한, 즐거운**

🔊 해피 > 해가 피어나는 > 💬 나는 늘 행복한 마음으로 하루를 시작한다. 얼마나 행복하면 해가 뜨는 모습을 '해가 피어난다'고 느낄까?

I am **happy**!
나는 행복해!

□ 12

nice
[nàis]

형 **좋은, 훌륭한, 친절한**

🔊 나이스 > 나이스 정수기 > 💬 정수기 광고 중에 '나이스 정수기'라는 것 보았지? 품질 좋고 훌륭한 정수기이며 친절하게 애프터서비스를 해 준다는 의미로 이름 지었을 것 같아.

It's so **nice** of you to say so.
그렇게 말하다니 너는 참 친절하다.

□ 13

yard
[jáːrd]

명 **마당, 구내, 뜰, 야드**

🔊 야드 > 야드 > 💬 마당에서 던진 공이 30야드나 날아 공장의 구내 뜰까지 날아가 버렸네.

Children are playing in the **yard**.
아이들이 마당에서 놀고 있다.

Tip▶ 길이의 단위로서 1야드는 약 0. 9미터예요.

□ 14

cousin
[kʌ́zn]

명 **사촌, 친척**

🔊 커즌 > 커진 > 💬 사촌이 땅을 사면 배가 아프다는 말이 있듯이, 사촌의 커진 재산을 보면 정말 시기하는 마음이 생길까?

My **cousin** is just a baby.
나의 사촌은 아직은 아기이다.

□ 15

garden
[gáːrdn]

명 **뜰, 정원, 동산**

🔊 가든 > 가둔 > 💬 우리 집 정원에 가둔 새가 날아갔다.

The **garden** is full of flowers.
이 정원은 꽃들로 가득 차 있다.

□16
wood
[wúd]

명 **나무, 숲, 삼림**

🔊 우드 > 우도 > 💬 우도는 제주 성산항에서 출발하는데 우도에 도착하면 우도봉에 있는 나무 숲(삼림)이 장관을 이룬다.

The dark and strange **wood** was full of wild animal.
그 어둡고 이상한 숲에는 거친 야생동물들이 가득했다.

□17
luck
[lʌ́k]

명 **운, 행운**

🔊 럭 > 럭 > 💬 너 행운의 숫자가 뭔지 아니? 응, 7을 럭키(lucky) 세븐이라고 해. 여기에서 럭키는 '행운의'란 뜻의 형용사이며, '럭(luck)'은 '행운'이란 뜻의 명사이지.

Some people have all the **luck**.
어떤 사람들은 운을 타고난다.

□18
ship
[ʃíp]

명 **배**

🔊 십 > 쉽게 > 💬 배는 파도에 쉽게 전복되지 않도록 만들어야 한다.

I prefer **ships** over airplanes.
나는 비행기보다 배가 좋다.

□19
excite
[iksàit]

동 **흥분시키다, 흥미를 일으키다**

🔊 익사이트 > 익사했다 > 💬 사람이 익사했다는 소식을 듣고 적지 않게 흥분되었다.

There is a lot of **exciting** things you can do with crayons.
크레파스로 할 수 있는 흥미로운 일은 무수히 많다.

□20
hen
[hén]

명 **암탉**

🔊 헨 > 흰 > 💬 아버지가 병아리를 사오셨다. 그 병아리가 자라서 흰 암탉이 되었다. 오늘 아침 흰 암탉이 알을 낳았다.

The **hen** laid eggs.
그 암탉은 알을 낳았어요.

중요단어

DAY **49**

STORY 중학 영단어

STORY 중학 영단어

□01

idle
[áidl]

형 게으른 (↔ diligent)   동 빈둥거리며 보내다

🔊 아이들 > 아이들 >   💬 우리 아이들은 게으르게 빈둥빈둥 놀아서는 성공할 수 없어요.

A lazy person is often **idle**.
게으른 사람들은 아무것도 하지 않고 시간을 보내는 편이다.

□02

model
[mádl]

명 모형, 모델   동 모형을 만들다

🔊 마들 > 모델 >   💬 아파트 모델하우스에 가 보았지? 실제 아파트가 아닌 모형으로 만들어 놓은 것이야.

My cousin is a fashion **model**.
내 사촌은 패션 모델이다.

□03

rank
[rǽŋk]

명 지위, 순위, 계급   동 평가하다

🔊 랭크 > 랭크 >   💬 우리나라 축구가 FIFA(국제축구연맹) 25위에 랭크되었다. 이런 뉴스를 보았지? 그럼 '랭크'의 뜻은? '순위', '지위'.

I was above him in **rank**.
나는 그보다 지위가 높다.

□04

cool
[kú:l]

형 서늘한, 냉정한, 멋진

🔊 쿨 > 쿨쿨 >   💬 쿨쿨 잠자는 사자 옆을 지나려니 간이 서늘해졌다.

The winter wind is **cool**.
겨울 바람이 서늘하다.

□05

arm
[á:rm]

명 팔, 무기(~s)

🔊 암 > 암 >   💬 어린아이가 아빠에게 장난감 무기를 사 달라고 보채고 있다. 아빠는 양쪽 팔을 합쳐서 팔짱을 끼고 "암. 사 주고 말고."라고 말씀하신다.

He held her **arm**.
그는 그녀의 팔을 잡고 있었다.

---

flash
[flǽʃ]
☐ 06

[동] 비추다, 번쩍이다   [명] 번쩍임

🔊 플래시 〉 플래시 〉 💬 손전등인 플래시를 잘 알고 있지? 불빛을 비추는 작은 전등 말이야. 밤에 비추면 번쩍이지.

The **flash** of light is bright.
번쩍이는 불빛이 밝다.

column
[kάləm]
☐ 07

[명] 칼럼, (신문, 잡지 등의) 기고, 기고란

🔊 칼럼 〉 칼+넘치다 〉 💬 신문에 기고한 그의 칼럼을 읽으면 시퍼렇게 날이 선 칼이 지면에 넘치는 것같이 날카로웠어.

He wrote a newspaper **column**.
그는 신문 칼럼을 하나 썼다.

meat
[míːt]
☐ 08

[명] 고기

🔊 미트 〉 미꾸라지 트럭 〉 💬 미꾸라지를 실은 트럭에는 무엇이 실려 있을까? 당연히 고기가 실려 있겠지.

I cannot live without **meat**.
나는 고기 없이는 살 수 없다.

fruit
[frúːt]
☐ 09

[명] 과일

🔊 푸르트 〉 푸르트 푸르트 〉 푸룻푸룻 〉 💬 푸룻푸룻한 과일을 보기만 해도 신맛이 날 것 같아 눈이 찌푸려진다.

I like **fruit**.
나는 과일을 좋아해요.

but
[bʌ́t]
☐ 10

[접] 그러나   [전] ~을 제외하고   [부] 다만

🔊 벗 〉 벗 〉 💬 벗은 서로 도움을 주고받을 수 있어서 좋다. 그러나 친하다고 함부로 대해서는 절대 안된다.

Uh, thank you, **but** I don't love you.
아, 미안해요. 그러나 나는 당신을 사랑하지 않는걸요.

중요단어 DAY 50 STORY 중학 영단어

□11
southern
[sʌ́ðərn]

형 **남쪽의**

🔊 서던 > 서든 > 💬 따뜻한 남쪽의 위치에 서든 추운 북쪽의 위치에 서든 그것은 너의 자유다.

Southern wind is warm.
남쪽의 바람은 따뜻하다.

□12
during
[djúəriŋ]

전 **~동안, ~하는 중**

🔊 듀어링 > 굶주린 > 💬 굶주린 원숭이들이 먹이를 먹는 동안 우리는 사진을 찍었다.

During my stay in Canada, my aunt took care of me.
캐나다에 머무는 동안, 이모가 나를 보살펴 주었다.

□13
touch
[tʌ́tʃ]

동 **손대다, 감동시키다, 닿다**　명 **닿음**

🔊 터치 > 터치 > 💬 화가 나면 '나를 터치하지 마'라고 하지. 즉, 손대지 말라는 뜻이지. 남의 마음을 터치하면 어떻게 될까? 감동시키게 되겠지.

Don't **touch** me.
내 몸에 손대지 마.

□14
map
[mǽp]

명 **지도**

🔊 맵 > 맵고 > 💬 맵고도 맛있는 고추장을 만든다는 청양군 고추장 공장을 쉽게 찾을 수 있었던 것은 지도 덕택이다.

He spread a **map** on the table.
그는 탁자 위에 지도를 펼쳤다.

□15
light
[làit]

명 **빛, 등불**　동 **불을 켜다**　형 **가벼운, 밝은**

🔊 라이트 > 라이터 > 💬 라이터로 불을 켤 수 있지. 그러면 빛이 나지. 밝지. 라이터는 가벼워 휴대하기가 편하지.

Light creates shadow.
빛은 그림자를 만든다.

corner
[kɔ́ːrnər]

☐16

몡 구석, 모퉁이

🔊 코너 > 코너 > 💬 마을 코너(모퉁이)를 도는데 갑자기 개가 달려들었다.

You will see the building when you turn the street **corner**.
그 길 모퉁이를 돌면 그 건물이 보일 거예요.

---

bridge
[brídʒ]

☐17

몡 다리

🔊 브리지 > 부러지지 > 💬 한강 다리는 워낙 튼튼하게 건설해서 웬만한 폭격으로는 부러지지 않는다.

The London **bridge** is falling down.
런던 다리가 무너지고 있다.

---

bat
[bǽt]

☐18

몡 야구방망이, 박쥐

🔊 배트 > 배트 > 💬 배트(야구방망이)를 들고 있는 이승엽 선수 모습을 텔레비전에서 많이 봤지? 그런데 박쥐들도 밤에 야구 배트를 휘두른다나. 믿거나 말거나.

He threw his **bat** and began to run.
그는 그의 야구방망이를 내던지고 달리기 시작했다.

---

cook
[kúk]

☐19

몡 요리하다, 끓이다, 굽다

🔊 쿡 > 국 > 💬 "국을 끓이는 것을 무어라 하나요?" "요리하다입니다." "딩동댕~ 정답입니다."

He **cooks** better than I do.
그는 나보다 요리를 잘한다.

---

business
[bíznis]

☐20

몡 사업, 일

🔊 비즈니스 > 비잔 있어? > 💬 외국에 가서 사업(일)을 하려면 필요한 게 비자야. 너 비잔 있어?

I took over my father's **business**.
나는 아버지의 사업을 이어받았다.

중요단어

DAY
50

STORY 중학 영단어

실력 쑥쑥! Check-up 5

A. 알맞은 우리말 짝꿍을 찾아서 선으로 연결하세요.

01	independent		ⓐ	보관하다, (약속을) 지키다, 계속하다
02	purpose		ⓑ	깜짝 놀라게 하다
03	associate		ⓒ	연상하다, 교제하다
04	astonish		ⓓ	목적, 용도
05	keep		ⓔ	독립한, 독립심이 강한

06	various		ⓐ	기초, 기반, 근거
07	foundation		ⓑ	여러 가지의
08	appoint		ⓒ	목욕실, 화장실
09	anxiety		ⓓ	지정하다, 약속하다, 임명하다
10	bathroom		ⓔ	걱정, 불안, 열망, 갈망

B. 알맞은 영단어 짝꿍을 찾아서 선으로 연결하세요.

11	친구, 동료, 녀석		ⓐ	spread
12	출구, 나오다		ⓑ	fellow
13	펼치다, 바르다, 칠하다, 퍼지게 하다		ⓒ	content
14	꿈, 이상, 꿈을 꾸다		ⓓ	exit
15	내용, 내용물, 만족한		ⓔ	dream

C. 스토리를 보고 빈칸에 들어갈 영단어를 적어보세요.

> **예시) carrot :** 아버지가 텃밭에 심은 당근을 캐러 가자고 하신다.

16	_____	: 타인이 나에게 주는 것은 어떤 것이라도 매우 작고 하찮은 것처럼 느껴지는 이유가 무엇인지 모르겠어. 남의 떡이 더 커 보인다는 말과 일맥상통하지.
17	_____	: 그 음악가의 곡은 음정 폭이 크고 넓어서 무지 시원하게 느껴진다.
18	_____	: 저 아가씨 참 매력이 있다. 나를 단 시간에 매료했다. 사귀고 싶구나.
19	_____	: 엉킨 실타래를 클러. 그러면 실마리(단서)가 풀리게 된다.
20	_____	: 한자 '기부(寄附)'도 '주다'의 뜻, 영어 기부(give)도 '주다'의 뜻. 정말 신기한 단어일세.

DAY 46~50 학습한 단어를 점검해보세요.

A. 알맞은 우리말 짝꿍을 찾아서 선으로 연결하세요.

01	clean	ⓐ	모피 (제품), 털
02	power	ⓑ	모형, 모델, 모형을 만들다
03	fur	ⓒ	깨끗한, 청결한, 순결한
04	excite	ⓓ	흥분시키다, 흥미를 일으키다
05	model	ⓔ	힘, 권력

06	swing	ⓐ	~에 봉사하다, 제공하다
07	serve	ⓑ	흔들(리)다, 돌리다
08	god	ⓒ	지위, 순위, 계급, 평가하다
09	rank	ⓓ	요리점, 음식점
10	restaurant	ⓔ	신, 하느님, 하나님

B. 알맞은 영단어 짝꿍을 찾아서 선으로 연결하세요.

11	지붕	ⓐ	bike
12	빠른, 빨리, 신속히	ⓑ	roof
13	자전거	ⓒ	quick
14	팔, 무기(~s)	ⓓ	garden
15	뜰, 정원, 동산	ⓔ	arm

C. 스토리를 보고 빈칸에 들어갈 영단어를 적어보세요.

> **예시)** garden : 우리 집 정원에 가둔 새가 날아갔다.

16 ____ : 사람의 나이 60을 이순(耳順)이라고 해. 이 나이가 되면 인생의 진리를 잘 깨닫게 되고 남의 말을 잘 듣게 되지.

17 ____ : 나는 시 대표 축구 선수이다. 다른 선수들과 호흡을 잘 맞출 수 있기를 희망한다.

18 ____ : "승재야 뚫어졌어." "뭐가?" "바지의 무릎 부분이 뚫어졌어."

19 ____ : "미정아, 물건 값이 셀(높을) 때 물건을 사는 것이 유리하냐, 파는 것이 유리하냐?" "그야 당연히 파는 것이 유리하지요."

20 ____ : 우리 아이들은 게으르게 빈둥빈둥 놀아서는 성공할 수 없어요.

□01
road
[róud]

명 길, 도로

🔊 로우드 › 이 길로도 › 💬 이 길로도 가보고, 저 도로로도 가보고. 다 가보았지요.

Which **road** should I take, left or right?
어떤 길로 가야 할까, 왼쪽 아니면 오른쪽?

□02
pick
[pík]

동 고르다, (꽃, 과일 등을) 꺾다

🔊 픽 › 픽 › 💬 씨름 경기에서 약한 선수를 골라 허리를 꺾으니 픽 쓰러졌다.

Pick a card.
카드를 골라라.

□03
dangerous
[déindʒərəs]

형 위험한

🔊 데인저러스 › 데인곳 저렬소 › 💬 데인 곳이 저렬소. 아, 안타깝게도 매우 위험하게 헐었군요.

It is **dangerous** to swim here.
여기에서 수영하는 것은 위험하다.

□04
rope
[róup]

명 새끼, 밧줄

🔊 로우프 › 로프 › 💬 애들아, 우리 전에 극기 훈련 가본 적 있지. 그때 로프에 매달려 경사길을 올라가는 훈련도 했었잖아. 이 '로프'라는 게 바로 '밧줄'이었지.

Here, hold this **rope**.
여기, 이 밧줄을 잡아.

□05
grain
[gréin]

명 곡식, 낟알

🔊 그레인 › 크레인 › 💬 크레인으로 곡식을 옮기고 있다.

We grew **grains** for bread.
우리는 빵을 얻기 위해 곡식을 재배했다.

□ 06
sale
[séil]

명 판매, 염가 판매

🔊 세일 > 세일 > 💬 학교 가는 길에 물건을 잔뜩 쌓아 놓고 바겐세일(bargain sale)하는 것을 보았지. 바겐(bargain)은 '싼 물건, 특가품'의 뜻이고 세일(sale)은 '판매'의 뜻이야.

The stores are having a huge **sales**.
상점들이 엄청난 염가 판매를 하고 있다.

□ 07
grass
[grǽs]

명 풀, 잔디

🔊 그래스 > 그랬어? > 💬 "잔디(풀)에 누워서 너와 함께 거니는 생각을 했어." "그랬어? 내가 자세히 관찰해 보니 코를 골며 자던데?"

Rabbits eat **grass**.
토끼는 풀을 먹는다.

□ 08
grammar
[grǽmər]

명 문법

🔊 그래머 > 그래 머 > 💬 흔히 "그래 머"라고 하는데, 문법적으로 잘못된 말이야. "그래 뭐"라고 해야지.

Correct **grammar** and spelling are important.
정확한 문법과 철자법은 중요하다.

□ 09
leaf
[líːf]

명 잎

🔊 립 > 잎 > 💬 노란 단풍잎이 지나가는 나를 잠시 머물게 하는구나.

He swept up a pile of dead **leaves**.
그는 낙엽 더미를 쓸어서 담았다.

Tip leaf의 복수는 leaves이에요.

□ 10
center
[séntər]

명 중심, 중앙, 핵심, (사람들이 모이는) 중심지, 종합시설

🔊 센터 > 센터 > 💬 센터는 '원을 그리는 중심점'이란 말에서 '중심', '가운데'의 뜻으로 쓰인다.

His building is in the **center** of the city.
그의 건물은 도시의 중앙에 있다.

□11
spell
[spél]

〔동〕 (단어를) 철자하다

🔊 스펠 > 스펠 > 💬 스펠을 철자하면 에스피이엘엘(spell)이 된다.

You **spelled** the word wrong.
이 단어 철자를 잘못 썼어.

□12
cloudy
[kláudi]

〔형〕 구름이 낀

🔊 클라우디 > 클라가 웃디? > 💬 구름이 낀 하늘을 보고 클라가 웃디? 예, 클라는 워낙 햇빛을 싫어해요.

Tonight we cannot see the stars because the sky is **cloudy**.
오늘밤은 하늘에 구름이 끼어서 별을 볼 수 없다.

□13
quiet
[kwàiət]

〔형〕 조용한, 말이 없는

🔊 콰이어트 > 콰이어도 > 💬 콰이어(교회의 성가대)도 조용히 앉아 있다.

I want to live in a **quiet** place.
나는 조용한 곳에서 살고 싶다.

□14
concert
[kánsə:rt]

〔명〕 음악회, 연주회

🔊 칸서트 > 콘서트 > 💬 피아노 콘서트는 '피아노 음악회'란 뜻이니까 콘서트는 '음악회'란 말이군.

I have two **concert** tickets. Care to join me?
연주회 표 두 장을 가지고 있다. 나와 함께 가겠니?

□15
heavy
[hévi]

〔형〕 무거운, 심한, 고된, 힘든

🔊 헤비 > 헤비 > 💬 몸무게가 많이 나가는 사람을 헤비급(級)이라고 하지. 이러한 사람은 자기 자신을 움직일 때 얼마나 무겁고 힘들까?

This bag is **heavy**.
이 가방은 무겁습니다.

□ 16
weak
[wíːk]

형 **약한, 서툰**

🔊 위크 > 이크! > 💬 "이크! 큰일 났다." 약한 새는 뱀이 혀를 날름거리며 들어오자 서툰 몸짓으로 기우뚱하며 둥우리에서 재빨리 빠져나갔다.

She was too **weak** to speak.
그녀는 말을 할 수 없을 정도로 약했다.

□ 17
wash
[wáʃ]

동 **씻다, 닦다, 밀려오다**

🔊 와시 > 왜 시원 > 💬 강원도 십이선녀탕에서 몸을 씻으니 왜! 시원하구나.

He **washed** his hands.
그는 손을 씻었다.

□ 18
horse
[hɔ́ːrs]

명 **말**

🔊 호스 > 호스 > 💬 뜨거운 여름날 무더위에 지친 말의 등에 호스로 물을 뿌려 주었다.

The **horse** is clever.
그 말은 영리하다.

□ 19
leg
[lég]

명 **(사람 또는 기구의) 다리, (가구의) 다리**

🔊 레그 > 리그 > 쪼그리고 > 💬 다리를 쪼그리고 앉으니 힘들구나.

The chair had 3 **legs**.
그 의자에는 다리가 3개 있다.

□ 20
heat
[híːt]

명 **열, 더위** 동 **열을 가하다, 데우다**

🔊 히트 > 히트 > 💬 히트(heat)는 '열', '열을 가하다'의 뜻이고, 히터(heater)는 '열을 가하는 기구' 즉 '난방 기구'의 뜻이에요.

The sun gives us **heat** and energy.
태양은 우리에게 열과 에너지를 준다.

DAY 52

STORY 중학 영단어

□ 01
sometimes
[sʌ́mtàimz]

　　부 **때때로, 가끔**

🔊 섬타임즈 › 섬뜩한 타임 줘 › 💬 학생들이 말을 듣지 않자 선생님은 때때로 섬뜩한 이야기하는 타임(시간)을 줘서 놀라게 하셨다.

I **sometimes** go to the library to study.
나는 가끔씩 도서관에 공부하러 간다.

□ 02
hold
[hóuld]

　　동 **손에 들다, 쥐다, 유지하다, 개최하다 (hold – held – held)**

🔊 호울드 › 홀로 들어가 › 💬 넓은 홀로 들어가니 어떤 사람이 책을 손에 들고 독서 대회를 개최하고 있었다.

They **held** hands.
그들은 손을 잡았다.

□ 03
loud
[làud]

　　형 **큰소리의, 시끄러운**　　부 **큰소리로**

🔊 라우드 › 나와도 › 💬 옆집 사람들이 모두 나와도 아랑곳하지 않고 큰소리로 시끄러운 소리를 내며 부부 싸움하는 저 남녀의 꼴이 참 딱하구나.

The boy had a **loud** voice.
그 소년은 목소리가 컸다.

□ 04
formal
[fɔ́ːrməl]

　　형 **형식적인, 정규의 (↔ informal)**

🔊 폼얼 › 폼만 잡는 얼굴 › 💬 그는 형식적인 폼만 잡는 얼굴을 하고 있다. 아직 정규의 직업이 없다.

This is my **formal** wear.
이것이 나의 정장입니다.

□ 05
waist
[wéist]

　　명 **허리**

🔊 웨이스트 › 왜 이 스트레스 › 💬 "왜 이렇게 스트레스가 쌓이지?" "너 허리를 다쳤잖아. 허리가 아프니 스트레스가 쌓이지."

This skirt is too tight at the **waist**.
이 치마는 허리가 너무 낀다.

□06
soap
[sóup]

명 비누

🔊 소웁 > 솝 > 섭섭 > 💬 내 친구는 나한테 섭섭할 때 얼굴에 비누를 칠하고 슬퍼서 운 것처럼 연극을 하던데 그게 과연 잘하는 짓인지 모르겠어.

I can't find the **soap**.
비누를 찾을 수가 없다.

□07
group
[grú:p]

명 떼, 무리, 집단   동 불러 모으다

🔊 그룹 > 그룹 > 💬 그룹은 '무리'나 '집단'을 뜻한다. 그룹사운드(group sound)는 집단으로 결성한 음악 악대를 이르는 말이다. "요즘 인기 있는 그룹사운드는 남녀 혼성으로 이루어진 '건뱀'이라고 하던데." "응, 내가 제일 좋아하는 그룹이야."

Let's meet for **group** study at seven.
그룹 스터디를 위해서 7시에 만납시다.

□08
island
[àilənd]

명 섬

🔊 아일런드 > 아일랜드 > 💬 영국 연방에서 독립한 아일랜드는 섬으로 구성되어 있다.

Robinson Crusoe lived on an **island**.
로빈슨 크루소는 섬에서 살았다.

⒯ⁱᵖ 'Island'의 's'는 묵음으로 발음하지 않아요.

□09
label
[léibəl]

명 꼬리표   동 꼬리표를 붙이다, 낙인찍다

🔊 레이벌 > 라벨(철자 기준) > 벨라 > 💬 아버지와 나는 해외여행을 가는 중이다. 공항에서 가방에 꼬리표를 붙였다. 아버지께서 말씀하셨다. "꼬리표 붙일 때 조심해. 날카로워서 벨라(벨까 두렵다)."

I put the **label** on my baggage.
나는 나의 짐에 꼬리표를 붙였다.

□10
say
[séi]

동 말하다, ~라고 씌어 있다.

🔊 세이 > 오세희 > 💬 오세희 선수가 "국내에서만 연습하겠다."고 말했다.

He **said** he wanted to marry me.
그는 나와 결혼하고 싶다고 말했다.

중요단어

DAY **52**

STORY 중학 영단어

□ 11

till
[tíl]

전 접 ~까지

🔊 틸 > 튈 > 💬 쌀을 튀밥 기계에 넣었다. 튀밥이 튈 때까지 한참 기다려야 한다.

I will never rest **till** I arrest you.
너를 체포하기 전까지는 나는 절대 쉬지 않을 것이다.

💡 till과 until은 모두 '~까지'의 뜻이지만, 격식을 갖추어 쓸 때는 until을 써요.

□ 12

many
[méni]

형 **많은, 다수의**

🔊 메니 > 많이 > 💬 콘서트에 사람이 많이 모였다. 많은 사람 중에 오빠도 보였다.

How **many** books do you have?
책을 얼마나 가지고 있습니까?

💡 '많은'의 뜻으로 'many'와 'much'가 있어요. 'many'는 셀 수 있는 명사와, 'much'는 셀 수 없는 명사와 함께 써요.

□ 13

lesson
[lésn]

명 **수업, 교훈**

🔊 레슨 > 레슨 > 💬 피아노 레슨은 피아노 수업이지. 우리는 선생님의 수업을 들으면서 교훈을 얻기도 하지.

Let this be a **lesson** to you, dear.
이것을 통해서 한 가지 배우는 것이 있었으면 좋겠네요.

□ 14

across
[əkrɔ́:s]

전 **~를 가로질러, 건너편에 가로질러**

🔊 어크로스 > 어클랐어 > 에! 큰일 났어 > 💬 네가 때렸다고 친구 아버지가 운동장을 가로질러 오고 계시니 에! 큰일 났어.

The bank is **across** the street.
은행은 길 건너편에 가로질러 있다.

□ 15

middle
[mídl]

형 **한가운데의, 중앙의**   명 **중앙, 허리**

🔊 미들 > 믿을 > 💬 연극에서 내가 맡은 대사는 다음 내용이었다. "맏이는 늙었고, 막내는 어리고, 믿을 것은 가운데의 너뿐이구나."

I woke up in the **middle** of the night.
나는 한밤 중에 일어났다.

□16

mile
[màil]

명 마일(거리의 단위 : 약 1,609m)

🔊 마일 > 마일 > 💬 여기서부터 1마일 떨어진 곳에 우체국이 있다.

The city is 30 **miles** away from here.
도시는 여기에서 30마일 떨어져 있다.

□17

beautiful
[bjúːtəfəl]

형 아름다운, 훌륭한

🔊 뷰터펄 > 부터 펄펄 > 💬 아름다운 여인이 무슨 기분 좋은 일이라도 있는지 아침부터 내 옆에서 펄펄 날아다니고 있으니 나도 기분이 좋구나.

Books written by T.R.R Tolkien are so **beautiful** that they make me cry.
톨킨이 쓴 책 들은 너무 아름다워서 읽을 때 눈물을 흘리게 만든다.

□18

dear
[díər]

형 사랑하는, 친애하는, 귀여운　　 감 어머나

🔊 디어 > 되어 > 💬 그의 사랑하는(귀여운) 사람이 되어 가까이 하고 싶구나.

Eat your baked beans, my **dear**.
이 구운 콩을 먹어 봐요. 내 사랑.

□19

term
[tə́ːrm]

명 학기, 기간, 용어

🔊 텀 > 템(철자 기준) > 💬 '생각보다 많은 정도'라는 뜻의 템은 이번 학기 기간에 배운 용어이다.

I don't want to fail my end-of-**term** exam.
나는 기말고사를 망치고 싶지 않다.

□20

double
[dʌ́bl]

명 2배　　 형 2배의

🔊 더블 > 더부룩 > 💬 잔칫날 뷔페에 가서 음식을 평소의 2배나 먹어댔더니 속이 더부룩하구나.

He had to pay **double**.
그는 2배의 금액을 내야 했다.

□ 01
too
[tú:]

부 너무, ~ 역시

🔊 투 > 투 > 💬 그녀는 말하는 투가 너무 귀여워서 누구에게나 사랑받는다고 한다. 나 역시 그런 생각이 들었다.

This handkerchief is **too** dirty to wear.
이 손수건은 너무 더러워서 쓸 수가 없다.

□ 02
tie
[tái]

동 묶다, 동점이 되다   명 넥타이, 동점, 유대관계

🔊 타이 > 넥타이 > 💬 넥타이 알지? 넥(neck)은 '목'의 뜻. 타이(tie)는 '묶다'의 뜻이야. 넥타이는 목을 묶는 것이니까 이해가 쉽지. 또 '점수가 타이가 되었다'에서의 타이는 '동점'의 뜻이지.

The dog was **tied** to the post.
그 개는 전신주에 묶여 있었다.

□ 03
flag
[flǽg]

명 기, 깃발, 국기

🔊 플랙 > 펄럭 > 💬 운동회 날이다. 기가 바람에 펄럭 나부낀다.

The soldier waved a **flag**.
그 병사는 깃발을 흔들었다.

□ 04
list
[líst]

명 표, 목록, 명단   동 목록을 만들다

🔊 리스트 > 리스트 > 💬 '우등생 리스트를 만들다'에서 '리스트'는 무슨 뜻일까? '목록', '표'의 뜻이야.

I forgot to bring my shopping **list**.
쇼핑 목록을 가져오는 것을 잊어버렸다.

□ 05
good
[gúd]

형 좋은, 즐거운, 잘하는, 선한

🔊 굿 > 굿 > 💬 굿모닝(good morning), 베리굿(very good) 등에서 알 수 있듯이 굿(good)은 '좋은', '즐거운', '잘하는' 등의 뜻이야.

Good, you did your homework.
좋아, 너 숙제를 다 했구나.

□ 06
lot
[lát]

[명] 많음, 제비

🔊 랏 > 롯(철자 기준) > 로또 > 💬 복권 로또에서 제비 뽑아 당첨되면 많은(많음) 돈이 생기지.

There are a **lot** of novels in the library.
그 도서관에는 많은 소설이 있다.

□ 07
then
[ðén]

[부] 그때, 그러면, 그러고 나서, 그 다음에

🔊 덴 > 뎅뎅뎅 > 💬 뎅뎅뎅… 시계가 12번 울렸다. 그때 소복을 입은 여인이 방으로 들어와 말했다. "원한을 풀어 주세요. 그러면 은혜는 꼭 갚겠어요." 그러고 나서 유유히 사라졌다.

And if he does not pay up, what **then**?
그가 빚을 갚지 않는다면, 그 다음엔 어떻게 할 것이지?

□ 08
life
[làif]

[명] 생명, 목숨, 생활, 인생

🔊 라이프 > 나이 four(4) > 💬 버려진 어린 생명을 주어다 길렀더니 어느새 나이가 four(4) 살이 되었네.

He was happy for most of his **life**.
그는 대부분의 생애 동안 행복했다.

□ 09
everybody
[évribàdi]

[대] 모든 사람, 누구나 다

🔊 에브리바디 > 에브리바디 > 💬 에브리(every)는 '모든'의 뜻이고, 바디(body)는 '몸', '신체'의 뜻이야. 그래서 합치면 '모든 사람'의 뜻이지.

Everybody dreams of falling in love.
모든 사람이 사랑에 빠지는 것을 꿈꾼다.

□ 10
beach
[bí:tʃ]

[명] 해변

🔊 비치 > 비치발리볼 > 💬 "텔레비전에서 미녀들이 비키니옷을 입고 배구 경기 하는 것 보았지? 그걸 뭐라 하지?" "비치발리볼." "어디에서 하던가?" "그야 당연히 해변에서 하지요."

You can see many people swimming at this **beach**.
이 해변에서 수영하는 많은 사람들을 볼 수 있다.

중요단어

DAY **53**

STORY 중학 영단어

11

long
[lɔ̀:ŋ]

형 긴   부 길게, 오래

발 롱 > 장롱 > 💬 방 안의 장롱은 대개 길이가 길다.

How **long** have you been in Busan?
부산에 오신 지 얼마나 되었나요?

12

child
[tʃàild]

명 어린이, 아이

발 차일드 > 차일 듯 > 💬 아이(어린이)가 엄마의 발에 차일 듯 바짝 곁을 따라가고 있다.

The **child** knocked on the door.
그 아이는 문을 두드렸다.

13

help
[hélp]

동 돕다

발 헬프 > 헬기 프로펠러 > 💬 산등성이 위에서 헬기 프로펠러가 빠르게 돌고 있다. 등산 중 조난당한 사람의 구조를 돕고 있다.

She **helped** an old woman cross the street.
그녀는 한 노파가 길을 건너는 것을 도와주었어요.

14

deep
[dí:p]

형 깊은, 짙은   부 깊이, 깊게

발 디프 > 깊어 > 💬 '깊어 가는'을 두 글자로 줄이면 '깊은'이다.

The swimming pool was too **deep**.
그 수영장은 너무 깊었다.

15

cruel
[krú:əl]

형 잔인한, 참혹한

발 크루얼 > 칼을 > 💬 칼을 물고기에 대고 찌르려는 잔인한 장면을 보았다.

T. S. Eliot said that April was the **cruelest** month.
T. S. 엘리엇은 4월은 가장 잔인한 달이라 말했다.

□ 16
dig
[díg]

동 파다, 알아내다 (dig – dug – dug)

딕 > 딕딕 > 삽으로 땅을 파 내려가니 '딕딕'거리는 소리가 났다. 그 밑을 계속 파니 구석기 유물이 나타났지. 유물을 통해 그 당시의 사회생활 모습을 알아낼 수 있었단다.

Tell me how to **dig** a hole.
구멍을 어떻게 파는지 말해 보게.

□ 17
easy
[íːzi]

형 쉬운, 용이한, 편안한

이지 > 잊지 > 못 알아듣는구나. 쉬운 말로 다시 한 번 설명할 테니 잊지 마라.

The **easy** questions went unanswered.
그 쉬운 질문은 답해지지 못한 채로 남겨졌다.

□ 18
deer
[díər]

명 사슴

디어 > 되어 > 사슴이 되어 넓은 초원을 맘껏 뛰어놀고 싶구나.

Venison is **deer** meat.
Venison은 사슴 고기이다.

□ 19
salt
[sɔ́ːlt]

명 소금

솔트 > 졸도 > 옛 문헌에 갑작스런 졸도에 소금을 따끈하게 하여 먹이면 곧 깨어난다고 한다.

Add a little bit of **salt**.
약간의 소금을 첨가하세요.

□ 20
bee
[bíː]

명 꿀벌

비 > 비 > 비 오는 날을 가장 싫어하는 동물이 꿀벌이래. 벌집이 비에 젖고 날개가 비에 젖고, 꽃도 비에 시들어 꿀을 딸 수가 없으니 당연하겠지.

Bees make honey.
벌은 꿀을 만든다.

DAY 54

STORY 중학 영단어

□01
date
[déit]

명 날짜, 데이트   동 적다, 사귀다, 데이트하다

🔊 데이트 › 데이트 › 💬 누나는 새로 사귄 남자 친구와 데이트할 날짜를 손꼽아 기다리고 있다.

The boy has not asked me out on a **date**.
그 남자아이는 나에게 데이트 신청을 하지 않았다.

□02
step
[stép]

명 단계, 걸음, 한 걸음

🔊 스텝 › 스텝 › 💬 "한 스텝 한 스텝 차근히 노력하면 성공할 수 있어." "스텝은 '걸음'의 뜻이군요."

We heard **steps** outside.
우리는 밖에서 발걸음 소리를 들었다.

□03
before
[bifɔ́:r]

전 ~의 앞에, ~ 전에

🔊 비포 › 비파 › 💬 비파 연주자 앞에 거문고 연주자가 앉았다. 공연 시작 전에 총연습이 실시되었다.

I used to be a car **before** I transformed into a robot.
내가 로보트로 변하기 전까지 나는 차였다.

□04
country
[kʌ́ntri]

명 나라, 국민, 조국, 시골

🔊 컨트리 › 건드리면 › 💬 "한 나라가 다른 나라를 건드리면 어떻게 되지?" "온 국민이 조국을 지키기 위해 대항하지. 그러다가 힘이 부치면 시골로 후퇴하지."

Many **countries** in Africa are at war.
아프리카의 여러 나라가 전쟁 중이다.

□05
copy
[kápi]

명 복사, 사본, 책의 부, 권   동 복사하다

🔊 카피 › 카피 › 💬 너 숙제한 것 카피(복사) 좀 해 줘. 시험 공부하려고 그래.

I handed out **copies** of my paper.
나는 내 논문의 복사본을 나눠 주었다.

234

□06
fence
[féns]

명 울타리, 담장

🔊 펜스 › 변소 › 💬 옛날 우리 할아버지들의 어린 시절에는 울타리로 둘러쳐진 변소가 흔했다고 한다.

The wooden **fence** is rotting.
그 나무 울타리는 썩어 가고 있다.

□07
balloon
[bəlú:n]

명 풍선, 기구

🔊 벌룬 › 벌 누운 › 💬 벌판에서 누운 상태로 위를 보니 기구가 떠 있다. 바로 대형 풍선이었다.

The red **balloon** is floating over our heads.
그 빨간 풍선은 우리의 머리 위를 날고 있다.

□08
twice
[twàis]

부 2회, 두 번, 2배

🔊 트와이스 › 투와 있어 › 💬 정연이는 운동장을 한 바퀴 돌고 "원(one)와 있어.", 두 번(바퀴) 돌고 나서는 "투(two)와 있어."라고 말한다.

He didn't even look at her **twice**.
그는 그녀를 다시 쳐다보기조차 않았다.

□09
mud
[mʌd]

명 진창, 진흙

🔊 머드 › 뭐드러워 › 뭐 더러워 › 💬 진흙 속에 빠진 사람이 뭐가 더러워. 진흙은 깨끗한 흙이야.

The child baked **mud** cakes for his friends.
어린아이는 친구들을 위해 진흙 케이크를 구웠다.

□10
wait
[wéit]

명 waiter 종업원

동 기다리다

🔊 웨이트 › 웨이터 › 💬 웨이터(waiter)를 생각해. 웨이터가 뭐야. 손님이 오기를 기다렸다가 시중들어 주는 사람이잖아. 그러니까 웨이트(wait)는 '기다리다'의 뜻이지.

He **waited** for the bus to arrive.
그는 도착하는 버스를 기다렸다.

□ 11

cookie
[kúki]

명 쿠키, 작고 납작한 과자

🔊 쿠키 > 쿡쿡키키 > 💬 여동생이 만들어 준 과자가 너무 작고 납작하게 못난이처럼 되어 쿡쿡키키하고 웃었다.

My friend bakes delicious **cookies**.
내 친구는 맛있는 쿠키를 굽는다.

□ 12

death
[déθ]

명 죽음

🔊 데쓰 > 됐어 > 💬 고령의 할아버지는 "최근 들어 모든 것이 다 됐어."라는 말을 되풀이하신다. 혹시 죽음을 암시하는 말이 아닐까 불안한 마음이 든다.

He believes in life after **death**.
그는 사후 세계를 믿는다.

□ 13

among
[əmʌ́ŋ]

전 ~의 사이에 (셋 이상)

🔊 어멍 > 에! 멍 > 💬 진우가 에! 멍한 모습으로 사람 사이에 있네.

I am **among** friends.
나는 친구들 사이에 있다.

□ 14

height
[hàit]

명 키, 높이, 고도

🔊 하이트 > 하이트맥주 > 💬 삼촌이 그러시는데 하이트맥주 인기의 높이가 하늘을 찌른다더구먼. 맛이 좋아서 그렇대.

Tell me your **height**.
당신의 키를 말해 주세요.

□ 15

idea
[aidíːə]

형 ideal 이상적인

명 생각, 관념

🔊 아이디어 > 아이지여 > 아이지요 > 💬 생각(관념)에 젖기를 잘 하는 것이 아이지요.

This is a good **idea**.
이거 좋은 생각이네요.

spot
[spát]
□16

(명) 장소, 얼룩

(🔊) 스팟 > 서 팟 > 어서 팟! > (💬) "이 장소에 보물이 묻혀 있어. 한눈팔지 말고 어서 팟!" "얼룩진 보자기에 싸인 물건이 나왔어요."

Home is my favorite **spot**.
집은 내가 좋아하는 장소이다.

hang
[hǽŋ]
□17

(동) 걸다, 걸리다, 매달다 (hang – hung – hung)

(🔊) 행 > 행낭 > (💬) 그 우체부 아저씨는 배달이 끝난 후 행낭을 나뭇가지에 매달아 놓는 습관이 있다

The picture **hung** in a room.
그 그림은 방에 걸려 있었다.

honest
[ánist]
□18

(형) 정직한

(🔊) 아니스트 > 아니 섰다 > (💬) 운전하며 사거리를 지났을 때, 빨간불이 들어왔다. 이를 보고 경찰이 쫓아와서 하는 말 "당신 빨간불 들어왔을 때, 섰어 안 섰어?"하고 다그치자 "아니 섰다, 왜 그래"하고 정직하게 말하는 것이었다.

Be **honest**, what are you hiding?
정직하게 말해라. 네가 지금 뭘 숨기고 있니?

(Tip) 'honest'의 'h'는 묵음으로 발음하지 않아요.

fly
[flái]
□19

(동) 날다, 비행하다 (명) 비행, 파리

(🔊) 플라이 > 플라이 > (💬) "야구에서 공이 높이 날아가는 것을 뭐라고 하지?" "플라이 볼". 이것으로 미루어 플라이는 '날다'의 뜻임을 알 수 있겠다.

Fly, bird, **fly**!
날아라, 새야, 날아라!

neck
[nék]
□20

(명) 목

(🔊) 넥 > 넥타이 > (💬) 넥타이(necktie)는 넥(neck)과 타이(tie : 묶다)가 합쳐져서 된 말로 '넥을 묶다'라는 뜻이다. 그럼 넥(neck)은 '목'의 뜻을 알겠구나.

He tied a handkerchief around my **neck**.
그는 내 목에 손수건을 둘러 주었다.

중요단어

DAY
54

STORY 중학 영단어

□01
less
[lés]

형 더 적은(little의 비교급)　부 더 적게

🔊 레스 > 냈소 > 💬 그는 다른 사람보다 더 적은 성금을 냈소.

This homework is **less** than half done.
이 숙제를 반보다는 조금 덜 했어요.

□02
seat
[síːt]

명 의자, 좌석, 관람석　동 앉다

🔊 시트 > 시트 > 💬 시트는 엉덩이를 대고 앉는 '의자'를 뜻하지. 교실의 의자 외에 버스의 좌석이나 영화관의 관람석도 시트라고 해.

May I take a **seat**?
앉아도 될까요?

□03
shut
[ʃʌ́t]

동 닫다

🔊 셧 > 샷다 > 💬 흔히 샷다 문을 닫는다라고 말하지. 그런데 올바른 표기는 '셔터(shutter)'야.

Make sure you **shut** the door.
문을 닫았는지 확인해.

□04
between
[bitwíːn]

전 ~의 사이에 (둘 사이)

🔊 비트윈 > 비튼 > 💬 기사가 무사의 팔을 비튼 사이에 공주는 겨우 도망할 수 있었다.

The sausage is **between** two loaves of bread.
소시지가 두 조각의 빵 사이에 끼워져 있다.

□05
nurse
[nə́ːrs]

명 간호사, 유모

🔊 너스 > 너스레 > 💬 내가 입원해 있을 때, 예쁜 간호사의 걸쭉한 너스레에 자주 웃음꽃을 피웠다.

There are many male **nurse** these days.
요즘에는 많은 남자 간호사들이 있다.

□06
grand
[grǽnd]

형 웅장한, 화려한

🔊 그랜드 › 그랜드 캐니언 › 💬 미국에 있는 거대한 골짜기를 영화로 본 경험이 있을 거야. 그 골짜기가 '그랜드 캐니언'인데 영화에서 본 그 장면이 너무나 웅장하고 화려해서 감탄사가 절로 나오더라.

The **grand** piano was sold.
그 그랜드 피아노는 팔렸다.

□07
gun
[gʌ́n]

명 총, 대포

🔊 건 › 권총 › 💬 권총과 대포는 다르다.

The policeman shot the **gun** at the thieves.
경찰은 강도들을 향해 권총을 쏘았다.

□08
raise
[réiz]

동 올리다, 세우다, 키우다

🔊 레이즈 › 레이스(달리기) › 💬 미연이는 레이스에서 피치를 올렸다. 그 결과 신기록을 세웠다. 나라에서 그를 유망주로 키운 보람이 있었다.

You **raise** me up.
당신이 나를 일으켜 줍니다.

□09
pitch
[pítʃ]

명 소리의 높이, 가락 동 던지다

🔊 피치 › 삐쳐 › 💬 내가 농담을 하자 친구가 갑자기 삐쳐서 소리의 높이를 올리고 연필을 던졌다.

He **pitched** a ball.
그는 공을 던졌다.

□10
member
[mémbər]

명 회원, 일원

🔊 멤버 › 멤버 › 💬 합창단 멤버, 걸스카우트 멤버 등에서 멤버의 뜻을 추측해 보자. '회원', '일원'의 뜻이구나.

A **member** of the reading club quit school.
독서 동아리의 일원이 학교를 그만 두었다.

중요단어 DAY 55 STORY 중학 영단어

DAY **55** 239

11

count
[káunt]

동 세다, 계산하다   명 셈, 계산, 백작

🔊 카운트 › 카운트 › 💬 "권투 선수가 맞아서 링에 누워 있을 때 심판이 하는 것은?" "카운트" "그래 맞았어. 일어날 때까지 하나 둘… 수를 세지."

I can **count** to ten, mama!
나 열까지 셀 수 있어요, 엄마!

12

aloud
[əláud]

부 큰 소리로, 소리 내어

🔊 얼라우드 › 얼라 운다 › 💬 얼라(어린아이)가 큰 소리로 운다. 그 옆에 있는 아이도 영문도 모르고 소리 내어 운다.

I read the novel **aloud**.
나는 소리 내어 소설을 읽었다.

13

other
[ʌ́ðər]

형 다른

🔊 어더 › 어+다 › 어 다르다 › 💬 "정윤아, '아 다르고 어 다르다' 라는 말 아니?"

Show me the **other** hand.
반대쪽 손도 보여 줘.

14

dish
[díʃ]

명 접시, 요리

🔊 디시 › 드시 › 드시죠 › 💬 접시에 맛있는 요리가 있으니 맘껏 드시죠.

This is the 7th **dish** that my father broke.
이것이 아버지가 깨신 7째 접시이다.

15

shadow
[ʃǽdou]

명 그림자

🔊 섀도우 › 새도록 › 💬 영수네 집에는 날이 새도록 그림자 하나 얼씬거리지 않았다.

I was frightened by my own **shadow**.
나는 내 자신의 그림자를 보고 놀랐다.

□16
sheet
[ʃíːt]

명 침대보, 홑이불, (종이 등의) 장

🔊 시트 › 시트 › 💬 시트가 더러워지면 빨아야 하는데, 이 시트는 '침대보' 외에 '홑이불', '(종이 등의) 장' 등의 뜻도 있어.

There is no **sheet** on the bed.
침대 위에 침대보가 없다.

□17
bean
[bíːn]

명 콩

🔊 빈 › 빈 › 💬 콩은 없어지고 빈 깍지만 남았네.

You should eat the **beans**.
너는 콩 다 먹어야 해.

□18
canal
[kənǽl]

명 운하, 수로

🔊 커낼 › 꺼낼 › 💬 배가 운하에 빠졌다면 쉽게 꺼낼 수 있을까. 쉽지 않을 겁니다.

The network of narrow **canals** is covering the surface of this city.
좁은 수로들의 그물망이 이 도시의 표면을 덮고 있다.

□19
thumb
[θʌ́m]

명 엄지손가락

🔊 썸 › 섬 › 💬 크게 성공한 삼촌은 섬을 떠난 지 30년 만에 고향으로 돌아오면서 엄지손가락을 번쩍 들었다.

He raised his **thumb**.
그는 엄지손가락을 치켜들었다.

□20
joy
[dʒɔ́i]

명 기쁨, 즐거움

🔊 조이 › 조이고 › 💬 정비사들은 닦고 조이고 기름칠하는 것을 큰 기쁨으로 삼는다.

My puppy brings me **joy**.
내 강아지는 나에게 즐거움을 준다.

□01
doll
[dál]

몡 **인형**

🔊 달 > 돌(철자 기준) > 💬 돌로 만든 인형이 값이 비싸게 팔리고 있다더군. 돌 보기를 황금처럼 해야겠네.

Chucky is a **doll** that I would not want to sleep with.
처키는 정말로 내가 같이 자고 싶지 않은 인형이다.

□02
bowl
[bóul]

몡 **사발, 접시, 그릇**

🔊 보울 > 볼 > 💬 우리 고향에서는 사발이나 접시와 같은 그릇 위에 볼을 올려놓고 들고 가면서 빨리 달리기 경기를 한다.

This **bowl** of soup is steaming hot.
이 한 그릇의 수프는 김이 나올 정도로 뜨겁네요.

□03
lip
[líp]

몡 **입술**

🔊 립 > 립스틱 > 💬 립스틱(lipstick)이란 말이 있어. 막대 모양의 입술연지이지. 립(lip)은 '입술', 스틱(stick)은 '막대기'의 뜻이야.

Her **lips** were bright red.
그녀의 입술은 밝은 빨간색이었다.

□04
magic
[mǽdʒik]

몡 **요술, 매력**

🔊 매직 > 매직 펜 > 💬 그 요술가는 매직 펜을 연필로 바뀌게 하는 요술을 부리는 참 매력적인 사람이다.

Do you believe in **magic**?
너는 요술을 믿니?

□05
crown
[kràun]

몡 **왕관**

🔊 크라운 > 크라운 > 💬 "왕관 모양의 그림 많이 보았죠. 그 밑에 뭐라고 써 있던가요." "crown이라고 되어 있어요. 그럼 크라운(crown) 제과는 왕관제과라고 하면 되나요?"

The wise king was wearing the **crown**.
그 현명한 왕은 왕관을 쓰고 있었다.

□06
hut
[hʌt]

명 오두막집

🔊 헛 > 헛 > 💬 오두막집에서 발을 헛디뎌 아래로 떨어졌다.

The wooden **hut** had a grass roof.
그 나무로 만든 오두막의 지붕은 풀잎으로 되어 있었다.

□07
face
[féis]

명 얼굴, 표정, 안색

🔊 페이스 > 패었어 > 💬 달리다 넘어져서 얼굴이 패었어.

He looked at her **face**.
그는 그녀의 얼굴을 바라보았다.

□08
log
[lɔ́g]

명 통나무, 항해 일지

🔊 로그 > 로고 > 💬 우리 집 근처의 통나무로 만든 집에서 로고송이 들려왔다.

He lives in a **log** cabin.
그는 통나무 오두막에 산다.

□09
mail
[méil]

명 우편, 우편물, 전자우편   동 (우편으로) 보내다

🔊 메일 > 매일 > 💬 나는 우편물을 매일 보낸다.

Mail me your report.
당신의 보고서를 제게 우편으로 보내주세요.

□10
chain
[tʃéin]

명 체인, 쇠사슬   동 묶다

🔊 체인 > 체인 > 💬 눈 올 때 차바퀴에 달아매는 것이 뭐야. 바로 체인이잖아. 체인은 쇠사슬로 만들었지.

The bicycle **chain** is strong.
자전거 체인이 강하다.

중요단어

DAY **56**

STORY 중학 영단어

11 chest
[tʃést]

명 **가슴, 상자**

🔊 체스트 > 체하셨다 > 💬 어머니께서 체하셨다. 가슴이 답답하다고 하셔서 상자에서 약을 꺼내 드렸다.

Push out your **chest**.
가슴을 뒤로 젖히세요.

12 hear
[híər]

동 **듣다**

🔊 히어 > 희어졌네 > 💬 회사원으로 일하시는 아저씨가 하시는 말씀. "좋은 소리 나쁜 소리 다 들으며 일하다 보니 머리가 희어졌네."

I **hear** the bells ringing.
종이 울리는 것이 들려요.

13 flame
[fléim]

명 **불꽃, 불길, 화염**

🔊 플레임 > 불 내음 > 💬 불 내음(냄새)이 나더니 갑자기 불꽃이 일고 불길이 온 건물에 퍼졌다.

The **flame** of our love burned out too quickly.
우리의 사랑의 불길은 너무 빨리 타버렸다.

14 rice
[ràis]

명 **쌀, 벼, 쌀밥**

🔊 라이스 > 라이스 > 💬 "'오므라이스, 카레라이스' 등에 공통으로 들어가는 말은?" "라이스." "그럼 공통되는 재료는?" "쌀." "결국 라이스(rice)는 '쌀'의 뜻이네."

They ate **rice**.
그들은 쌀밥을 먹는다.

15 trust
[trʌ́st]

동 **믿다, 맡기다** 명 **신뢰, 위탁**

🔊 트러스트 > 들어섰다 > 💬 몸이 아파 내가 하던 일을 대신해 줄 사람을 찾고 있었는데 인상이 좋은 한 사람이 들어섰다. 나는 그에게 모든 것을 믿고 맡겼다. 과연 그는 일을 잘했다.

I **trust** you.
나는 당신을 믿어요.

□ 16
bay
[béi]

명 만(灣)

🔊 베이 > 배를 이쪽 > 💬 배를 이쪽에다 대라고. 어디말입니까? 만(灣)에다 대세요.

The hurricane passed the **Bay** of Bengal.
허리케인이 벵골만을 지나갔다.

□ 17
basket
[bǽskit]

명 바구니

🔊 배스킷 > 배 수박 키위 > 💬 할머니는 배와 수박과 키위를 바구니에 담으셨다.

That **basket** was full of big fruits.
그 바구니는 큰 과일들로 가득 차 있었다.

□ 18
loaf
[lóuf]

명 (빵) 한 덩어리

🔊 로우프 > 로프 > 💬 여우가 뛰어올라 로프에 걸린 (빵) 한 덩어리를 먹으려 하고 있다.

Jean Valjean was arrested for stealing a **loaf** of bread.
장발장은 한 덩어리의 빵을 훔친 죄로 체포되었다.

□ 19
change
[tʃéindʒ]

동 바꾸다, 변화하다   명 잔돈, 변화

🔊 체인지 > 체인을 지폐 > 💬 몇 날을 운전하다 배가 고파서 체인을 지폐와 바꾸어 빵을 사고 잔돈을 거슬렀다. 그간 내 모습은 너무 핼쑥하게 변했다.

Her expression **changed**.
그녀의 표정이 바뀌었다.

□ 20
hunger
[hʌ́ŋgər]

명 굶주림   동 굶주리다

🔊 헝거 > 헌거 > 헌것 > 💬 새것을 입지 못하고 헌것만 입고 다니면서 굶주림에 지친 시절이 떠오른다.

I am dying of **hunger**. Please give me something to eat!
나 배고파 죽겠어요. 제발 먹을 것 좀 주세요!

STORY 중학 영단어

□01
post
[póust]

명 우편(물), 우체통   동 붙이다, 부치다

🔊 포우스트 > 퍽 우습다 > 💬 우편물(우체통)에 그려진 그림을 보니 퍽 우습다.

I sent you a letter by **post**.
나는 우편으로 당신에게 편지를 보냈습니다.

□02
schedule
[skédʒu(:)l]

명 예정표, 계획표   동 ～할 예정이다,

🔊 스케줄 > 시곗줄 > 💬 시곗줄을 보면서 내일 할 예정인 예정표를 점검하였다.

This is the **schedule** for this week.
이것이 이번 주의 계획표입니다.

□03
calendar
[kǽləndər]

명 달력

🔊 캘런더 > 캘란다 > 💬 서리가 내리기 전에 텃밭에 심은 고구마를 캘란다(캐려고 한다). 달력을 보니 곧 서리가 내릴 것 같다.

Their wedding anniversary is marked on the **calendar**.
그들의 결혼기념일은 달력에 표시되어 있다.

□04
corn
[kɔːrn]

명 곡식, 옥수수

🔊 콘 > 콘칩 > 💬 "콘칩이라는 과자 먹어 보았지?" "무엇으로 만들었던가?" "옥수수". "그래 맞아".

Corn ripens in autumn.
옥수수는 가을에 익는다.

□05
thin
[θín]

형 얇은, 야윈, 수척한, 엷은

🔊 씬 > 훨씬 > 💬 나보다 훨씬 야위고 수척한 진양이는 몸에 어울리는 얇은 옷을 입고 다닌다.

His face is **thin**.
그의 얼굴은 수척했다.

□06
dozen
[dʌ́zn]

명 12개, 다스, 여러 개

🔊 더즌 > 더 준다 > 💬 연필을 500자루를 샀더니 12개, 즉 한 다스를 덤으로 더 준다.

Give me a **dozen** donuts, please.
도넛 12개만 주세요.

□07
king
[kíŋ]

명 왕, 임금

🔊 킹 > 킹 > 💬 "공부를 제일 잘하는 친구를 뭐라 하지?" "공부킹이라고 하지." "그래. 킹은 '왕'이란 뜻이다." "공부 짱이라는 말도 많이 쓰는데…"

The lion is the **king** of beasts.
사자는 백수의 왕이다.

□08
knee
[níː]

명 무릎

🔊 니 > 네 > 💬 네 무릎이 아픈지 내 무릎이 아픈지 무릎 박치기를 해 보자.

The child scraped his **knee**.
그 아이는 넘어져서 무릎이 까졌다.

Tip 'knee'의 'k'는 묵음으로 발음하지 않아요.

□09
rat
[rǽt]

명 쥐, 시궁쥐

🔊 랫 > 냇 > 냇물 > 💬 시궁쥐가 냇물에 빠져 허우적거리고 있구나.

I'm going to catch that **rat**!
나는 저 쥐를 잡아야겠어!

□10
silk
[sílk]

명 비단

🔊 실크 > 실이 크다 > 💬 방직기가 뽑아 낸 비단 실이 크고도 길다.

Some regions in Cambodia sell **silks** of good quality.
캄보디아 일부 지역은 좋은 품질의 비단을 판매한다.

중요단어

DAY **57**

STORY 중학 영단어

□11
cotton
[kátn]

㈐ 목화, 면사, 무명

🔊 카튼 > 커튼 > 💬 우리 집에 있는 커튼은 목화를 면사 실로 지어서 만든 무명이 재료야.

This dress is made of **cotton**.
이 옷은 면으로 만들어진 것이다.

□12
sand
[sǽnd]

㈐ 모래

🔊 샌드 > 샌드백 > 💬 복싱 운동을 하기 위해 만든 샌드백(sandbag)을 많이 보았지? 샌드백에 넣은 것이 뭐야. 모래지.

The children are playing in the **sand**.
아이들이 모래에서 놀고 있다.

□13
shock
[ʃák]

㈐ 충격을 주다 ㈐ 충격, 충돌

🔊 샤크 > 쇼크 > 💬 "너 누가 어떤 말을 했길래 쇼크 먹었니? 얼굴이 파랗구나." "오래 사귄 여자 친구가 말없이 해외로 가서 충격을 받았어."

I was so **shocked** when Jenny married Joe.
나는 제니가 조와 결혼했을 때 너무나 큰 충격을 받았다.

□14
apart
[əpá:rt]

㈐ 떨어져서, 산산이, 별개로

🔊 어파트 > 아파트 > 💬 우리 아파트와 영수네 아파트는 서로 떨어져 있다.

I was **apart** from my family during high school.
나는 고등학교에 다닐 동안에 나의 가족과 떨어져 지내야 했다.

□15
cloth
[klɔ́:θ]

㈐ 옷감, 천, 옷

🔊 클로쓰 > 글로 쓰다 > 💬 옛날에 종이가 귀할 때는 옷감에다 글로 쓰는 일이 보통이었다고 한다.

Many girls like to shop for new **clothes**.
많은 여자아이들은 새 옷을 사는 것을 좋아한다.

16
stamp
[stǽmp]

명 우표, 도장   동 우표를 붙이다

🔊 스탬프 > 스탬프 >   💬 기념 스탬프라는 말을 흔히 쓰지. 그 말은 기념 우표란 뜻이야. 그런데 우표에는 '도장'을 찍어야 배달되는 것 알지?

My hobby is collecting **stamps** from different nations.
나의 취미는 다른 나라의 우표를 수집하는 것이다.

17
fool
[fúːl]

📖 foolish
어리석은, 바보같은

명 바보

🔊 풀 > 풀어진 >   💬 "나사가 풀어진 사람을 뭐라고 하나요?" "바보라고 합니다."

Some **fools** are wiser than clever men.
어떤 바보들은 똑똑한 자들보다 현명하기도 하다.

18
sugar
[ʃúɡər]

명 설탕

🔊 슈거 > 수거 >   💬 어제 산 설탕이 불량품이라 모두 수거해 갔다.

I cannot drink coffee without **sugar**.
나는 설탕 없이는 커피를 못 마셔.

19
cap
[kǽp]

명 모자, 뚜껑

🔊 캡 > 캐비 > 깨비 >   💬 도깨비가 모자를 쓰고 나타났다. 모자를 벗으니 머리 뚜껑이 훤히 보였다. 너무 무서웠다.

The boy wore a baseball **cap**.
그 소년은 야구 모자를 썼다.

20
nearly
[níərli]

부 거의, 대략, 하마터면

🔊 니얼리 > 니얼리 >   💬 가수 주얼리의 인기가 하늘을 찌를 듯이 높아지자 거의 비슷한 시기에 니얼리가 등장했다.

I **nearly** forgot to give her a present.
하마터면 그녀에게 선물을 주는 것을 잊어버릴 뻔했다.

중요단어

DAY **57**

STORY 중학 영단어

☐ 01
cough
[kɔ́ːf]

명 기침 동 기침하다

🔊 코프 › 코 풀어 › 💬 기침이 나오면 감기에 걸린 것이니 코 풀어라.

I **coughed** hard.
나는 심하게 기침했다.

☐ 02
curtain
[kə́ːrtn]

명 커튼, (무대의) 막

🔊 커튼 › 커튼 › 💬 빛을 가리기 위해 치는 천은 '커튼'이다. 이 외에 연극에서 무대에 늘어뜨려 치는 '막'의 뜻으로도 쓰인다.

He drew the **curtain** because the sunshine was too strong.
그는 햇살이 너무 강했기 때문에 커튼을 쳤다.

☐ 03
cut
[kʌ́t]

동 자르다, 베다 명 상처

🔊 커트 › 커트 › 💬 "어머니가 미용실에 가실 때 뭐라고 하시지?" "정섭아, 커트하고 올게." 그래서 칼로 자르거나 베는 것을 '커트'라고 하는구나. 커트할 때 잘못하면 상처가 나요.

I **cut** my hand with a knife.
나는 칼로 손을 베었다.

☐ 04
world
[wə́ːrld]

명 세상, 세계

🔊 월드 › 월드컵 › 💬 4년마다 전 세계인이 열광하는 월드컵 축구 잘 알지? 세계컵 축구라는 뜻이지.

The **world** is full of people.
이 세계는 사람들로 가득하다.

☐ 05
fond
[fánd]

형 좋아하는

🔊 판드 › 판도 › 판도라 › 💬 나는 그리스 신화에 나오는 인물 중 인류 최초의 여성인 판도라를 제일 좋아한다.

I am **fond** of chocolate fondue.
나는 초콜릿 퐁듀를 좋아한다.

ဂ

□ 06
temple
[témpl]

명 사찰, 절

🔊 템플 › 땜 풀 › 풀로 때우는 › 💬 "끼니로 고기를 먹지 않고 풀(식물성)로 때우는 스님이 계신 곳이 어디지?" "그야 물론 절입니다."

They entered the **temple**.
그들은 절로 들어섰다.

□ 07
chalk
[tʃɔ́ːk]

명 분필

🔊 초크 › 초 크 › 초만한 크기 › 💬 타다 남은 초만한 크기의 분필이 칠판 아래 수북이 쌓여 있다.

She wrote on the blackboard with **chalk**.
그녀는 분필로 칠판에 글을 썼다.

□ 08
sheep
[ʃíːp]

명 양

🔊 십 › 쉽지 › 💬 "양처럼 순한 사람은 다루기가 어떻지?" "그야 물론 쉽지."

Sheep have such soft fur.
양은 참으로 부드러운 털을 지니고 있다.

□ 09
duck
[dʌ́k]

명 오리

🔊 덕 › 덕분 › 💬 어린 동생은 오리 덕분에 오리 고기 실컷 맛보았다며 자랑한다.

The baby **ducks** chased after their mother.
그 아기 오리들은 그 어미를 따라 걸어갔다.

□ 10
elephant
[éləfənt]

명 코끼리

🔊 엘러펀트 › 앨 나 펀 드 › 앨 낳아 펀드 › 💬 재일아, 이리 와 봐. 코끼리가 앨 낳아. 펑 하고 드러눕더니 …

An **elephant** has a long trunk.
코끼리의 코는 길다.

DAY 58 STORY 중학 영단어

11

fry
[frài]

명 프라이, 튀김 동 기름에 튀기다

🔊 프라이 > 프라이 > 💬 나는 계란 프라이를 제일 좋아한다.

I **fried** eggs for breakfast.
나는 아침 먹으려고 계란 프라이를 만들었다.

12

lamb
[lǽm]

명 새끼양, 순진한 사람, 귀염둥이

🔊 램 > 앰 > 애임 > 💬 사람들이 양 한 마리를 잡아 양털을 쓰려고 껍질을 벗기려고 하자 옆에 있는 어른 양이 말했다. "얘는 애임. 새끼양이라 털을 벗겨도 이용할 수 없음."

My friend is crazy about **lambs**.
내 친구는 양을 정말로 좋아해.

Tip 'lamb'의 'b'는 묵음으로 발음하지 않아요.

13

snake
[snéik]

명 뱀

🔊 스네 이크 > 이크 쓰네 > 💬 가족이 모두 외출했을 때, 병에 담아 놓은 보약을 먹었어요. 이크 엄청나게 쓰네. 나중에 알고 보니 뱀이 들어간 술이라네요.

Many Americans are afraid of **snakes**.
많은 미국인들은 뱀을 무서워한다.

14

cow
[kàu]

명 암소, 젖소

🔊 카우 > 카우보이 > 💬 "정수야. '카우보이(cowboy)'라는 말 들어보았지?" "미국 서부에서 말을 타고 소의 사육과 수송에 종사하는 사람이지요."

Cows also provide beef.
소는 쇠고기도 제공한다.

15

altogether
[ɔ̀ːltəɡéðər]

부 전적으로, 완전히

🔊 올터게더 > 올+터게더 > 💬 all(모두)과 together(함께)가 전적으로 합쳐졌으나, 완전히 하나가 된 것은 아니다. 왜냐하면 'altogether'는 alltogether에서 'l'이 하나만 없어졌으니까.

Altogether it was a great day.
전체적으로 좋은 하루였다.

□ 16
mountain
[màuntən]

명 산

🔊 마운턴 > 마흔 된 > 💬 아들과 마흔 된 아버지가 함께 산을 오른다.

He climbed that **mountain**.
그는 저 산에 올랐다.

□ 17
shore
[ʃɔ́:r]

명 물가, 해안, 기슭

🔊 쇼어 > 소어(小魚) > 💬 물가나 해안, 바닷가의 기슭에는 소어(小魚)가 잡히고 먼 바다로 가면 대어(大魚)가 잡힌다.

I look for shell on the **shore**.
나는 해안에서 조개를 찾았다.

□ 18
brush
[brʌ́ʃ]

명 솔, 빗 동 솔질(빗질)하다, 당할 뻔하다

🔊 브러시 > 부러지 > 부러지다 > 💬 솔로 빗질하다 솔이 부러졌다.

I **brush** my hair each morning.
나는 매일 아침 머리를 빗질한다.

□ 19
ago
[əgóu]

형 ~ 전 부 ~ 전에 명 옛날

🔊 어고우 > 어! 고(古) > 💬 어! 유적지의 누각에 고(古)라고 씌어 있네. 古는 '옛날, ~ 전'이라는 뜻이지.

I ate a slice of chocolate cake an hour **ago**.
한 시간 전에 한 조각의 초콜릿 케이크를 먹었다.

□ 20
towel
[tàuəl]

명 타월, 수건

🔊 타우얼 > 타월 > 💬 수건을 타월이라 하지.

The **towel** smelled nice.
그 수건에서 좋은 향기가 났다.

DAY 58

STORY 중학 영단어

중요단어

DAY 59

STORY 중학 영단어

☐ 01

wool
[wúl]

몡 **양털, 양모**

🔊 울 > 울지 않으려면 > 💬 겨울의 매서운 추위를 맞아 울지 않으려면 면직으로 지은 얇은 옷을 입어야 할까? 아니면 두꺼운 '양모'로 지은 옷을 입어야 할까?

Sheep produce **wool**. 양들은 양털을 만들어 준다.

☐ 02

indeed
[indí:d]

튀 **참으로, 실로**

🔊 인디드 > 인지도 > 💬 전자 분야에 인지도가 그렇게 높은데 집 안에서 살림만 하고 있으니, 언니는 참으로(실로) 딱하기도 하지.

The paper airplane was **indeed** splendid.
그 종이비행기는 정말로 멋졌다.

☐ 03

broad
[brɔ́:d]

혱 **넓은, 마음이 넓은, 관대한**

🔊 브로드 > 불러도 > 💬 불러도 잘 안 들린다. 왜냐고? 넓으니까. 그런데 사람의 마음이 넓은 것은? 관대한이야.

There was a **broad** smile on his face.
그는 얼굴에 함박웃음을 지었다.

☐ 04

least
[lí:st]

혱 **가장 적은**   튀 **가장 적게**

🔊 리스트 > 리 이스트 > 리 있었다 > 💬 비율을 나타내는 것에는 할, 푼, 리가 있는데 그중 '리'가 있었다는 말이니 가장 적은 양이 있었다는 말이다.

He is not in the **least** interested in you.
그는 당신에게 전혀 관심이 없다.

☐ 05

sharp
[ʃáːrp]

혱 **날카로운, 예리한**

🔊 샤프 > 샤프 > 💬 "정수야. 샤프심의 끝이 어떻게 생겼지?" "날카롭게 생겼지." "날카로운 사람을 어떻게 표현하지?" "그야 예리하게 생겼다고 하지."

The tip of this pencil is **sharp**. 이 연필심은 뾰족하다.

---

church
[tʃə́:rtʃ]

명 교회, 예배당

🔊 처치 > 처치 > 💬 처치 곤란한 옷가지를 교회에서 기증해 달라고 한다. 불우이웃을 돕기 위함이다.

The **church** is full of people on sundays.
그 교회는 일요일에는 사람들로 꽉 찬다.

eraser
[iréisər]

명 지우개

🔊 이레이서 > 이레이(이렇게) 써 > 💬 연필로 이레이(이렇게) 살짝 써야 지우개로 쉽게 지울 수 있다.

I don't use **erasers** because I use pens instead of pencils.
나는 연필 대신 펜을 사용하기 때문에 지우개를 쓰지 않는다.

coal
[kóul]

명 석탄

🔊 코울 > 코 흘리던 > 💬 우리가 코 흘리던 시절에는 석탄 난로를 사용했지.

My hair is **coal**-black.
나의 머리색은 석탄과 같은 완전한 검은색이다.

nest
[nést]

명 둥지, 둥우리

🔊 네스트 > 넷 있다 > 💬 새 둥우리에 새끼가 넷 있다.

Look! There is a bird's **nest**.
저기 봐! 새 둥지가 있어.

pigeon
[pídʒən]

명 비둘기

🔊 피전 > 피가 존재하지 않음 > 💬 피가 존재하지 않음은 '전쟁이 없음' 즉 평화를 나타내며 '비둘기'가 이를 상징하지.

The old man went to the park to feed the **pigeon**.
노인은 비둘기에게 먹이를 주기 위해 공원으로 갔다.

중요단어

DAY **59**

STORY 중학 영단어

11 gray
[gréi]

[형] 회색의, 반백의

🔊 그레이 > 그레이 > 💬 흰색과 검정색의 중간색은? 그레이(gray), 맞아 그래. 회색을 그레이라 하지.

Rain clouds are **gray**.
비구름의 색은 회색이다.

12 cage
[kéidʒ]

[명] 새장, 우리, 창살

🔊 케이지 > 개 있지 > 💬 우리 집에 독한 개 있지. 그 개가 새를 노리고 새장 주변을 두리번거리고 있지 뭐야.

The prisoner is in the **cage**.
죄수는 창살 안에 갇혀 있다.

13 shell
[ʃél]

[명] 껍데기

🔊 셸 > 샐 > 💬 껍데기는 조그만 틈이 있어도 밖으로 샐 가능성이 많다.

I like to collect pretty **shells** at the beach.
나는 해변에서 예쁜 조개 껍데기들을 모으는 것을 좋아한다.

14 lady
[léidi]

[명] 숙녀, 부인

🔊 레이디 > 레이디 > 💬 레이디 가가(Lady Gaga), 싸이, 빅뱅이 8월에 한 무대에 선다고 하네. 아참, 레이디 가가는 멋쟁이 숙녀라고 하지.

The general kissed the hand of the **lady**.
그 장군은 숙녀의 손에 키스했다.

15 beer
[bíər]

[명] 맥주

🔊 비어 > 비어 > 💬 아버지 회갑 잔칫날 아버지께서 손님에게 하시는 말씀. "비어 있는 잔은 맥주로 채우고 건배합시다."

They bought a can of **beer**.
그들은 맥주 한 캔을 샀다.

□ 16

lamp
[lǽmp]

몡 **등불**

🔊 램프 > 램프 > 💬 램프는 등불이야. 이 램프에서 남포란 말이 나왔지. 남포등이란 표현도 쓰는데 이 말 역시 '등불'의 뜻이지.

Turn off the **lamp** before you go to sheep
잠을 자러 가기 전에는 등불을 끄세요.

□ 17

lake
[léik]

몡 **호수**

🔊 레이크 > 브레이크 > 💬 졸음 운전을 하다 호수에 빠질 뻔했다. 브레이크를 밟아 천만다행으로 위기를 모면했다.

He jumped in the **lake**.
그는 호수에 뛰어들었다.

□ 18

near
[níər]

혭 **가까운**   <u>부</u> **가까이**

🔊 니어 > 녀(女) > 💬 녀(女)는 항상 남(男)과 가까운 곳에, 가까이 있다.

Be quiet! The enemy is **near**.
조용히 해! 적군들이 가까이 있어.

□ 19

fat
[fǽt]

혭 **살찐**   몡 **지방**

🔊 패트 > 페트병 > 💬 페트병에 있는 국을 매일 통째로 먹더니 살이 찌고 지방이 쌓였구나.

I am not **fat**! I am just big-boned!
나는 뚱뚱하지 않아! 단지 골격이 클 뿐이지!

□ 20

background
[bǽkgràund]

몡 **바탕, 배경**

🔊 백그라운드 > 백 그라운드 > 💬 백(back)은 '뒤', 그라운드(ground)는 '공간, 땅'의 뜻이야. 두 단어가 합쳐져서 배경의 뜻이 되었지.

The **background** of this picture is white.
이 그림의 배경은 흰색이다.

☐ 01
beef
[bíːf]

몡 소(쇠)고기

🔊 비프 › 비프스테이크(steak) › 💬 "음식점에서 비프스테이크를 먹어 본 적이 있는가?" "예, 있습니다. 그래 무슨 맛이던가 돼지고기?" "아닙니다. 쇠고기 맛이던데요."

I feel like I am in heaven whenever I eat a **beef** steak.
소고기 스테이크를 먹을 때면 나는 마치 천국에 있는 것 같은 느낌을 받는다.

☐ 02
glad
[glǽd]

혱 기쁜, 즐거운

🔊 글래드 › 골내도 › 💬 민지는 참 좋은 아이야. 친구들이 골내도 항상 즐거운 표정으로 대하니까 말이야.

I am **glad** to see you.
당신을 보게 되어 기뻐요.

☐ 03
sample
[sǽmpl]

몡 견본

🔊 샘플 › 샘플 › 💬 샘플책은 '견본책'이라는 뜻이야.

Here are some **sample** books.
여기 샘플 책들이 있어요.

☐ 04
produce
[prədjúːs]

몡 production
생산, 생산량

동 생산하다, 제작하다

🔊 프러듀스 › 풀어줬어 › 💬 닭을 세 마리 사왔는데 알을 잘 생산하는 닭은 풀어줬어. 나머지는 잡아먹었어.

He finally **produced** his movie.
그는 마침내 그의 영화를 제작하였다.

☐ 05
comb
[kóum]

몡 빗 동 빗질하다

🔊 코움 › 고움[美] › 💬 그녀의 다소곳한 고움(고운 모습)은 가지런한 빗질에 의해 더욱 아름답게 느껴졌다.

I **comb** my hair every morning.
나는 매일 아침 머리를 빗질한다.

💡 'comb'의 'b'는 묵음으로 발음하지 않아요.

□06
potato
[pətéitou]

명 감자

🔊 퍼테이토우 > 퍼테이토 > 💬 미영아, '퍼테이토칩(potato chip)' 이란 과자 너 매우 좋아하지. 그 과자 어떤 맛이더냐? '감자'라고? 그래 맞았어.

I love **potato** chips.
나는 감자칩을 정말 좋아해.

□07
maybe
[méibi:]

부 아마도, 어쩌면

🔊 메이비 > 매일 비 > 💬 매일 비가 온다면 어떻게 될까? 아마도 농사가 흉작이 되겠지. 어쩌면 일기예보가 없어지겠지.

Maybe I can marry Princess Leia.
아마도 나는 레아 공주와 결혼할 수도 있겠지.

□08
tooth
[tú:θ]

图 toothache 치통

명 이, 치아

🔊 투쓰 > 투수 > 💬 투수가 타자가 던진 공에 맞아 이를 다쳤다.

The old woman with false **teeth** smiled.
틀니를 낀 나이가 든 여성은 웃었다.

□09
end
[énd]

명 끝, 종말, 끄트머리, 목적   동 끝내다

🔊 엔드 > 안 돼 > 💬 그 영화는 슬픈 이야기가 한없이 이어졌다. 비극으로 끝이 날 것 같다. 나는 속으로 '비극으로 끝내면 안 돼.' 하고 소리쳤다.

In the **end**, they married and lived happily ever after.
결국에 그들은 결혼하여 그 후 행복하게 살았답니다.

□10
glass
[glǽs]

명 유리, 유리컵, 한 잔

🔊 글래스 > 글렀어 > 💬 선생님께 좋은 이야기 듣기는 이미 글렀어. 네가 유리와 선생님 안경을 깨뜨렸으니까. 거기에다가 너는 공부도 꼴찌잖아.

My brother drank a **glass** of wine and fell asleep.
나의 형은 와인 한 잔을 마시고 나서 잠들었다.

여우단어

DAY **60**

STORY 중학 영단어

□ 11
full
[fúl]

형 **가득한, 완전한, 충분한**

🔊 풀 > 풀 > 💬 야구에서 주자들이 가득한 상태를 '풀베이스(full base)'라고 하고, 더울 때 에어컨을 충분한(완전한) 상태로 틀어 놓는 것을 에어컨 풀가동(full 가동)이라고 하지.

I am **full** and I cannot eat another bite.
나는 배불러서 한입도 더 먹을 수 없어요.

□ 12
noise
[nɔ́iz]

명 **시끄러운 소리**

🔊 노이즈 > 놓이죠 > 💬 시험이 얼마 안 남았는데 공부는 안 되고 저렇게 시끄러운 소리만 나니 마음이 안 놓이죠.

I am not bothered by **noise**.
나는 소음에 별로 신경 쓰지 않는다.

□ 13
professor
[prəfésər]

명 **교수**

🔊 프러페서 > 프로 패서 > 💬 장 교수는 올해 햇빛이 부족했지만, 벼 이삭이 90프로(%)는 패서 풍년이 될 것이라 한다.

I want to be a **professor**.
나는 교수가 되고 싶다.

□ 14
wedding
[wédiŋ]

명 **결혼, 결혼식**

🔊 웨딩 > 웨딩 > 💬 여러분 웨딩마치는 다들 들어 보셨지요? 신랑과 신부가 걸어 나오면서 '딴 딴따딴…' 하는 것 말이에요. 즉 웨딩마치는 '결혼 행진곡'이고 웨딩은 '결혼'이지요.

She agreed to sing at her friend's **wedding**.
그녀는 친구 결혼식에서 축가를 불러 주기로 했다.

□ 15
bless
[blés]

동 **축복하다**

🔊 블레스 > 불냈어 > 💬 어떤 부족들은 아이가 태어났을 때 이를 축복하기 위해 벌판에 불냈어요.

God **blessed** her with good children.
신은 그녀에게 착한 자식을 주셨다.

□16
rainy
[réini]

형 비가 오는, 비가 많은

🔊 레이니 > 애인이 > 💬 비가 오는 날 애인이 전화하여 마음이 심란하니 바람 쐬러 가자고 했다.

It was **rainy** yesterday.
어제는 비가 내렸다.

□17
hard
[há:rd]

형 단단한, 어려운, 괴로운

🔊 하드 > 하드 > 💬 아이스크림 중에서 소프트크림(soft cream)은 부드럽지만 하드크림(hard cream)은 단단하여 이로 깨물어 먹기도 어려운 크림이다. 잘못 깨물어 이를 상한다면 괴로울 것이다.

This question is **hard**.
이 질문은 어렵네요.

□18
slow
[slóu]

부 **slowly** 느리게, 천천히

형 느린

🔊 슬로우 > 술로 > 💬 술로 하루 일과를 보내는 주정뱅이는 행동이 매우 느리다.

Some animals are very **slow**.
몇몇 동물들은 아주 느리다.

□19
service
[sɔ́:rvis]

명 봉사, 공공사업

🔊 서비스 > 서비스 > 💬 남에게 봉사하는 서비스 정신을 길러라. 공공사업도 서비스 사업이야.

The government aims to invest more in public **service**.
정부는 공공서비스 분야에 많이 투자하고자 한다.

□20
hot
[hát]

형 뜨거운, 더운

🔊 핫 > 핫 > 💬 핫핫핫. 미치겠네. 뜨거운 물을 만져버렸네.

It's **hot** in summer.
여름에는 덥다.

실력 쑥쑥! Check-up 6

A. 알맞은 우리말 짝꿍을 찾아서 선으로 연결하세요.

01	grass	ⓐ ~의 사이에 (셋 이상)
02	term	ⓑ 학기, 기간, 용어
03	everybody	ⓒ 그림자
04	among	ⓓ 풀, 잔디
05	shadow	ⓔ 모든 사람, 누구나 다

06	list	ⓐ 구름이 낀
07	cloudy	ⓑ 꼬리표, 꼬리표를 붙이다, 낙인찍다
08	fly	ⓒ 표, 목록, 명단, 목록을 만들다
09	label	ⓓ 날다, 비행하다, 비행, 파리
10	thumb	ⓔ 엄지손가락

B. 알맞은 영단어 짝꿍을 찾아서 선으로 연결하세요.

11	파다, 알아내다	ⓐ pick
12	키, 높이, 고도	ⓑ island
13	섬	ⓒ dig
14	고르다, (꽃, 과일 등을) 꺾다	ⓓ height
15	소리의 높이, 가락, 던지다	ⓔ pitch

C. 스토리를 보고 빈칸에 들어갈 영단어를 적어보세요.

> **예시)** bean : 콩은 없어지고 빈 깍지만 남았네.

16 _____ : 데인 곳이 저렇소. 아, 안타깝게도 매우 위험하게 헐었군요.

17 _____ : 그는 형식적인 폼만 잡는 얼굴을 하고 있다. 아직 정규 직업이 없다.

18 _____ : 운동회 날이다. 기가 바람에 펄럭 나부낀다.

19 _____ : 벌판에서 누운 상태로 위를 보니 기구가 떠 있다. 바로 대형 풍선이었다.

20 _____ : 얼라(어린아이)가 큰 소리로 운다. 그 옆에 있는 아이도 영문도 모르고 소리 내어 운다.

A. 알맞은 우리말 짝꿍을 찾아서 선으로 연결하세요.

01 magic ⓐ 요술, 매력
02 apart ⓑ 회색의, 반백의
03 duck ⓒ 기쁜, 즐거운
04 gray ⓓ 떨어져서, 산산이, 별개로
05 glad ⓔ 오리

06 log ⓐ 예정표, 계획표, ~할 예정이다
07 schedule ⓑ 가득한, 완전한, 충분한
08 sharp ⓒ 통나무, 항해 일지
09 full ⓓ 커튼, (무대의) 막
10 curtain ⓔ 날카로운, 예리한

B. 알맞은 영단어 짝꿍을 찾아서 선으로 연결하세요.

11 우편(물), 우체통, 붙이다, 부치다 ⓐ crown
12 목격자 ⓑ post
13 왕관 ⓒ witness
14 교수 ⓓ background
15 바탕, 배경 ⓔ professor

C. 스토리를 보고 빈칸에 들어갈 영단어를 적어보세요.

예시) sugar : 어제 산 설탕이 불량품이라 모두 수거해 갔다.

16 : 불 내음(냄새)이 나더니 갑자기 불꽃이 일고 불길이 온 건물에 퍼졌다.
17 : "나사가 풀어진 사람을 무어라고 하나요?" "바보라고 합니다."
18 : 물가나 해안, 바닷가의 기슭에는 소어(小魚)가 잡히고 먼바다로 가면 대어 (大魚)가 잡힌다.
19 : 불러도 잘 안 들린다. 왜냐고? 넓으니까. 그런데 사람의 마음이 넓은 것 은? 관대한.
20 : 시험이 얼마 안 남았는데 공부는 안 되고 저렇게 시끄러운 소리만 나니 마 음이 안 놓이죠.

업그레이딩
영단어
500

본문에서 다루지 않았지만 영단어 실력을 높이기
위해서 추가로 꼭 알아야 할 500개의 단어를
수록하였습니다.

☐ abandon	버리다
☐ absolute	완전한, 완벽한
☐ absorb	흡수하다
☐ abstract	추상적인
☐ accommodate	제공하다, 수용하다
☐ accompany	동반하다
☐ accumulate	모으다
☐ accurate	정확한
☐ accuse	고발하다, 비난하다
☐ achieve	달성하다, 성취하다
☐ acquire	획득하다, 얻다
☐ acknowledge	인정하다
☐ adequate	충분한
☐ adopt	채택하다, 입양하다
☐ afford	여유가 되다
☐ agriculture	농업
☐ aim	목적, 목표, 겨누다, 목표로 하다
☐ amaze	매우 놀라게 하다
☐ ambiguous	애매모호한
☐ analysis	분석
☐ anniversary	기념일
☐ annoy	귀찮게 하다, 짜증나게 하다
☐ annual	1년마다의
☐ apologize	사과하다
☐ apology	사과
☐ appearance	외모, 겉모습
☐ appropriate	적당한, 적절한
☐ approve	동의하다, 승인하다
☐ approximate	대략의, 개략의
☐ arrow	화살
☐ ashamed	부끄러운, 창피한
☐ aspect	양상, 관점
☐ assign	맡기다, 할당하다
☐ assistance	도움, 원조
☐ assume	추정하다, 책임을 맡다
☐ attempt	시도, 시도하다
☐ attitude	태도, 자세
☐ attribute	~의 탓(책임)으로 보다
☐ audience	청중, 관객
☐ author	저자, 작가
☐ available	이용할 수 있는
☐ average	보통의, 평균의
☐ awake	깨우다, 깨다
☐ award	상, 상을 주다
☐ awkward	서툰, 어색한

☐ backward	뒤의, 뒷걸음질하는
☐ barber	이발사
☐ bargain	싼 물건, 합의, 흥정
☐ behalf	이익, 원조, 자기편
☐ behavior	태도, 행동
☐ belief	신념, 확신
☐ bitter	격렬한, 쓰라린, 맛이 쓴
☐ blame	탓하다, 책임으로 보다
☐ boast	뽐내다, 자랑하다
☐ border	국경, 경계
☐ bound	경계선, 튀어오르다
☐ boundary	경계(선)
☐ breed	낳다, 기르다, 번식시키다
☐ brief	짧막한, 간결한
☐ brilliant	훌륭한, 멋진
☐ bundle	꾸러미, 묶음, 보따리

☐ cancel	취소하다, 무효화하다
☐ candidate	입후보자, 출마자
☐ capable	유능한, 능력이 있는
☐ capacity	능력, 용량
☐ carriage	객차, 마차, 운반
☐ caution	조심, 경고
☐ cease	멈추다, 그만두다
☐ cell	세포, 작은 방
☐ chamber	회의실, 방
☐ charity	자비, 자선
☐ cheat	속이다, 사기치다
☐ circumstance	환경

☐ civil	시민의, 정중한	
☐ civilize	개화하다, 교화하다	
☐ claim	주장하다, 요구하다	
☐ client	고객, 의뢰인	
☐ coarse	거친, 굵은	
☐ colleague	동료	
☐ comment	논평하다	
☐ commit	위탁하다, 범하다	
☐ companion	동반자, 동행	
☐ compensate	보상하다	
☐ compete	경쟁하다	
☐ completion	완료, 완성	
☐ complicate	복잡하게 만들다	
☐ comprehend	이해하다	
☐ compute	계산하다, 산출하다	
☐ concentrate	집중하다	
☐ conclusion	결론, 결말	
☐ confidence	신뢰, 자신감	
☐ confident	자신 있는, 확신하는	
☐ confine	국한시키다, 가두다	
☐ confirm	확인해 주다, 분명히 하다	
☐ confuse	혼란시키다, 혼동하다	
☐ congress	회의, 의회	
☐ conscious	의식하는, 자각하는	
☐ consent	동의, 허락, 합의	
☐ constant	끊임없는, 거듭되는	
☐ consult	상담하다, 상의하다	
☐ contain	~이 들어 있다	
☐ contrast	대조, 대비	
☐ contribute	기부하다, 기증하다	
☐ convenience	편의, 편리	
☐ convenient	편리한, 간편한	
☐ correspond	~와 일치하다	
☐ countryside	시골 지역, 전원 지대	
☐ creature	생물, 사람	
☐ credit	신용 거래, 신용도	
☐ crisis	위기, 파국	
☐ criticize	비평하다	
☐ currency	통화, 통용	

D 😊

☐ damp	습기가 차서 생긴 얼룩, 축축한
☐ dare	감히 ~하다
☐ decade	10년
☐ decorate	장식하다, 꾸미다
☐ defense	방어, 방위
☐ definite	한정된, 명확한
☐ delay	지연, 지체, 미루다
☐ deliberate	신중한, 숙고하다
☐ delicate	섬세한, 정교한
☐ delivery	배달
☐ demand	요구, 요구하다
☐ depth	깊이
☐ detail	세부 사항
☐ determine	결심하다
☐ device	장치, 기구
☐ dimension	크기, 치수, 규모
☐ disaster	재앙, 재난
☐ discipline	규율, 훈련하다
☐ display	전시하다, 나타내다, 표시하다
☐ distance	거리, 지점
☐ distribute	분배하다, 배부하다
☐ disturb	방해하다
☐ division	분할, 분배
☐ document	문서, 서류
☐ dominate	지배하다
☐ donkey	당나귀
☐ duty	의무, 임무

E 😊

☐ economy	경기, 경제
☐ effect	효과, 영향, 결과
☐ effective	효과적인, 실질적인
☐ efficient	효과적인, 능률적인
☐ elbow	팔꿈치
☐ element	요소, 성분
☐ eliminate	없애다, 제거하다
☐ elsewhere	다른 곳에서, 다른 곳으로

☐ embarrass	곤란하게 하다, 당황하게 하다		☐ flour	밀가루
☐ emotion	감정, 정서		☐ focus	초점, 초점을 맞추다
☐ emphasis	강조, 역점		☐ fold	(종이 등을) 접다
☐ emphasize	강조하다		☐ forbid	금지하다, 금하다
☐ employ	고용하다		☐ former	예전의, 이전의
☐ enable	~을 할 수 있게 하다		☐ fortunate	운좋은, 다행한
☐ encounter	맞닥뜨리다, 부딪히다		☐ found	설립하다, 세우다
☐ enormous	막대한, 거대한		☐ frank	솔직한, 노골적인
☐ ensure	반드시 ~하게 하다		☐ freeze	얼다, 얼리다
☐ entertain	즐겁게 하다, 환대하다		☐ frequent	잦은, 빈번한
☐ entrance	입구, 문, 입장		☐ fuel	연료, 연료를 공급하다
☐ envy	부러움, 부러워하다, 시샘하다			
☐ equip	갖추다, 갖추게 하다			
☐ estate	사유지, 토지, 단지			
☐ evaluate	평가하다, 감정하다			

G

☐ gallery	미술관, 화랑, 관람석
☐ gap	차이, 틈
☐ generation	세대
☐ generous	관대한
☐ genuine	진짜의
☐ glue	접착제, 접착제로 붙이다
☐ govern	지배하다, 통치하다
☐ gradual	점차적인
☐ grant	승인하다, 인정하다
☐ grateful	고마워하는
☐ greed	탐욕, 식탐
☐ guilty	유죄의, 죄책감을 느끼는

왼쪽 열:

☐ eventual	최후의, 궁극적인
☐ evidence	증거, 흔적
☐ exact	정확한
☐ excess	지나침, 과도, 과잉
☐ exhibit	전시하다, 보이다
☐ exist	존재하다, 살아가다
☐ expand	확대되다
☐ expert	전문가
☐ extend	연장하다, 확장하다
☐ extension	확대, 연장
☐ extent	정도, 크기, 규모

F

☐ fade	바래다, 희미해지다
☐ failure	실패, 실패작
☐ faith	신뢰, 신앙
☐ false	틀린, 사실이 아닌
☐ fashion	유행, 양식
☐ fate	운명, 숙명
☐ fee	요금, 보수
☐ final	마지막의, 최종적인
☐ finance	(사업의) 재원, 자금
☐ firm	굳은, 회사
☐ flavor	맛, 향미, 조미료
☐ flexible	신축성 있는, 융통성 있는

H

☐ harbor	항구, 항만
☐ haste	급함, 서두름
☐ headquarters	본사, 본부
☐ heal	치유되다, 낫다, 치유하다
☐ heel	발뒤꿈치
☐ hell	지옥
☐ hire	고용하다, 빌리다
☐ holy	신성한, 성스러운
☐ hook	갈고리, 낚시 바늘
☐ hose	(물을 주는) 호스
☐ host	주인

□ humble　　겸손한, 변변치 않은, 초라한

I

□ identity　　신원, 신분, 동질감
□ illustrate　　삽화를 쓰다, 삽화를 넣다
□ image　　이미지, 인상, 모습
□ immediate　　즉시의, 직접의
□ immense　　막대한, 거대한
□ impact　　영향, 충격
□ impression　　인상, 감명
□ income　　수입
□ index　　색인
□ indicate　　나타내다, 보여 주다, 가리키다
□ individual　　개인의, 각각의
□ infect　　감염시키다, 오염시키다
□ influence　　영향, 영향력
□ informal　　허물없는, 편안한, 일상적인
□ inhibit　　억제하다, 저해하다
□ injure　　해치다, 입히다
□ injury　　부상, 상처
□ inn　　여인숙, 여관
□ innovate　　혁신하다, 쇄신하다
□ instant　　즉시의, 순간의
□ institute　　설립하다, 기관, 협회
□ instruct　　지시하다, 가르치다
□ insult　　모욕하다, 모욕
□ insurance　　보험, 보험업, 보험금
□ intend　　의도하다, ~할 작정이다
□ intense　　강렬한
□ interfere　　간섭하다, 개입하다, 참견하다
□ interrupt　　방해하다, 중단하다, 가로막다
□ interval　　간격, 사이, 휴식 시간
□ invest　　투자하다, 출자하다
□ investigate　　조사하다, 연구하다
□ involve　　포함하다
□ issue　　논쟁점, 문제, 발행물

J

□ justify　　정당화하다, 옹호하다

K

□ kingdom　　왕국

L

□ labor　　노동, 근로, 노동하다
□ lack　　부족, 결핍, 부족하다
□ launch　　시작하다, 착수하다
□ lean　　기울다, 기울이다, 기대다
□ legal　　합법의, 법률상의
□ length　　길이, 시간
□ liberal　　자유민주적인, 진보적인
□ link　　관련성, 관계, 연결
□ liquid　　액체, 액체 형태의
□ lodge　　오두막집, 숙박하다
□ lump　　덩어리, 응어리
□ lung　　폐, 허파

M

□ maintain　　유지하다, 지키다
□ manage　　간신히 해내다
□ manual　　손으로 하는, 설명서
□ mature　　어른스러운, 분별 있는
□ measure　　측정하다, 재다
□ medium　　중간의, 매체, 수단
□ melt　　녹다, 녹이다
□ mental　　정신적인
□ migrate　　이동하다, 이주하다
□ military　　군사의, 군대
□ minor　　작은, 미성년자
□ miserable　　비참한, 비참하게 만드는
□ mission　　사명, 임무

☐ modest	겸손한, 정숙한
☐ modify	수정하다
☐ mood	무드, 기분, 분위기
☐ multiply	증가시키다, 곱하다
☐ muscle	근육, 근력
☐ mutual	상호간의, 서로의

N

☐ neat	말쑥한, 단정한
☐ needle	바늘
☐ neglect	도외시하다, 방치하다
☐ negotiate	협상하다, 교섭하다
☐ nevertheless	그럼에도 불구하고
☐ numerical	수의, 수와 관련된
☐ nut	암나사, 견과

O

☐ observe	목격하다, 관찰하다
☐ obvious	명백한
☐ occasion	경우, 때
☐ odd	이상한, 홀수의
☐ offend	불쾌하게 하다, 기분을 상하게 하다
☐ official	공식적인, 공무원
☐ opportunity	기회
☐ oppose	반대하다, 겨루다
☐ opposite	반대편의, 정반대의
☐ ordinary	보통의, 평범한
☐ origin	기원, 근원
☐ ornament	장식품, 장신구, 장식하다
☐ outcome	결과
☐ outline	개요, 윤곽, 개요를 서술하다
☐ overcome	극복하다, 이기다

P

☐ pack	짐을 싸다, 꾸리다, 꾸러미
☐ parcel	소포, 꾸러미

☐ participate	참가하다, 참여하다
☐ particular	특정한, 특별한
☐ paste	풀, 반죽, 붙이다
☐ pattern	패턴, 양식
☐ peach	복숭아
☐ perceive	인지하다, ~으로 여기다
☐ perform	수행하다, 실시하다
☐ performance	공연, 연주회, 연기
☐ permanent	영원한, 불변의
☐ permit	허락하다, 허가하다
☐ perspective	관점, 시각, 균형감
☐ persuade	설득하다, 납득시키다
☐ phrase	구, 구절
☐ physics	물리학
☐ pile	쌓아 올린 더미
☐ plain	평원, 평범한
☐ poison	독, 독약
☐ polish	광택제, 윤, 윤 내기
☐ political	정치적인
☐ politics	정치
☐ possess	소유하다, 지배하다
☐ postpone	연기하다, 미루다
☐ pot	둥근 그릇, 냄비
☐ practical	현실적인, 실제적인
☐ precise	정확한, 정밀한
☐ predict	예언하다
☐ preserve	지키다, 보호하다
☐ prevent	막다, 방지하다, 예방하다
☐ previous	이전의
☐ priest	목사, 성직자
☐ principle	원칙, 원리, 주의
☐ process	진행, 과정, 처리하다
☐ profession	직업, 전문직
☐ profit	이익, 수익
☐ prohibit	금하다, 금지하다
☐ proof	증거, 증명, 입증
☐ proper	적당한, 알맞은
☐ property	재산, 자산
☐ prospect	가능성, 예상, 전망
☐ protest	항의하다
☐ publication	출판, 발행
☐ publish	출판하다

☐ pupil	학생, 문하생, 눈동자	☐ royal	왕족의, 왕실의
☐ purchase	구입, 구매		
☐ pure	순수한, 깨끗한		

S ∞

☐ sacrifice	희생, 희생물
☐ safety	안전, 안전성

Q ∞

☐ qualify	자격을 얻다, 자격을 주다
☐ quote	인용하다, 전달하다

☐ salary	봉급, 급료
☐ scale	눈금, 저울눈, 규모
☐ scatter	흩뿌리다, 흩어지다
☐ scheme	계획, 계획하다
☐ scold	야단치다, 꾸짖다
☐ secure	안심하는, 안전한
☐ seek	찾다, 구하다

R ∞

☐ random	임의의, 되는 대로의
☐ range	영역, 범위, ~에 걸치다
☐ ratio	비, 비율
☐ raw	날것의
☐ react	반응하다, 반작용하다
☐ receipt	영수증, 수령, 받기
☐ recognize	알아보다, 인정하다
☐ recommend	추천하다, 권장하다
☐ recover	회복되다, 되찾다
☐ reflect	비추다, 반사하다
☐ reform	개혁, 개혁하다
☐ regulate	규제하다, 통제하다
☐ reject	거절하다, 거부하다
☐ relate	관련시키다, 이야기하다
☐ relevant	관련된, 적당한, 적절한
☐ remark	논평하다, 주목하다
☐ represent	나타내다, 대표하다
☐ reputation	명성, 평판
☐ request	요청, 요구, 부탁하다, 요구하다
☐ require	필요하다, 필요로 하다, 요구하다
☐ rescue	구하다, 구제하다
☐ reserve	예약하다, 남겨 두다
☐ respond	대답하다, 응답하다
☐ restrict	억제하다, 제한하다
☐ reveal	드러내다, 나타내다
☐ revenge	복수, 보복, 설욕
☐ rigid	엄격한, 융통성이 없는
☐ risk	모험, 위험
☐ romantic	낭만적인, 공상적인

☐ separate	분리된, 독립된, 관련 없는
☐ sequence	연속적인 사건, 연속적인 행동
☐ severe	심한, 엄한, 혹독한
☐ shallow	얕은, 천박한
☐ shelf	선반
☐ shelter	주거지, 피신, 보호소
☐ signature	서명, 특징
☐ significance	중요성, 중대성
☐ significant	중요한, 의미 있는
☐ silence	침묵, 정적
☐ sincere	진실된, 성실한
☐ sleeve	소매
☐ slight	근소한, 약간의
☐ slope	경사지, 비탈, 경사면
☐ solid	고체의, 단단한, 고체
☐ sort	종류, 부류, 성질
☐ sour	맛이 신
☐ specific	구체적인, 특정한
☐ spider	거미
☐ spill	엎지르다, 흘리다
☐ spite	앙심, 악의, 괴롭히다
☐ splendid	정말 좋은, 멋진, 훌륭한
☐ spoil	망치다, 못쓰게 만들다
☐ stable	안정된, 견실한
☐ standard	표준
☐ status	지위, 신분
☐ steam	증기
☐ stiff	뻣뻣한, 딱딱한

☐ strange	이상한, 낯선	☐ tray	쟁반
☐ strength	힘, 기운, 용기	☐ trunk	나무줄기, 코끼리의 코, 트렁크
☐ stretch	잡아늘이다, 뻗다	☐ tune	곡, 곡조, 선율, 조율하다
☐ string	끈, 실, 실에 꿰다	☐ twist	꼬다, 비틀다
☐ structure	구조, 구조물	☐ typical	전형적인
☐ submit	제출하다, 굴복하다		
☐ substitute	대신하는 사람, 대신하는 것		

U 👀

☐ sudden	갑작스러운	☐ ultimate	궁극적인, 최종적인
☐ sufficient	충분한	☐ undertake	착수하다, 약속하다, 동의하다
☐ sum	합계, 합계하다, 요약하다	☐ union	결합, 조합
☐ summary	요약, 개요, 간략한	☐ unique	유일한, 독특한
☐ supervise	관리하다, 감독하다	☐ unit	단위, 단일체
☐ supplement	보충, 추가, 증보판	☐ upper	위쪽의, 상부의
☐ support	지지하다, 옹호하다	☐ upright	똑바로 선, 곧은
☐ survey	설문 조사, 측량	☐ urban	도시의
☐ suspect	의심하다	☐ urgent	긴급한, 다급한
☐ swallow	삼키다, 넘기다		
☐ swear	맹세하다, 선서하다		
☐ sympathy	동정, 공감		

V 👀

		☐ valid	타당한, 유효한

T 👀

☐ target	목표, 과녁	☐ variety	여러 가지, 갖가지
☐ task	일, 과업, 과제	☐ vary	바꾸다, 변화하다, 다르다
☐ technique	기법, 기술	☐ vehicle	탈것, 운송 수단
☐ technology	과학 기술	☐ version	(이전 것과 약간 다른) 판
☐ temper	기질, 기분	☐ vertical	수직의
☐ temporary	일시적인	☐ violate	위반하다, 어기다
☐ tempt	유혹하다, 부추기다	☐ violence	폭력, 폭행
☐ tend	~하는 경향이 있다	☐ violent	격렬한, 폭력적인
☐ tension	긴장, 갈등	☐ visible	보이는, 알아볼 수 있는
☐ theory	이론, 학설	☐ vital	생명의, 생생한, 매우 중요한
☐ thick	두꺼운, 진한, 짙은	☐ volume	부피, 양, 음량
☐ threat	협박, 위협	☐ voluntary	자발적인, 임의적인
☐ thunder	천둥		
☐ tidy	단정한, 말쑥한		

W 👀

☐ tight	단단한, 꽉 조이는		
☐ tour	여행하다		
☐ transfer	옮기다, 이송하다, 이동하다	☐ wage	임금, 급료
☐ translate	번역하다, 통역하다	☐ wallet	지갑
☐ transmit	전송하다, 송신하다	☐ welfare	안녕, 복지, 후생

☐ **wheat**	밀	
☐ **wheel**	바퀴	
☐ **wicked**	사악한, 심술궂은	
☐ **wipe**	닦아내다, 청소하다	
☐ **wire**	철사, 전선	
☐ **worship**	예배, 숭배, 흠모	
☐ **wrist**	팔목, 손목	

Y ☺

☐ **yield** 생산하다, 항복하다, 양도하다

색인 INDEX

A 😊

abroad	10
absent	86
abuse	192
accept	55
accident	71
ache	31
acid	162
across	228
act	212
active	88
address	66
admire	163
admit	85
adult	18
advance	84
advantage	65
adventure	13
advertise	44
advice	57
advise	94
affair	43
afraid	26
afterward	203
against	144
age	206
ago	253
agree	108
ahead	72
airport	197
alike	91
alive	111
allow	121
alone	211
aloud	240
already	94
although	124
altogether	252
among	236
amount	46
amuse	91
ancient	119
angle	176
animal	150

another	17
answer	197
anxiety	195
anxious	75
anyone	191
anyway	103
anywhere	152
apart	248
apparent	145
appeal	32
appear	24
apply	90
appoint	191
appreciate	13
approach	71
area	67
argue	95
arm	216
army	129
around	156
arrange	186
arrest	35
arrive	15
art	102
assist	60
associate	188
astonish	192
atmosphere	19
attach	36
attack	20
attend	133
attract	81
avoid	90
away	145
ax	189

B 😊

background	257
baggage	48
bake	114
balloon	235
bar	132
barrier	91
base	62

basket	245
basketball	209
bat	219
bath	102
bathroom	198
battle	69
bay	245
beach	231
bean	241
bear	126
beast	140
beat	17
beautiful	229
beauty	172
because	149
become	140
bee	233
beef	258
beer	256
before	234
beg	77
behave	16
behind	167
believe	122
belong	25
below	184
bend	146
benefit	52
beside	20
bet	156
between	238
beyond	184
bike	201
bill	100
birth	133
birthday	210
bit	125
bite	121
bless	260
blind	18
block	90
blood	150
blow	122
board	122
boil	97

A
B
C
D
E
F
G
H
I
J
K
L
M
N
O
P
Q
R
S
T
U
V
W
X
Y
Z

A B C D E F G H I J K L M N O P Q R S T U V W X Y Z

notice	64	pick	222	private	76
novel	115	piece	27	prize	115
nuclear	186	pigeon	255	problem	40
nurse	238	pitch	239	produce	258
		pity	17	professor	260
O	😊	plane	25	progress	89
		plant	112	project	30
obey	11	plate	148	promise	12
object	71	pleasure	88	protect	31
obtain	34	plenty	116	proud	49
occur	30	poem	22	prove	35
ocean	103	pole	163	provide	32
offer	72	polite	81	public	54
office	206	pollution	44	pull	109
once	201	popular	65	punish	79
operate	95	population	46	purpose	187
opinion	54	port	133	push	180
order	114	position	61	puzzle	175
other	240	positive	37		
otherwise	21	possible	117	**Q**	😊
owe	168	post	246		
own	128	potato	259	quality	142
		pour	80	quarrel	155
P	😊	poverty	144	quarter	133
		powder	158	queen	196
pain	99	power	204	quick	209
paint	213	powerful	110	quiet	224
pair	115	practice	66	quite	34
palace	118	praise	104		
pardon	61	pray	82	**R**	😊
particular	194	precious	73		
pass	111	prefer	14	race	205
passenger	173	prepare	37	rainy	261
past	108	present	99	raise	239
path	190	president	65	rank	216
patient	118	press	127	rapid	147
pause	172	pressure	69	rat	247
pay	28	pretend	45	rate	125
peace	129	pretty	142	rather	213
pepper	195	price	122	reach	21
perfect	147	pride	126	ready	154
perhaps	152	primary	160	real	124
period	116	prince	159	realize	37
pet	118	principal	58	reason	97
physical	72	prison	86	receive	78

A
B
C
D
E
F
G
H
I
J
K
L
M
N
O
P
Q
R
S
T
U
V
W
X
Y
Z

snake	252	subway	166	till	228
soap	227	succeed	85	tiny	183
social	116	success	124	tired	143
society	63	successful	190	together	197
solve	177	such	153	tongue	130
sometimes	226	suck	159	too	230
somewhere	207	suffer	37	tool	69
sore	167	sugar	249	tooth	259
sound	98	suggest	96	touch	218
source	43	suit	195	tough	78
southern	218	supper	192	toward	143
sow	141	supply	70	towel	253
space	99	suppose	81	tower	204
spade	176	surface	71	town	200
special	159	surprise	35	trace	141
speech	23	surround	192	track	177
spell	224	survive	15	trade	190
spend	56	sweet	67	tradition	54
spirit	168	swing	200	traffic	53
spot	237	sword	171	travel	34
spread	194	symbol	43	treasure	48
square	172	system	161	treat	40
stage	67			trick	66
stair	188			trip	26
stamp	249	T ☺		trouble	59
stare	144			trousers	211
state	211	tail	148	true	196
stay	31	taste	128	trust	244
steady	174	tax	45	truth	175
steal	52	tear	18	turn	104
steel	195	telephone	212	twice	235
stem	165	temperature	52	type	61
step	234	temple	251		
stick	212	term	229		
still	130	terrible	22	U ☺	
stomach	129	theater	67		
stone	204	then	231	umbrella	153
storm	189	thief	90	understand	19
straight	75	thin	246	uniform	166
stream	131	thirsty	90	unite	25
stress	170	though	170	universe	164
stripe	176	thread	182	university	116
struggle	175	throat	174	unless	183
stupid	76	through	162	upset	72
subject	16	thumb	241		
		tie	230		

A B C D E F G H I J K L M N O P Q R S T U V W X Y Z